ELEMENTI DI ECONOMIA POLITICA

STEFANO RICCI

Versione 05.00

CONTENTS

00.00.00
PRESENTAZIONE

Versione 05.00
Contatti: stefanovezzano@gmail.com

Questo libro tratta di argomenti che tutti noi conosciamo perché con prezzi, moneta, inflazione e imposte siamo tutti abituati a vivere.

Quello che ci risulta difficile è comprendere i meccanismi che legano assieme tutte queste cose.

Alla televisione ci dicono tutti i giorni che per combattere l'inflazione bisogna aumentare il tasso d'interesse.

È vero? Forse, ma nessuno ci spiega il perché.

Non basta che esista una proporzione matematica tra due grandezze economiche e che ci sia la possibilità di determinare un "punto di equilibrio".

Nel mondo economico i punti d'equilibrio sono dei punti come gli altri a cui non si arriva se non esiste un meccanismo concreto di mercato che porta verso l'equilibrio o se non c'è un intervento pubblico adeguato.

Spesso il problema sta all'origine, nella definizione stessa delle grandezze di cui ci occupiamo.

Se aumenta il prezzo del petrolio senza che aumenti il prezzo degli altri beni non è inflazione, è solo aumento del prezzo del petrolio.

L'aumento potrà poi generare inflazione, cioè un aumento generalizzato dei prezzi.

In questo libro ho cercato di analizzare i meccanismi principali del sistema economico elaborando modelli di funzionamento. Tutto questo nei limiti delle mie possibilità e capacità.
Dove sono indicati punti di equilibrio senza l'indicazione di un meccanismo che porti a raggiungerli, questi punti rappresentano solo delle posizioni particolari, in genere auspicabili ma non più facilmente raggiungibili di altre.
Le parti che rappresentano opinioni mie personali, o comuni ad altri ma minoritarie, sono scritte in corsivo.

Per la scelta degli argomenti trattati e per il modo in cui sono affrontati, questo libro si differenzia profondamente dalla maggioranza dei testi di Economia Politica di carattere generale.
Ho scelto solamente argomenti di utilità concreta utili per migliorare la comprensione del fenomeno economico.
Ho invece tralasciato teorie fini a se stesse che danno uno scarso apporto alla conoscenza reale delle cose.
In quasi tutte le discipline, la scelta tra le varie teorie che è possibile trattare viene spesso fatta in base alla facilità d'esposizione e alla possibilità di fornire un quadro di nozioni formalmente compiuto.
Naturalmente meno una teoria è legata a problematiche concrete e meno si scontra con la realtà e più appare compiuta.
In campo scolastico vengono anche preferiti argomenti e teorie su cui sia facile interrogare lo studente, su cui, cioè, si possono impartire nozioni precise da ripetere in modo preciso.
Per l'Economia Politica questa problematica si presenta in maniera particolarmente pesante.

Il testo può essere utile a chi voglia acquisire una visione generale della disciplina ma anche a chi voglia affrontare singoli argomenti.
Per una più facile comprensione, ho cercato di accorciare i periodi, non mi sono preoccupato di ripetere più volte lo stesso termine e ho inserito una quantità di "punto e a capo"

superiore a quanto generalmente viene fatto.
Per rendere ogni capitolo leggibile per suo conto, sono stato costretto a ripetere alcuni concetti in diversi capitoli.

La disciplina trattata è sostanzialmente quella che viene definita "**macroeconomia**", cioè lo studio del mercato e degli aggregati economici.
Alla "**microeconomia**", cioè allo studio del comportamento economico dei singoli, viene dato uno spazio molto limitato.
In questo ho seguito un'impostazione sostanzialmente classica.

Un manuale di economia è essenzialmente un libro sul mercato, cioè sugli scambi e sulle loro regole di funzionamento. Queste regole riguardano il formarsi dei rapporti di scambio tra i diversi beni e la formazione di eccedenze produttive rispetto a quanto la società sia concretamente in grado di acquistare per i soli consumi.

Anche in epoche ormai lontane, la socializzazione ha determinato il fenomeno degli scambi e quello della divisione del lavoro. Dalla divisione del lavoro è poi derivata una maggiore produzione.
Se ciascuno di noi si specializza nel produrre un solo bene invece che produrre tutto quello che gli serve, riesce a organizzarsi in modo migliore e ben presto acquista anche una maggiore esperienza che gli permette di lavorare meglio e più velocemente.
La produzione aumenta anche perché la divisione del lavoro rende possibile l'utilizzo di tecniche ed attrezzature relativamente costose ed efficienti che non sono utilizzabili per una produzione limitata ai soli bisogni familiari.

Indipendentemente dalla quantità di beni prodotta, gli scambi aumentano anche direttamente il benessere totale del sistema (utilità globale) cioè la somma delle utilità dei soggetti che compongono il sistema economico.

Infatti se scambio una mela con una pera vuol dire che per me la pera è più utile della mela e, per chi ha compiuto con me lo scambio, la mela è più utile della pera. Dopo lo scambio saremo entrambi più soddisfatti di prima, io avrò la mia pera, lui avrà la sua mela a cui tiene di più.

In questo modo, scambio dopo scambio, l'utilità globale aumenterà.

Questo risulta particolarmente vero per gli scambi internazionali.

Per avere uno sviluppo continuo e consistente occorre che si formino delle eccedenze rilevanti di produzione rispetto a quanto viene consumato.

La produzione non consumata serve a costituire quel fondo di valori (immobili, scorte, mezzi di trasporto impianti e macchinari), necessario per uscire da una produzione sostanzialmente manuale e adottare metodi di produzione sempre più efficienti. Senza eccedenze non si potrà finanziare l'acquisto dei beni strumentali necessari.

Le eccedenze di produzione rispetto ai consumo si formano inizialmente a seguito di una distribuzione del prodotto che avvantaggia classi o gruppi di persone che ottengono una parte della produzione superiore a quanto hanno prodotto e a quanto poi consumeranno.

In un secondo momento la formazione di eccedenze si diffonde tra strati sempre più ampi della popolazione.

Possiamo chiamare la cosa come vogliamo ma, concretamente, la possibilità di espansione del mercato e della ricchezza dipendono in qualche modo dal cattivo funzionamento del mercato stesso che non riesce a vendere tutto ciò che è stato prodotto.

L'incremento degli scambi e la divisione del lavoro procedono assieme come due facce della stessa realtà.

Scambi e divisione del lavoro sono alla base del meccanismo dello sviluppo economico ma ne costituiscono anche il limite perché diventano essenziali per il funzionamento del sistema.

In un sistema basato sulla divisione del lavoro, gli scambi oltre che utili diventano indispensabili.

Se ognuno di noi produce un solo bene, le altre cose che gli servono le deve necessariamente ottenere attraverso lo scambio.

Nasce quindi un nuovo problema. I beni, che vengono prodotti per lo scambio vanno effettivamente scambiati e l'impossibilità di scambiarli rende inutile la loro produzione.

10.10 00 LA PRODUZIONE A COSTI COSTANTI

Il modello è semplice. In assenza di condizioni particolari che ne alterino gli equilibri funziona in modo corretto e prevedibile.

Per produrre un bene si sostiene un costo comprensivo del compenso per chi organizza la produzione.

Il costo di produzione determina il prezzo a cui il bene può essere venduto.

A quel prezzo i possibili acquirenti sono disposti a comprarne solo una determinata quantità.

Sostanzialmente il prezzo si forma dal lato della produzione (offerta), mentre la quantità venduta si forma dal lato dell'acquisto (domanda).

Naturalmente la quantità acquistata sarà anche la quantità prodotta perché chi produce produce per vendere e quindi produce la quantità che viene richiesta.

Il costo di produzione rappresenta il prezzo normale, o naturale, del bene.

Concretamente sono possibili deviazioni temporanee dal prezzo normale del bene dovute soprattutto a variazioni della domanda.

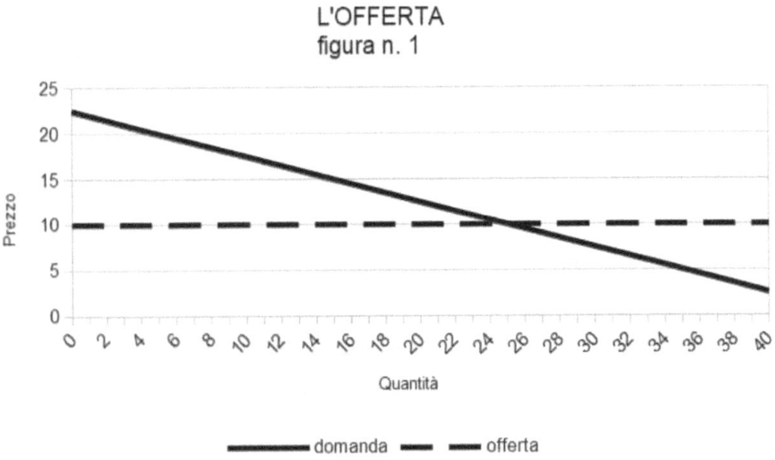

La figura 1 illustra graficamente il modello così come appare dalle considerazioni viste in precedenza. Di fronte ad una domanda normalmente decrescente all'aumentare del prezzo del bene, i produttori sono disposti ad offrire una qualsiasi quantità del prodotto ad un prezzo che copra il costo di produzione comprensivo di un margine minimo di utile.

Nella nostra figura produzione e domanda si trovano in equilibrio per una quantità pari a 25 ed un prezzo uguale a 10. Esiste anche un meccanismo del mercato che porta alla situazione d'equilibrio.

Se la produzione è scarsa rispetto alla quantità d'equilibrio, il prezzo del bene tenderà ad aumentare, facendo anche aumentare i profitti e spingendo le imprese a produrre una quantità maggiore del bene.

Se la produzione è eccedente, il prezzo del bene tenderà a diminuire scoraggiando la produzione.

Il funzionamento del meccanismo non è però veloce. Spesso non c'è neppure una trasparenza e una conoscenza tali da permettere alle imprese di capire esattamente quello che sta succedendo.

10.10.10 La concorrenza pura.

Questo semplice modello è normalmente definito mercato di concorrenza pura.

Se poi il mercato è anche trasparente, il mercato si dice di concorrenza pura e perfetta. La perfezione è ancor più difficile da trovare della purezza.

Mercato trasparente significa che ogni soggetto è in grado di conoscere tutto quello che succede. Ogni acquirente conosce i prezzi applicati da tutti i produttori che sono quindi obbligati a fare tutti lo stesso prezzo.

Il modello di concorrenza pura appare sostanzialmente statico.

I costi di produzione sono costanti al variare della quantità prodotta, le piccole imprese hanno quindi costi medi di produzione simili a quelli delle grandi.

Non c'è quindi nessun particolare incentivo all'aumento delle dimensioni d'impresa e probabilmente neppure allo sviluppo tecnologico.

Anche i prodotti devono essere omogenei, cioè ogni unità di un singolo prodotto deve essere sostanzialmente equivalente ad ogni altra unità.

Se esistono diversificazioni, il mercato di ogni prodotto tende a frantumarsi in sottomercati con caratteristiche e prezzi diversi.

Con lo sviluppo economico nascono nuove complicazioni.

Se è vero che le quantità prodotte dipendono dalla domanda, è anche vero che la domanda dipende dalla produzione.

Chi produce può poi cercare di spingere le vendite attraverso la pubblicità. La pubblicità costa e fa aumentare il prezzo del prodotto.

Chiaramente la pubblicità determina anche un aumento della domanda.

In questo modo la domanda diventa anche funzione dei costi di produzione, cioè aumentando i costi aumenta la domanda. Il modello si complica.

Esistono poi situazioni tutt'altro che rare di scarsità di un prodotto o di qualcosa che serve per produrlo. In questi casi la quantità prodotta non cresce liberamente fino ad adeguarsi alla domanda e i prezzi tendono a salire.

C'è poi lo Stato che interviene. Spesso per correggere il cattivo funzionamento del mercato, ma sempre più frequentemente per distorcerne i meccanismi a favore dell'interesse comune o di quello di singoli gruppi.

È chiaro che nel nostro tempo non viviamo in un mercato di concorrenza pura. La nostra realtà non è certamente questa.

Il modello di concorrenza pura rimane comunque importante per diversi motivi.

Il primo motivo è che, in ambiti locali e generalmente ristretti, i mercati di concorrenza pura possono ancora esistere.

Il secondo motivo è che dobbiamo individuare quei meccanismi che funzionano solo in questa forma di mercato. Questo ci evita di estenderli ad altre forme.

Questo errore è frequentissimo e dà origine a falsi ragionamenti. Ad esempio pensare che il prezzo del petrolio si possa formare "in base alla legge della domanda e dell'offerta".

Il terzo motivo è che alcuni meccanismi vanno comunque salvaguardati anche nei sistemi economici contemporanei. Questo specialmente dal lato della domanda.

I meccanismi attraverso i quali i consumatori regolano i loro acquisti devono essere salvaguardati almeno in parte.

È inevitabile che ci siano distorsioni o condizionamenti, ma deve comunque esserci un meccanismo in un qualche modo spontaneo e naturale che li indirizzi nelle scelte.

Sostanzialmente un sistema dei prezzi che derivi dalle richieste dei consumatori deve sempre esserci e la produzione deve adeguarsi a questo sistema.

10.10.20 Il rapporto di scambio tra i beni.
In una società primitiva la produzione avviene utilizzando esclusivamente lavoro umano applicato a beni liberamente disponibili in natura, senza l'utilizzo di strumenti o impianti complessi.

Il costo di produzione di un bene è quindi dato unicamente dal lavoro necessario per produrlo e il rapporto di scambio tra beni diversi tende ad essere proporzionale al lavoro necessario per la loro produzione.

Se per cacciare un cervo occorrono mediamente 5 ore e per cacciare un castoro ne occorrono 10, il rapporto di scambio sarà 1 castoro contro 2 cervi (Adam Smith: "Indagine sulla natura e le cause della ricchezza delle nazioni" 1776).

Infatti, se così non fosse, per i beni scambiati ad un rapporto di scambio inferiore rispetto al lavoro proporzionalmente impiegato, il lavoro in essi contenuto non sarebbe sufficientemente ricompensato, mentre il lavoro impiegato per la produzione di beni con un rapporto di scambio superiore sarebbe remunerato in modo superiore alla media.

Sarebbe quindi conveniente utilizzare più lavoro nella produzione di quei beni che hanno un rapporto di scambio superiore rispetto al lavoro impiegato nella loro produzione e utilizzarne di meno nella produzione di quei beni che hanno un rapporto di scambio inferiore al costo di produzione espresso in quantità di lavoro.

La produzione dei beni del primo tipo, rapporto di scambio inferiore al costo di produzione, diminuirebbe, quello dei beni del secondo tipo, rapporto di scambio superiore al costo di produzione, aumenterebbe finché non avremo raggiunto una posizione di equilibrio in cui sarà indifferente impiegare il proprio tempo andando a caccia di cervi o di castori.

Nella società primitiva di Smith ogni cacciatore si alza ogni mattina e decide se andare a caccia di cervi o di castori. L'offerta si adegua velocemente alla domanda e l'equilibrio è velocemente raggiunto.

Non esistendo moneta, potremmo definire il valore di un bene solo in funzione dell'altro: un castoro varrà, o costerà, due cervi, un cervo costerà mezzo castoro.

Deviazioni da questo "**prezzo normale**" potranno essere solo temporanee e destinate ad essere eliminate automaticamente dal mercato (Smith).

Siccome i rapporti di scambio tra i beni sono tutti proporzionali al lavoro impiegato nella loro produzione, ogni soggetto ottiene dallo scambio dei propri beni altri beni per la cui produzione è stata necessaria la stessa quantità di lavoro.

La ricchezza di ognuno continua ad essere proporzionale al lavoro che ha svolto. Il mercato non ha quindi modificato la distribuzione della ricchezza.

Se per la produzione, oltre al lavoro, vengono utilizzati anche altri beni già preesistenti, cioè beni prodotti in precedenza e sottratti ai consumi per essere utilizzati come strumenti per la produzione, le cose non cambiano.

Per David Ricardo (Principi di Economia Politica 1821) "Non solo il lavoro impiegato direttamente nella produzione delle merci influisce sul loro valore; ma anche il lavoro dedicato alla produzione di attrezzi, utensili e fabbricati coi quali questo lavoro è assistito."

Il costo di produzione dei beni utilizzati nella produzione, cioè il lavoro impiegato in precedenza nella loro produzione, entra a far parte del costo di produzione dei singoli beni finali in cui sono impiegati sommandosi al lavoro direttamente utilizzato.

Ammettiamo, per esempio, che per produrre grano occorrano lavoro, semi ed un minimo di attrezzatura.

Il costo di produzione del grano sarà dato dalla somma del lavoro direttamente impiegato nella produzione, più il lavoro impiegato per produrre i semi, più una parte del lavoro impiegato nella produzione dell'attrezzatura.

In pratica, se per produrre l'attrezzatura sono state necessarie 1.000 ore di lavoro e l'attrezzatura dura 10 anni e può quindi essere utilizzata 10 volte, il lavoro che entrerà nel valore del prodotto finito sarà pari a 1.000/10 = 100 ore di lavoro.

Chiaramente il meccanismo diventa più complesso ma sarà sempre il costo di produzione complessivo a determinare i rapporti di scambio (Ricardo).

Se questa condizione permane, il prezzo di vendita del bene è unico e dipende solamente dal lavoro necessario per produrlo.

La curva di domanda determina la quantità acquistata e prodotta del bene ma non il suo prezzo di vendita che dipende unicamente dal costo di produzione.

Praticamente i venditori producono con un certo costo complessivo e a quel prezzo vendono.

I compratori comprano la quantità che sono disposti ad acquistare a quel prezzo.

Siccome si produce per vendere, quella sarà la quantità prodotta.

Nella formulazione ricardiana il prezzo corrisponde quindi al costo complessivo di produzione e deve compensare il lavoro impiegato direttamente e indirettamente.

Il compenso per ogni unità di lavoro deve essere sostanzialmente unico in tutti i diversi impieghi altrimenti i lavoratori si sposterebbero dalle produzioni dove sono compensati di meno verso quelle produzioni dove il compenso è maggiore fino a giungere ad una posizione di equilibrio in cui il compenso per ora di lavoro è uguale in tutti gli impieghi.

In questo contesto, in cui il valore del lavoro è costante nell'intero sistema economico, il lavoro può essere anche preso come misura del valore dei beni. Il bene A vale complessivamente 3 ore di lavoro, il bene B vale 5 ore di lavoro. Le cose si sono fatte però più complesse. Se prima il cacciatore si svegliava la mattina e decideva cosa produrre, ora la decisione su quanti e quali strumenti di lavoro produrre è già stata presa in passato e non può essere modificata.

Più aumenta la quantità di beni strumentali impiegati, meno la produzione e l'offerta sono in grado di adeguarsi in breve tempo alle variazioni della domanda.

Aumentando produzione, scambi e accumulazione di beni strumentali, gli scambi diretti tra bene e bene diventano sempre più rari. Gli scambi transitano sempre più attraverso un bene intermedio detto moneta.

Come moneta si finisce per l'utilizzare un metallo, generalmente oro o argento e rame per le unità di moneta di minor valore.

Con l'introduzione della moneta, il mercato di concorrenza perfetta può continuare ad essere tale.

In realtà la moneta è solo la misura del valore (prezzo), non ne è l'origine. La moneta non determina la differenza di prezzo tra un sacco di grano, una pecora o un aratro, la moneta si limita a formalizzare tale differenza.

Se invece ci chiediamo perché una pecora valga più di un sacco di grano o quale sia il prezzo naturale di un aratro, dobbiamo riferirci ad un altro parametro. Ad esempio, possiamo continuare a considerare il lavoro diretto ed indiretto complessivo.

Nonostante l'introduzione della moneta, il mercato continua a non avere effetti redistributivi, ognuno potrà continuare ad acquistare beni ad un prezzo complessivo pari al prezzo del lavoro, diretto e indiretto, utilizzato nella produzione.

10.10.30 La concentrazione dell'offerta nel mercato di concorrenza perfetta.

Nel mercato di concorrenza perfetta si produce a costi costanti. Cioè, aumentando la produzione, il costo medio non aumenta ma neppure diminuisce. .

Imprese più grandi ed imprese più piccole producono e vendono allo stesso prezzo. Non ci sono particolari spinte all'aumento delle dimensioni aziendali.

Se ci fossero delle **economie di scala**, se cioè aumentando le dimensioni produttive si avessero dei vantaggi in termini di minori costi medi, le aziende più grandi sarebbero avvantaggiate e spingerebbero fuori mercato le piccole.

In questo modo la produzione tenderebbe a concentrarsi e il livello di concorrenza diminuirebbe.

Nel mercato di concorrenza perfetta le piccole imprese non hanno difficoltà a sopravvivere ed altre imprese, anche piccole, possono entrare nel mercato.

Il mercato è quindi caratterizzato dalla presenza di un numero elevato di imprese.

Nel nostro grafico, 10 è il prezzo che si è formato nel mercato in base al costo di produzione del bene, 25 è la quantità che i consumatori sono disposti ad acquistare a quel prezzo.

Se i produttori sono molti e non riescono a mettersi d'accordo tra loro, ci sarà sempre qualcuno disposto a vendere a quel prezzo che copre tutti i costi e garantisce un reddito minimo.

Gli altri produttori non possono vendere ad un prezzo maggiore di 10 perché nessuno comprerebbe. Non possono neppure vendere ad un prezzo minore perché venderebbero in perdita.

10 è quindi il prezzo che si è formato nel mercato, indipendentemente dalla volontà degli operatori.

10 è anche il prezzo minimo a cui il bene può essere prodotto e venduto.

Sul lato della domanda, la quantità vendibile di un bene aumenta al diminuire del prezzo, quindi, se il prezzo è quello minimo a cui si può produrre, la quantità prodotta e venduta sarà quella massima possibile.

L'occupazione è chiaramente crescente al crescere della produzione. Se la produzione raggiunge il suo massimo, anche l'occupazione raggiungerà il suo massimo.

In questo modo i consumatori pagheranno il prezzo più basso possibile e avranno a disposizione la quantità massima di prodotto. Anche occupazione e prodotto interno saranno massimi.

La concorrenza pura è quindi il migliore dei mercati possibili. A questa forma di mercato corrisponde l'ottimizzazione delle risorse esistenti e questo è il motivo per cui viene spesso mitizzata.

Il fatto che esista un prezzo teorico d'equilibrio che rende la domanda pari all'offerta non significa però che esista sempre un meccanismo economico che porti il prezzo di mercato verso quel valore.

È possibile che le cose rimangano così come sono e che

l'equilibrio non venga comunque raggiunto.

In realtà, anche in un libero mercato, può succedere che chi ha immesso nel mercato una quantità di merce troppo grande non decida di diminuire il prezzo o la quantità venduta.

Può benissimo continuare a cercare di vendere allo stesso prezzo senza riuscire a vendere tutto.

Nei casi più gravi la distruzione economica di merci e impianti avviene attraverso il fallimento dell'impresa, il dissesto di interi settori produttivi o addirittura attraverso la crisi dell'intero sistema economico.

Per quel che riguarda gli aspetti meno gravi, è successo a tutti noi di trovare la camicia messa in vendita a 100 €, e che si sarebbe probabilmente potuta vendere a 50, venduta a 5 da uno stockista al mercatino.

Il mercato di concorrenza pura tiene conto anche dell'utilità del bene che gli acquirenti evidenziano attraverso le loro scelte e la curva di domanda che esprimono.

Tiene anche conto del possibile utilizzo alternativo delle risorse. Dati i costi di produzione dei diversi beni e le loro curve di domanda, si determinano le quantità prodotte dei vari beni e le risorse da destinare ad ogni produzione.

Il modello di mercato di concorrenza pura non tiene invece conto del fatto che ci possa essere un miglioramento nel modo di produrre il bene, in pratica che ci possa essere progresso tecnico e sviluppo economico.

(Tesi prevalente: generalmente si considera il mercato di concorrenza pura compatibile col progresso tecnologico e lo sviluppo economico o, quanto meno, non ci si pone il problema).

Lo sviluppo tecnico ed economico passano attraverso l'impiego di nuovi macchinari, nuovi sistemi produttivi e una migliore organizzazione.

Tutte queste cose costano e i costi aziendali complessivi aumentano.

Il vantaggio economico consiste nel fatto che la quantità prodotta aumenta più dei costi complessivi e quindi diminuiscono il costo medio e il prezzo di vendita.

Questo processo porta ad una diminuzione del numero delle imprese ed alla concentrazione della produzione in un numero sempre minore di imprese di dimensioni sempre più grandi.

Si esce dal regime di concorrenza pura e si entra in forme diverse di mercato.

10.20.00 LA PRODUZIONE A COSTI CRESCENTI

La naturale scarsità di un bene, o di ciò che serve per produrlo, determina il mancato adeguamento della quantità prodotta ed offerta alla domanda del bene stesso.

In questo caso l'offerta non può aumentare tanto da far abbassare il prezzo fino a renderlo adeguato al suo costo di produzione originario. Aumentando la produzione, il costo unitario non resta invariato ma aumenta. In questo caso, è il prezzo di vendita ad adeguarsi in tutto o in parte alla maggior domanda e non è la quantità prodotta.

Il prezzo del bene rimane allora troppo elevato, con conseguente vantaggio per chi lo possiede e lo vende nel mercato.

Anche se non esistono limiti naturali alla produzione, la quantità offerta può comunque essere insufficiente se chi produce i beni o li vende riesce a limitarla volontariamente. In questo modo riesce a tenere artificiosamente alti i prezzi e a determinare la condizioni per una redistribuzione a proprio favore della ricchezza.

Il mancato adeguamento dell'offerta può anche essere dovuto ad un intervento pubblico che limiti la produzione del bene. Oppure può essere dovuto all'esistenza di soggetti, ad esempio monopolisti, che controllano il mercato del bene o il mercato delle risorse che servono per produrlo.

In questi casi avremmo un aumento del prezzo del bene che determinerà una diminuzione della quantità prodotta e venduta, una diminuzione dell'occupazione dovuta alla minor produzione e minore disponibilità di beni per i consumatori.

10.20.10 La scarsità del bene o dei fattori produttivi.

Esistono beni disponibili in quantità limitata rispetto alla loro domanda.

Può anche succedere che non sia il bene ad essere scarso ma un fattore necessario per la sua produzione.

In questi casi la produzione non può adeguarsi quantitativamente ad un aumento della domanda o può adeguarsi solo parzialmente.

Nel caso più estremo, quello dell'assoluta impossibilità di aumentare la produzione, l'aumento della domanda non determina un aumento della produzione ma soltanto un aumento del prezzo.

Concretamente si vende solo a chi è disposto a comprare ad un prezzo maggiore.

Il processo può durare a lungo nel tempo e gli effetti possono cumularsi. Il prezzo continua a salire mentre produzione e vendite sono stabili o aumentano di poco.

Questo processo può interrompersi o invertirsi con il passaggio di parte della domanda a beni alternativi nel consumo (**beni succedanei**).

Se ad essere scarso è un fattore produttivo, si può anche passare a sistemi produttivi diversi che utilizzano altri fattori.

La produzione a costi crescenti è una situazione particolare nel nostro sistema economico, non è la norma. La maggior parte dei beni che utilizziamo quotidianamente è prodotta a costi costanti o decrescenti. Se aumenta la domanda, aumentano produzione e vendite.

Questo tipo di produzione determina due importanti conseguenze.

La prima è che il rapporto di scambio tra i beni non dipende più unicamente dal lavoro contenuto, direttamente o indirettamente, nel prodotto.

La seconda è che la ricchezza individuale non è più legata al solo lavoro svolto, ma anche alla redistribuzione della ricchezza attuata attraverso il mercato.

Chi possiede beni disponibili in misura limitata si arricchisce attraverso il mercato perché i suoi beni sono scambiati ad un prezzo superiore al loro costo di produzione espresso in termini di lavoro contenuto.

Questo naturalmente non significa che il mercato abbia creato ricchezza. La maggior ricchezza di qualcuno non corrisponde ad una maggiore produzione.

È chiaro che la maggior disponibilità di beni di chi ha visto aumentare il prezzo di ciò che è in suo possesso corrisponde alla minor disponibilità di beni da parte di altri soggetti.

10.30.00 LA PRODUZIONE A COSTI DECRESCENTI

10.30.10 I costi fissi e variabili.

La produzione può invece avvenire a costi medi decrescenti o, addirittura, a costi fortemente decrescenti.

Nelle economie moderne la situazione è tutt'altro che rara, anzi, rappresenta la situazione più comune.

La produzione avviene sostenendo sia dei costi fissi, sia dei costi variabili.

I costi fissi non aumentano all'aumentare della produzione e sono dovuti principalmente al costo degli impianti ed ai costi di progettazione, di organizzazione e pubblicitari.

I costi variabili sono grosso modo proporzionali alle quantità prodotte e dipendono principalmente da materie prime e lavoro.

Aumentando la produzione i costi fissi non aumentano e si ripartiscono tra un numero sempre più grande di prodotti con un'incidenza sempre minore sul prodotto singolo.

In questo modo, costi fissi elevati determinano una produzione a costi medi decrescenti e quindi determinano indirettamente prezzi di vendita decrescenti all'aumentare della produzione.

Nella moderna produzione la componente di costo dovuta i costi fissi tende ad aumentare a causa dell'elevato costo degli impianti e dei costi organizzativi e di progettazione. Per alcuni settori, la pubblicità comporta poi spese enormi.

In presenza di costi medi di produzione decrescenti, all'aumento delle dimensioni aziendali e della produzione si generano dei risparmi, le così dette "economie di scala", che possono incidere in modo consistente sul costo finale del bene e quindi sul prezzo a cui può essere venduto.

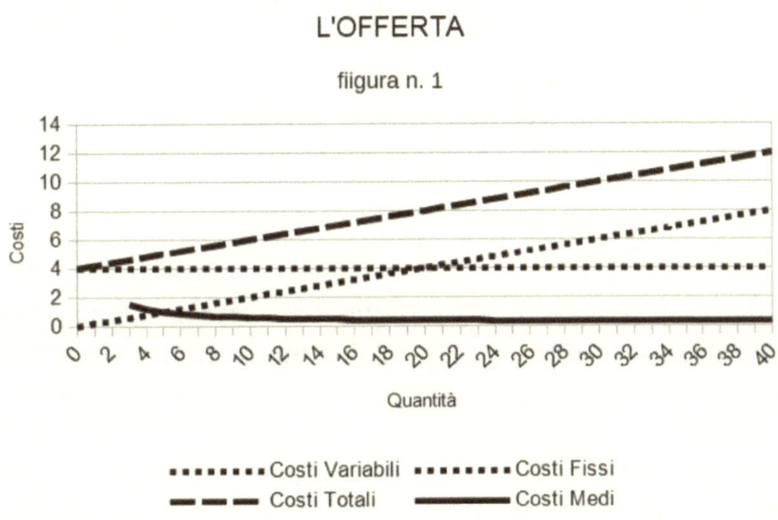

Nella figura n. 1 è riportato l'andamento dei costi fissi e di quelli variabili. I costi totali sono espressi come somma verticale.

Dividendo i costi totali per le quantità, si ottiene il costo medio, cioè in costo per ogni unità di prodotto, che è decrescente.

10.30.20 Le economie di scala.

Nella figura 2 la produzione avviene a costi medi decrescenti, cioè sono presenti delle **economie di scala.**

Le economie di scala possono essere di carattere organizzativo, possono essere dovute ad una maggiore specializzazione o divisione del lavoro oppure alla possibilità di introdurre nuovi sistemi produttivi o nuove macchine.

In quest'ultimo caso è verosimile che la diminuzione del costo medio all'aumentare della produzione sarà più consistente.

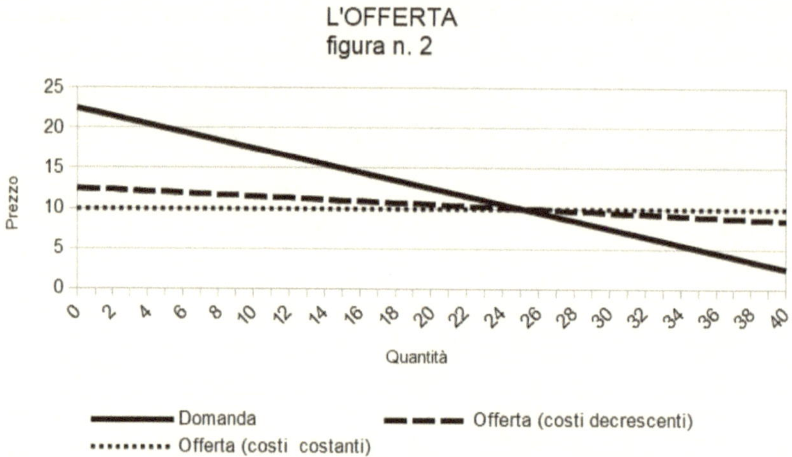

La figura 2 è costruita in modo da avere lo stesso punto di equilibrio, prezzo uguale a 10 e quantità uguale a 25 sia nel caso di costi medi costanti sia nel caso di costi medi decrescenti.

Come nel caso dei costi medi costanti, aumenti della domanda determinano un aumento del punto di equilibrio che però, oltre che spostarsi verso destra, si sposta anche verso il basso.

In pratica aumenta la quantità venduta e diminuisce il prezzo.

La differenza rispetto alla curva dell'offerta a costi costanti è che la curva d'offerta è più vicina alla curva di domanda. In questo modo aumenti della domanda hanno effetti maggiori rispetto al caso di costi di produzione costanti (figura n.5)

L'inclinazione della curva d'offerta rappresenta l'ammontare delle economia di scala. Economie di scala modeste, indotte da modesti miglioramenti dei processi produttivi, lasciano quasi inalterato il punto di equilibrio e non influiscono in modo sostanziale sul volume di prodotto vendibile.

Occorrono economie consistenti per far inclinare la curva d'offerta in modo da incidere sulla posizione di equilibrio. In questo caso la produzione tende a crescere se spinta da incrementi della domanda anche modesti.

L'aumento della produzione che si ottiene, e quindi l'aumento del reddito della popolazione, genera un ulteriore aumento della domanda.

È quindi verosimile ritenere che solo modifiche consistenti e continue nei metodi di produzione possano generare consistenti economie di scala capaci di provocare una diminuzione del prezzo del prodotto tale da innalzare concretamente la domanda e quindi la produzione.

Una modifica modesta non riesce a spingere le vendite e quindi la produzione e lo sviluppo economico.

10.30.30 La produzione a costi totali fissi.

Immaginiamo di avere un bene la cui produzione comporta il livello massimo immaginabile di economie di scala.

Questo si ha quando aumentare la produzione non costa praticamente niente, quando, cioè, il costo globale non dipende dalla quantità prodotta e venduta, ma rimane costante o, quanto meno, non aumenta sensibilmente.

Il costo di un film non dipende dal numero di persone che pagano il biglietto per andarlo a vedere.

Neppure il costo di un programma informatico o di un videogioco.

In fondo anche il costo complessivo che si sostiene per produrre e mettere in vendita un profumo non varia molto al variare della quantità prodotta. Il costo della bottiglietta e di quello che c'è dentro è spesso irrisorio, quello che costa è creare il prodotto e pubblicizzarlo.

Nel caso estremo, il costo unitario del bene è dato dal costo complessivo diviso per la quantità prodotta.

Nella figura 3 il costo complessivo è 250. Se produciamo 20 pezzi, il costo unitario sarà 12,5, se ne produciamo 40 sarà 6,25. La curva che descrive i costo unitari sarà $y=250/x$ in cui y è il costo unitario e x è la quantità prodotta.

Questa curva ha un andamento iperbolico.

Siccome i produttori possono vendere ad un prezzo che

permetta di coprire i costi, la curva rappresenta anche l'offerta del prodotto.

Rispetto alla curva dei costi decrescenti del grafico precedente, la curva d'offerta è ancora più vicina alla curva di domanda.

In questo modo aumenti della domanda hanno effetti maggiori sia rispetto al caso di costi di produzione costanti, sia rispetto a quello di costi decrescenti (figura n.5).

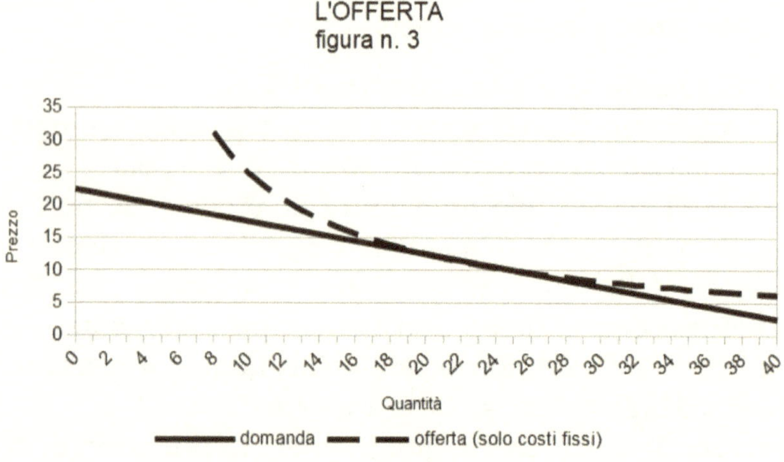

L'OFFERTA
figura n. 3

Nella figura 4 le tre curve sono disegnate simultaneamente e in modo che il punto iniziale di equilibrio sia lo stesso (25,10). Chiaramente, finché non succede niente, la situazione economica sottostante è la stessa nei tre casi: le imprese producono 25 unità del prodotto ad un costo medio di 10.

Il prodotto ha un'utilità globale che i consumatori quantificano in 250 (25 x 10). Altri beni con lo stesso costo devono avere la stessa utilità e potranno essere venduti allo stesso prezzo.

La differenza non è in quello che sta succedendo, ma in quello che può succedere.

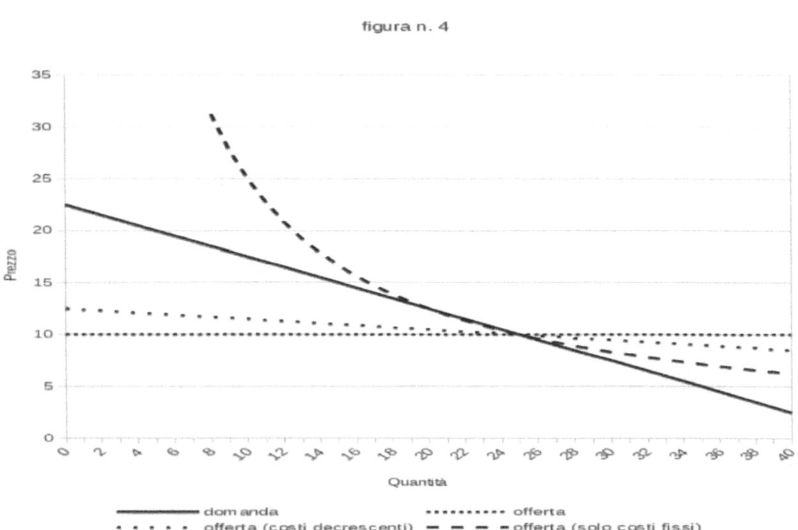

La stabilità della posizione è data sostanzialmente dalla distanza tra curva di domanda e curva di offerta a livelli di produzione e di prezzo prossimi a quelli di equilibrio.

Se la distanza è alta tali punti risultano difficilmente raggiungibili in quanto comportano condizioni della domanda e dell'offerta molto diverse e difficilmente conciliabili.

Se le posizioni prossime a quelle di equilibrio sono difficili da raggiungere la posizione può modificarsi difficilmente, anche con grosse spese pubblicitarie, e sarà quindi stabile.

Se invece la distanza è bassa, o se addirittura è poco significativa a destra del punto di equilibrio, a sinistra o da entrambe le parti, la situazione è instabile, o per lo meno poco stabile, e sarà quindi facile modificarla.

Nel caso della produzione a costi medi costanti, senza economie di scala, può succedere molto poco. La situazione è molto stabile, infatti per modificare il punto di equilibrio sarebbero necessari cambiamenti molto significativi della curva di domanda.

E' difficile ritenere che tali cambiamenti possano nascere spontaneamente se non in circostanze del tutto eccezionali.

Ancora più difficile pensare che qualcuno si prenda la briga di cercare di indurre un aumento della domanda attraverso un'attività pubblicitaria costosa e destinata ad avere scarsi risultati.

Nel caso di economie di scala massime, rappresentato dalla curva più bassa a destra del punto di equilibrio, la situazione appare invece molto più instabile.

Per un buon tratto a destra del punto di equilibrio la differenza tra domanda e offerta riferita a valori della produzione superiori a quelli di equilibrio appare minima. Bastano quindi piccoli movimenti della curva di domanda per modificare notevolmente la situazione.

In questo caso può essere semplice agire sulla domanda. Con pochi sforzi e pochi costi pubblicitari è possibile ottenere un forte aumento della produzione e delle vendite.

E' da notare che una funzione di produzione e d'offerta del terzo tipo, curva iperbolica della figura, rappresenta una situazione molto stabile verso sinistra, cioè verso una diminuzione della produzione, e poco stabile verso destra, cioè verso l'aumento della produzione.

Funzioni di produzione di questo tipo rappresentano quindi una condizione estremamente favorevole per lo sviluppo produttivo eventualmente incoraggiato da forti investimenti pubblicitari.

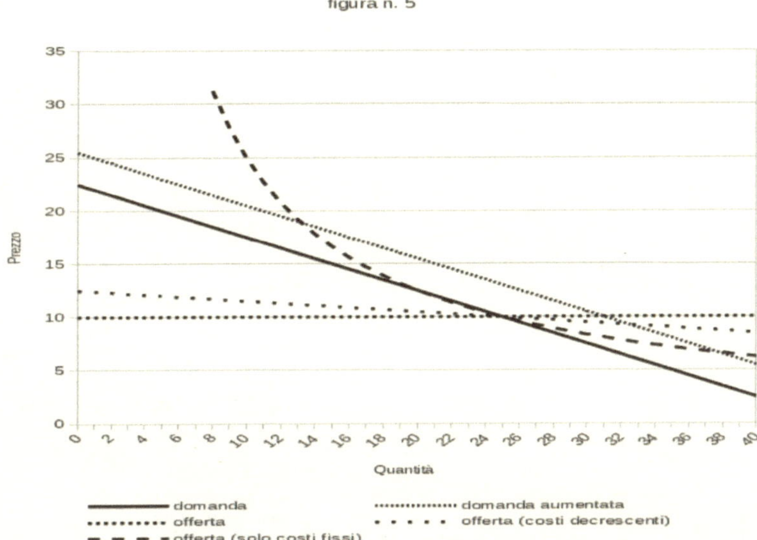

La figura 5 mostra l'effetto di un innalzamento del livello generale della domanda che, naturalmente, può anche essere ottenuto artificialmente attraverso un'opportuna attività pubblicitaria.

Lo spostamento del livello di produzione di equilibrio è di 6 unità nel caso di produzione a costi costanti (da 25 a 31), di 8 unità nel caso di economie di scala modeste (da 25 a 33), di 13 unità nel caso di economie di scala massime (da 25 a 38).

Se i costi sostenuti per indurre artificialmente la modifica della curva di domanda, o l'entità dell'evento spontaneo che l'ha indotta, sono nei tre casi gli stessi, diversi saranno invece i risultati.

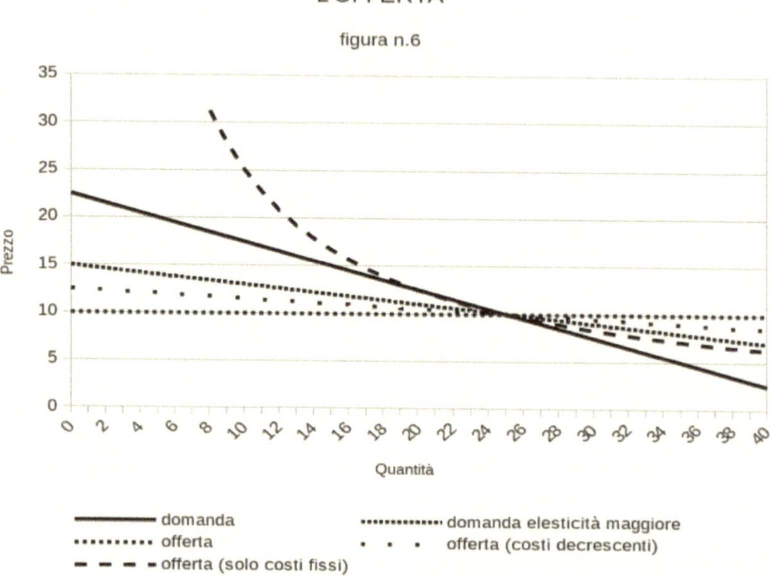

Nella figura 6 non abbiamo un aumento del livello generale della domanda ma abbiamo invece un aumento dell'**elasticità della domanda**, cioè della sua tendenza a risentire in misura più ampia delle variazioni dei prezzi.

L'aumento dell'elasticità della domanda può essere spontaneo se è causato dall'aumento del livello di reddito, infatti aumentando il tenore di vita della popolazione diventa più facile cedere al desiderio di acquistare un bene anche se il prezzo diminuisce di poco.

Naturalmente il desiderio può essere provocato o spinto da una pubblicità che tenda ad espandere i consumi.

Il grafico è costruito in modo che inizialmente il punto di equilibrio sia sempre lo stesso. L'aumento dell'elasticità della domanda fa aumentare il livello della domanda dal punto di equilibrio in poi avvicinandola prima alla curva dei costi totali costanti, nel nostro grafico l'ha addirittura già superata, poi quella a costi decrescenti. Anche riuscendo ad aumentare notevolmente l'elasticità, sarà difficile aumentarla tanto da avvicinarsi alla curva d'offerta a costi medi costanti. Anche in questo caso la possibilità di espandere la produzione aumenta all'aumentare delle economie di scala. Diventa massima nel caso di economie di scala massime.

Il fatto che il mercato abbia la potenzialità per svilupparsi non significa necessariamente che questo accadrà. Il punto di equilibrio su cui ci troviamo è pur sempre un punto di equilibrio anche se poco stabile, uno spostamento è possibile solo se scatta un meccanismo che effettivamente spinga la situazione a modificarsi.

Il meccanismo è normalmente legato alla convenienza economica degli operatori.

In presenza di economie di scala massime potrebbe essere possibile vendere quantità sempre maggiori ad un prezzo complessivo sostanzialmente costante, ma non si capisce perché i produttori dovrebbero aumentare la loro produzione per incassare quanto prima. Lo sviluppo è possibile ma potrebbe non essere conveniente.

Nelle figure 5 e 6 avevamo supposto un aumento di origine indeterminata della domanda, in termini di aumento generalizzato del suo livello, oppure in termini di aumento della sua elasticità. Non avevamo posto alcun rapporto tra variazione della domanda e andamento dei costi, in particolare non avevamo fatto derivare l'aumento della domanda dal sostenimento di maggiori costi pubblicitari.

Supponiamo ora di spendere la stessa cifra in pubblicità (80) per ognuno dei tre beni, quello prodotto a costi costanti, quello prodotto con moderate economie di scala e quello prodotto con economie di scala massime figura 7. Supponiamo inoltre che con l'aiuto della pubblicità si riesca sia ad aumentare il livello generale della domanda (valore all'origine 27,5 invece di 22,5, cioè ad ogni livello di prezzo si vendono 5 unità in più).

L'OFFERTA
figura n. 7

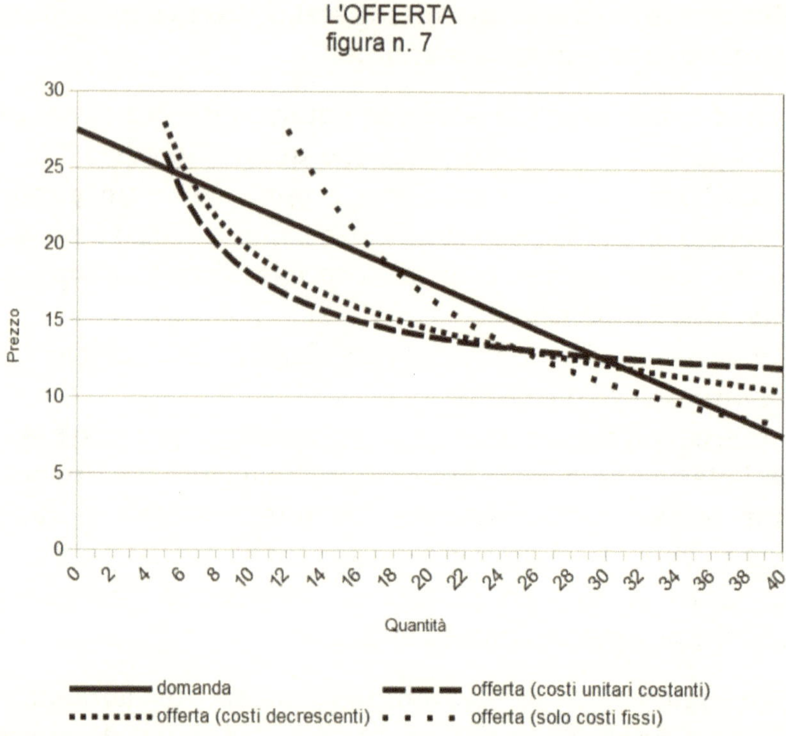

In presenza di costi esclusivamente fissi la curva di produzione
e d'offerta ha un andamento iperbolico e le economie di scala
sono massime. L'inserimento dei costi pubblicitari fa quindi
aumentare i costi complessivi ma fa anche aumentare le
economie di scala. Nel grafico il punto di equilibrio (punto
d'incontro tra domanda e offerta) ha l'aumento massimo.
Nel caso di economie di scala più modeste, o inesistenti,
l'inserimento di un costo dall'andamento iperbolico
(pubblicità), determina aumenti molto più modesti del punto
di equilibrio.

Per il primo bene, quello prodotto a costi industriali unitari
costanti, la possibilità d'aumento del livello di produzione
d'equilibrio legata alle economie di scala indotte dai costi
pubblicitari è modesta.
Naturalmente se gli effetti della pubblicità risultassero

maggiori ci potrebbe essere spazio per un incremento maggiore del livello di produzione d'equilibrio.

Sull'efficienza di una pubblicità che voglia puntare all'incremento delle vendite senza avvalersi di economie di scala derivanti dalla maggiore produzione è probabile che non ci sia da fare molto affidamento.

Supponiamo che i produttori del bene A ritengano che una campagna pubblicitaria televisiva permetta loro di incassare in più 100 come maggior margine lordo sulle vendite aggiuntive e 100 in termini di maggiori economie di scala per un totale di 200. Supponiamo, invece, che i produttori del bene B ritengano di poter guadagnare soltanto 100 in termini di maggior margine lordo mentre non avrebbero nessuna ulteriore economia di scala.

A parità di altre circostanze, i produttori di A sarebbero disposti a pagare molto di più per una campagna pubblicitaria. E' probabile che i gestori di reti televisive pratichino gli stessi prezzi alle due imprese, ed è anche probabile che preferiscano vendere all'impresa produttrice di A ad un prezzo più alto, rinunciando a vendere all'altra impresa che non può pagare lo stesso prezzo.

Per il secondo bene si è creata la possibilità di espandere la produzione, nell'esempio fino a circa 31. Il passaggio da una produzione pari a 25 ad una produzione pari a 31 non è automatica, le posizioni tra 25 e 31 sono in realtà tutte posizioni di equilibrio per il sistema, tutte ugualmente raggiungibili e mantenibili.

Infatti in ognuno di questi punti la produzione risulta tutta vendibile ad un prezzo che copre il costo di produzione e dà anche un modesto profitto aggiuntivo.

Chi produce il bene ha in realtà due possibili scelte. La prima è quella di limitarsi a vendere la stessa quantità di merce ad un prezzo maggiorato.

In realtà in un mercato saturo, con scarse possibilità di ulteriore espansione, un simile comportamento può essere logico.

Se è vero, infatti, che la domanda totale del prodotto è stabile, le vendite della singola impresa possono invece variare, a vantaggio o a svantaggio delle altre.

In particolare la clientela preferisce normalmente acquistare prodotti "di marca", cioè, di fatto, prodotti pubblicizzati.

Se la differenza tra il prezzo a cui è vendibile il prodotto "di marca" ed il prezzo a cui è vendibile il prodotto non pubblicizzato è superiore al costo pubblicitario, per la singola impresa è conveniente fare comunque pubblicità.

In questo caso la pubblicità non tenderà a far aumentare l'elasticità della domanda per sensibilizzare e poter poi aggredire nuove fette di mercato, al contrario ogni impresa vorrà rendere la propria domanda più rigida e quindi più stabile.

La seconda possibilità è che concretamente una o più imprese cerchino di aumentare la propria produzione diminuendo i prezzi. Se questo succede, le altre imprese non possono continuare a vendere ai prezzi di prima, nessuno comprerebbe i loro prodotti, devono anche loro diminuire i prezzi e cercare di far proprio parte dell'aumento della domanda.

Per il terzo bene la produzione presenta economie di scala massime o comunque molto alte. In questo caso le economie di scala derivanti dall'aumento della produzione possono essere superiori alla diminuzione di prezzo necessaria per vendere la maggior quantità prodotta.

Nella figura 7 abbiamo dei sovraprofitti rappresentati dalla differenza in verticale tra la curva d'offerta del terzo bene e la curva di domanda.

Si tratta di sovraprofitti perché i profitti medi od ordinari sono già compresi nella curva d'offerta.

In mercati in espansione è normale che ci siano dei sovraprofitti per chi arriva prima o innova prima degli altri. E' altrettanto normale che, quando ci si avvicina al livello massimo d'espansione, i sovraprofitti cessino, così come accade nel nostro grafico. Naturalmente in questo caso l'incremento produttivo è certo, il meccanismo che lo determina è forte in quanto è alimentato dalla possibilità per i produttori di ottenere forti guadagni.

Anche senza sovraprofitti l'esistenza di economie di scala consistenti fornisce lo strumento per conquistare nuovi mercati o nuove fette di mercato, difficilmente questo strumento non sarà utilizzato in una moderna società industriale.

I risparmi sui costi medi di produzione possono essere utilizzati per far sconti ai nuovi acquirenti, per offerte speciali o semplicemente per finanziare ulteriore pubblicità.

La pubblicità non tenderà a consolidare una domanda inadeguata, ma cercherà di rendere più mobili le scelte dei consumatori, più indirizzabili verso nuovi consumi, più sensibile a elementi di stimolo, cioè più elastica. Lo stimolo al consumatore, poi, può essere dato dal minor prezzo, dallo sconto o da altri fattori.

Supponiamo che un bene sia prodotto a costi totali costanti o, il che è praticamente lo stesso, con costi industriali minimi o trascurabili. Come già visto in questo caso il costo unitario di produzione è dato dal costo totale diviso per la quantità prodotta e ha quindi un andamento decrescente di tipo iperbolico.

Il costo totale è costante ed è quindi rappresentato da una retta parallela all'asse delle quantità. Come già visto questa situazione può essere considerata il massimo teorico delle economie di scala, probabilmente di fatto irraggiungibile.

In una moderna economia industriale, però, molte produzioni possono avvicinarsi molto a questo schema produttivo.

Il primo caso si ha quando effettivamente la produzione avviene sostenendo un costo globale quasi indipendente dalla quantità prodotta con costi variabili aggiuntivi minimi. Questo può essere il caso di prodotti immateriali come software, videogiochi, film o registrazioni musicali. Il prodotto, una volta realizzato, può essere duplicato in un numero illimitato di copie con costi aggiuntivi minimi.

Il secondo caso è dato da quei prodotti che presentano un costo industriale molto basso rispetto a quanto la gente è disposta a pagare e paga per averli, ad esempio profumi o alcuni prodotti dietetici. Produrre 1.000 confezioni di crusca dietetica in pastiglie o produrne 10.000 o 100.000 ha un costo complessivo che varia pochissimo dato il valore trascurabile della materia prima.

Il terzo caso è quello dei beni importati a costi bassissimi da Paesi terzi.

Per venderne di più basta importarne di più a costi spesso irrisori. Il costo d'importazione di certi prodotti è minimo rispetto al normale prezzo di vendita.

Supponiamo quindi di trovarci in uno di questi casi e analizziamo la situazione limite partendo dalla figura 8.

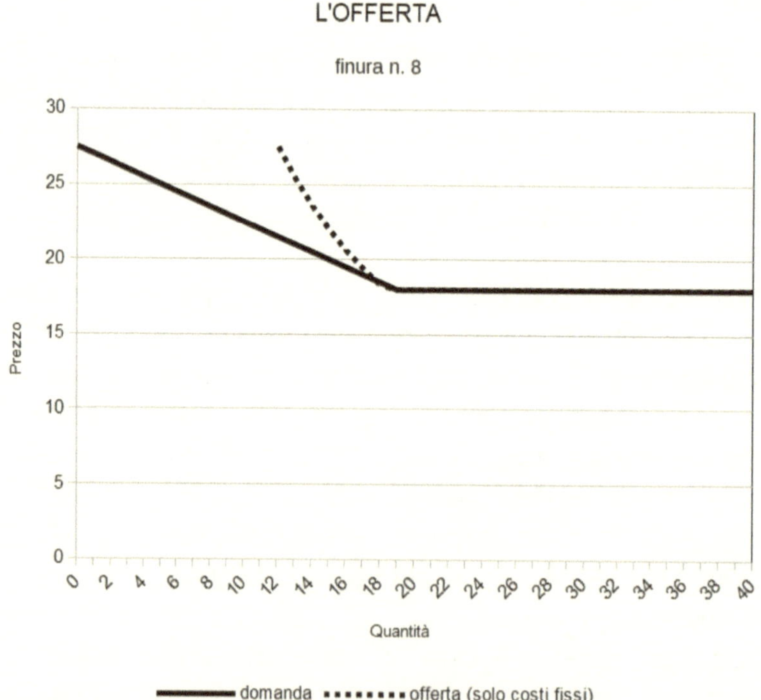

Spendendo in pubblicità continuiamo ad innalzare la curva di domanda cercando di controbilanciarne l'elasticità.

Non utilizziamo tale aumento della domanda per vendere le stesse quantità ad un prezzo più alto, ma per vendere quantità maggiori allo stesso prezzo.

In pratica aumentando la produzione abbiamo una diminuzione dei costi medi industriali. Il risparmio unitario sui costi industriali ci fornirà un margine disponibile per finanziare nuova pubblicità indispensabile per innalzare nuovamente la domanda.

Se si utilizzassero le economie di scala ottenute per diminuire il prezzo di vendita il mercato tenderebbe a stabilizzarsi ai nuovi livelli di produzione e di prezzo.

La curva di figura 8 presuppone che il meccanismo di crescita sia a prezzo costante, che cioè l'incremento di spese pubblicitarie segua pari pari l'aumento delle economie di scala.

In realtà gli investimenti pubblicitari potranno essere minori ed in questo modo si avrà un prezzo decrescente, anche se meno decrescente del costo di produzione industriale.

E' anche possibile che si investa in pubblicità più di quanto si risparmi sui costi base di produzione, in questo caso i costi medi complessivi, comprendenti cioè i costi pubblicitari, tenderanno a salire e con loro saliranno i prezzi di vendita.

Anche in questo caso, comunque, i crescenti costi pubblicitari saranno in parte compensati dalle crescenti economie di scala.

La curva di figura 8 esprime praticamente un caso particolare, quello di un aumento delle dimensioni del mercato a prezzi di vendita costanti. Esso rappresenta, però, anche una tendenza di fondo in cui le imprese nel loro complesso possono espandere le loro vendite e anche i loro utili.

E' da notare che anche i costi che abbiamo chiamato "pubblicitari", che qui aumentano, corrispondono a fatturato e reddito per altre imprese.

Per il bene ottenuto con economie di scala massime il valore della produzione industriale è costante, figura 9.

Finché non inseriamo costi pubblicitari il valore complessivo della produzione rimane costante e pari a 330.

Quando cominciamo ad inserire costi pubblicitari crescenti essi si incorporano nel prezzo di vendita mantenendolo costante al crescere della produzione in quanto compensano le economie di scala.

Il costo complessivo della produzione sarà quindi crescente e, nel nostro caso, per valori delle quantità superiori a 18, sarà dato da 330 più i costi pubblicitari crescenti che da quel momento si comincerà a sostenere.

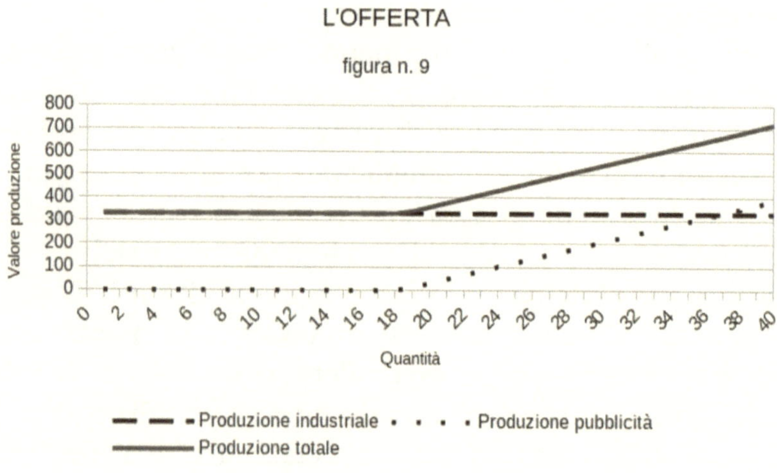

L'aumento del valore complessivo della produzione sarà quindi dato dall'aumento delle spese pubblicitarie o, se vogliamo usare un'altra espressione, dalle spese necessarie a creare l'immagine del prodotto.

Ad un certo punto il costo pubblicitario complessivo potrà superare il costo relativo alla produzione tecnica del bene, si arriverà cioè al punto in cui costerà più vendere il bene che produrlo, o, il che è praticamente lo stesso, costerà più creare l'immagine del prodotto che il prodotto stesso.

Normalmente la produzione non avverrà a costi

completamente fissi, ma esisteranno anche dei costi aggiuntivi all'aumentare della produzione.

Chiaramente questo renderà il comportamento meno aderente al caso limite che abbiamo descritto, rendendo anche meno veloce il meccanismo di espansione.

Nel caso di costi industriali di produzione o di costi di importazione molto bassi, è però da notare che il processo di espansione delle spese pubblicitarie fa sì che tali costi di produzione, o di importazione, si riducano sempre più rispetto al costo complessivo. Questo contribuisce a rendere sempre minore la differenza tra situazione reale e modello limite.

La possibilità di incorporare immagine nel prodotto finale immesso sul mercato non è uguale per tutti i beni, sarà ad esempio bassa per prodotti agricoli di base, carburanti o beni durevoli di alto costo, potrà essere enorme per prodotti meglio differenziabili o dove l'immagine ha una funzione preminente nella scelta d'acquisto.

10.40.00 LA CONCENTRAZIONE DELL'OFFERTA

Il numero dei venditori presenti su di un mercato può dipendere da fattori istituzionali o da caratteristiche intrinseche del mercato stesso.

I fattori istituzionali sono costituiti dai limiti posti dalle autorità di governo alla produzione od alla vendita di certi prodotti.

I limiti non sempre sono chiari ed espliciti, a volte sono mascherati con provvedimenti od autorizzazioni di altro tipo, ad esempio sanitari.

In qualche caso lo Stato può arrivare ad imporre un regime di monopolio, un sistema, cioè, in cui esiste un solo venditore.

La limitazione legale del numero dei venditori può essere intesa nell'interesse diretto dello Stato, che, agendo direttamente o indirettamente come monopolista, fa propri i guadagni derivanti dal controllo sul mercato attuando concretamente una forma impropria di tassazione (monopolio fiscale). Ne è un esempio in Italia il monopolio dei tabacchi.

Lo Stato può anche decidere di concentrare la produzione in un'impresa strettamente controllata ritenendo che così si possa assicurare condizioni migliori al cittadino acquirente ed al sistema economico (nazionalizzazione).

Per quel che riguarda le cause di mercato, la maggiore

o minore concentrazione dell'offerta nelle mani di poche imprese dipende principalmente dalla struttura dei costi di produzione o di distribuzione dei venditori.

Se non esistono rilevanti economie di scala, cioè, se aumentando le quantità prodotte non si hanno forti diminuzioni dei costi medi, anche le piccole imprese possono restare sul mercato e competere con le più grandi e nuove piccole imprese possono entrare in qualsiasi momento nel mercato non trovando particolari ostacoli all'ingresso.

Se non sono presenti economie di scala, le imprese più grandi troveranno invece difficoltà. Infatti non esistono soltanto le economie di scala, esistono anche le diseconomie di scala che sono normalmente meno consistenti ma, in assenza di economie, possono diventare importanti.

Aumentando le dimensioni di un'azienda, cioè, si incontrano in genere difficoltà organizzative o di reperimento di fattori produttivi o, più verosimilmente, può diminuire l'immedesimazione negli interessi dell'azienda da parte di chi concretamente la gestisce ai vari livelli e vi lavora.

Se invece esistono economie di scala consistenti, e soprattutto se tendono a perdurare anche dopo ogni nuovo aumento di dimensioni, le imprese hanno interesse a diventare sempre più grandi.

Chi rimane piccolo ha costi medi maggiori e non riesce a competere con chi si è ingrandito e produce a costi minori.

Le piccole imprese, uscendo dal mercato, lasciano poi il posto alle più grandi che così possono ingrandirsi ancora.

L'intensità delle economie di scala determina anche una dimensione minima d'ingresso nel mercato. Le imprese troppo piccole non possono entrare perché non hanno le dimensioni necessarie per produrre a costi tanto bassi da poter riuscire a vendere.

L'esistenza di una dimensione minima d'ingresso e le dimensioni globali del mercato determinano il numero massimo di imprese che possono stare nel mercato.

Se per essere competitivi occorre produrre almeno 100, se il mercato richiede 1000, c'è posto al massimo per 10 produttori. Se per produrre a costi sostenibili bisogna produrre almeno 200, c'è posto per 5, se occorre produrre 800, o 1000, c'è posto solo per uno.

Via via che le economie di scala aumentano, aumentano anche le dimensioni minime per stare sul mercato e diminuisce il numero dei venditori.

Il continuo aumento delle dimensioni minime, ed il continuo diminuire del numero delle imprese presenti nei diversi mercati, sono situazioni a cui siamo abituati, che ci appaiono normali e definitive.

In realtà il progresso tecnologico impone investimenti sempre più consistenti per chi voglia adeguarsi ai nuovi processi produttivi e rimanere competitivo sul mercato.

Questi investimenti non sono sostenibili per le piccole imprese.

I piccoli produttori devono continuare a produrre coi vecchi metodi, più costosi, e finiscono col non riuscire più a vendere i loro prodotti.

Il potere del venditore di condizionare l'offerta dipende in gran parte dal livello di concentrazione dell'offerta, dal numero, cioè, dei venditori presenti sul mercato.

E' chiaro, infatti, che se i venditori sono moltissimi nessuno sarà in grado di controllare direttamente la quantità prodotta che dipende dalle scelte di molte persone che neppure si conoscono.

Non sarà quindi concretamente possibile accordarsi con tutti gli altri venditori per diminuire la quantità offerta.

All'opposto, se esiste un solo venditore potrà decidere la quantità da vendere.

10.40.10 La concorrenza pura.

La concorrenza pura è la forma di mercato in cui esistono tanti venditori e tanti acquirenti e ognuno di loro non ha la forza per influire sulla formazione del prezzo di mercato.

Ogni venditore vende troppo poco per poter fare aumentare i prezzi vendendo di meno o farli diminuire vendendo di più, le sue quantità sono insignificanti rispetto alle dimensioni del mercato.

Anche ciascun acquirente compra poco rispetto alle dimensioni del mercato e la sua domanda non può influire sensibilmente su quella complessiva. Il prezzo del bene si forma nel mercato in base alla legge della domanda.

Il prezzo che si forma, non tiene conto della volontà di nessuno né degli interessi di nessuno in particolare ma solo delle condizioni oggettive.

Praticamente il mercato di concorrenza pura è il mercato agricolo di un Paese povero dove ognuno è troppo povero per contare qualcosa.

Un sogno di molti economisti e di molti politici è quello di applicare le regole del mercato di concorrenza pura a sistemi che di concorrenziale hanno più ben poco.

Le regole del libero mercato che non si affermano spontaneamente vengono imposte.

Si vietano gli accordi tra imprese volti a limitare la concorrenza.

Si vietano i contributi pubblici alle imprese.

Si vietano le "posizioni dominanti", cioè il controllo da parte di un'impresa di una percentuale di mercato eccedente un certo limite.

In questo modo si cerca di ricreare artificialmente un mondo che non è più dotato di caratteristiche tali da garantire un massimo di equità e di efficienza.

Chiamare tutto ciò "libero mercato" è eccessivo. Di libero c'è ben poco.

Entro certi limiti quest'azione può comunque essere considerata un'azione positiva. Si impedisce che il sistema sia gestito da centri di potere che non guardano gli interessi della comunità ma solo i propri.

(Tesi prevalente: le regole del mercato concorrenziale sono utili in assoluto e vanno preservate. Le regole imposte dallo Stato sono necessarie per preservare i meccanismi concorrenziali che garantiscono lo sviluppo e l'ottimale allocazione delle risorse).

Nel momento in cui il mercato è oppresso da regole rigide, o da uno statalismo inefficiente, o dal dominio di pochi, si può ancor più pensare che l'unica soluzione sia nel tornare, o giungere, alla concorrenza pura, o come più frequentemente si dice confondendo i termini, alla libera concorrenza.

Ciò è anche vero se ci si limita a pensare di poter risolvere attraverso la concorrenza quei problemi che nascono effettivamente dalle troppe limitazioni e dai troppi condizionamenti anche politici.

Se l'inadeguatezza dell'offerta deriva da scarsità naturale od il prezzo di un bene non si determina in base alla legge della domanda, il ripristino delle condizioni di concorrenza non opera alcun risultato.

Concretamente, poi, anche un notevole livello di concentrazione può non impedire al mercato di funzionare determinando un prezzo d'equilibrio, sostanzialmente vicino a quello di concorrenza, regolando la distribuzione delle risorse.

10.40.20 L'oligopolio.

L'evolversi dei sistemi produttivi rende necessari sempre maggiori investimenti che producono economie di scala sempre più forti ma elevano anche le dimensioni aziendali minime al di sotto delle quali tali innovazioni non sono possibili.

Spesso non si raggiunge una situazione di monopolio solo a causa dell'intervento pubblico o del continuo aumento delle dimensioni del mercato, da locale a nazionale a mondiale.

In questo modo il mercato di un bene raggiunge un livello elevato di concentrazione senza però arrivare ad una situazione di monopolio.

Un mercato caratterizzato da pochi venditori è detto oligopolio e rappresenta la forma caratteristica dei mercati di un sistema economico sviluppato.

Se i pochi oligopolisti si mettono d'accordo per stabilire prezzi e quantità di vendita, il mercato si comporta come un monopolio.

Per questo motivo Stati ed associazioni sovranazionali come l'UE intervengono correntemente per impedire tali accordi (norme **antitrust**).

Se non ci sono accordi tra gli oligopolisti sulla spartizione del mercato, il singolo oligopolista ha scarse possibilità di influire sulla determinazione del prezzo di mercato.

Ogni sua azione rivolta ad abbassare i prezzi o ad aumentare le quantità offerte vedrebbe la reazione dei concorrenti che gli impedirebbero comunque la conquista di nuove fette di mercato.

Al contrario, se alzasse i prezzi o diminuisse le quantità, non verrebbe seguito dagli altri che anzi se ne approfitterebbero per sottrargli fette di mercato.

La possibilità di controllo del mercato da parte degli oligopolisti non va quindi sopravalutata, e neanche le differenze nella formazione del prezzo rispetto ad un regime di concorrenza.

Il prezzo resta, sostanzialmente, un "prezzo di mercato", cioè un prezzo che si forma nel mercato.

Al contrario della concorrenza, però, il mercato oligopolistico richiede grandi sforzi da parte dei venditori per conservare e rafforzare le proprie quote di mercato e mantenere quelle dimensioni che permettano di sfruttare le economie di scala.

Per essere presenti in un mercato oligopolistico occorrono grossi investimenti, spesso a lungo termine.

Una volta entrati occorre quindi avere la certezza di rimanervi a lungo conservando le proprie posizioni.

Il prodotto deve essere differenziato da quello dei concorrenti in modo da creare una propria clientela affezionata, altrimenti la quota di mercato risulterebbe facilmente attaccabile. Per questo motivo il prodotto deve poi presentarsi come un prodotto "di marca", in pratica come un prodotto fortemente pubblicizzato che la gente chiede e vuol trovare nei negozi.

Un mercato oligopolistico è quindi un mercato in cui si spende tanto in pubblicità, i prezzi tendono quindi a crescere perché il costo della pubblicità si incorpora nel prezzo del bene.

Non necessariamente, però, l'aumento dei prezzi fa diminuire domanda e produzione, anzi, la domanda sarà fortemente sostenuta dalla pubblicità e tenderà addirittura crescere.

Rispetto ad un mercato concorrenziale, quindi, un mercato oligopolistico comporta maggiori prezzi per i consumatori, ma anche maggiore occupazione concentrata soprattutto nel settore pubblicitario.

10.40.30 Il duopolio.

Aumentando la concentrazione dell'offerta e passando dall'oligopolio ad duopolio, cioè un mercato con due soli venditori, diventa concreta la possibilità per uno dei venditori di escludere l'altro diventando così monopolista, o, quanto meno, di assumere una posizione di controllo sul mercato.

Se effettivamente il duopolio diventa conflittuale, il mercato può diventare schizofrenico.

Il prezzo non si forma nel mercato in base alle esigenze degli acquirenti e al suo modo di produzione ma è determinato unicamente dai tentativi dei due di prevalere.

10.40.40 Il monopolio.

Il monopolio è un mercato caratterizzato dalla presenza di un solo venditore, corrisponde quindi al massimo livello di concentrazione dal lato dell'offerta.

Chiaramente l'unico venditore ha un potere di condizionamento forte ma non assoluto.

Normalmente il monopolista non ha un controllo completo sul mercato e non può decidere sia il prezzo che la quantità venduta.

Se decide quale quantità mettere in vendita saranno gli acquirenti a decidere il prezzo in base alle caratteristiche della loro curva di domanda.

Oppure il monopolista può decidere il prezzo di vendita del

prodotto. In questo caso, gli acquirenti decideranno quanto comprare al prezzo fissato.

In pratica il monopolista potrà scegliere tra vendere quantità minori ad un prezzo più alto od aumentare le quantità riducendo i prezzi.

Se il monopolista ricerca il massimo profitto, sceglierà quella combinazione di prezzo e quantità che gli permetta di ottenere il maggior utile possibile, non dovrà quindi né stabilire dei prezzi tanto alti da fargli vendere poco, né tanto bassi da fargli vendere molto ma guadagnando poco.

10.40.50 Il punto di Cournot.

La combinazione di quantità e prezzo che massimizzano il guadagno del monopolista è nota in economia come "**punto di Cournot**", dal nome dell'economista francese che la studiò nel diciannovesimo secolo.

Al punto di Cournot corrispondono generalmente ampi profitti, ma questo è verosimile e probabile ma non è certo.

Infatti la struttura dei costi e della domanda potrebbero essere tali da non permettere comunque tali profitti oppure, semplicemente, il monopolista potrebbe non esserne capace.

Nella figura n. 1 la linea continua rappresenta la domanda del prodotto, decrescente all'aumentare del prezzo. In ogni punto rappresenta anche il prezzo di vendita.

La linea tratteggiata (Ricavi) rappresenta i ricavi al variare della quantità venduta. I ricavi corrispondono al prodotto delle quantità vendute (X) per il rispettivo prezzo (valore della curva di Domanda).

I ricavi dapprima aumentano all'aumentare della quantità fino a raggiungere un massimo per x=25, da quel punto l'ulteriore aumento delle quantità di vendita ha un effetto sui ricavi inferiore a quello negativo dovuto all'ulteriore diminuzione dei prezzi di vendita.

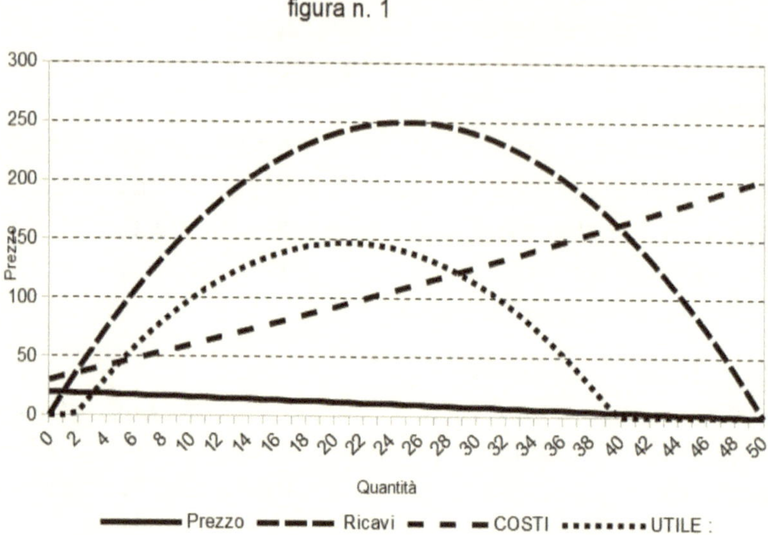

In assenza di costi, i ricavi coinciderebbero con l'utile e il punto corrispondente ai massimi ricavi (Quantità=25) rappresenterebbe il punto di Cournot.

In presenza di costi, sia fissi che variabili, rappresentati dalla curva "Costi", l'utile e` invece dato dalla differenza tra ricavi e costi (curva "Utile") e trova il suo massimo (punto di Cournot) per Quantità=19, la quantità offerta è cioè inferiore ed il prezzo di vendita è superiore.

Il notevole controllo che può esercitare sul mercato permette al monopolista grossi guadagni. Il prezzo che si forma è superiore a quello che si formerebbe in un mercato concorrenziale, mentre la quantità venduta è minore.

La figura n. 2 mostra la situazione per cui anche in regime di monopolio non vi sono margini particolari di utile neppure per il monopolista. Questo a causa dell'andamento dei costi e della domanda del settore.

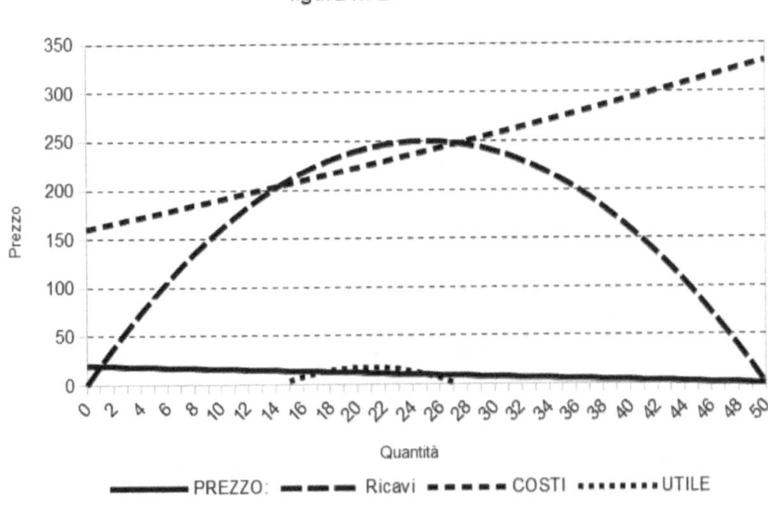

Aumentando ancora i costi, o diminuendo la domanda, si può anche arrivare al punto in cui sparisce ogni possibilità di ottenere un utile.

In questo caso non è possibile gestire in utile quella produzione neanche in regime di monopolio.

Una situazione del genere non è affatto strana e improbabile.

Ad esempio sono in realtà frequenti servizi pubblici in regime di monopolio gestiti dallo Stato, o comunque finanziati dallo Stato, perché non sarebbero altrimenti gestibili in modo economico.

10.50.00 LA DOMANDA DEI BENI DI CONSUMO

Ci sono almeno due diverse ragioni per cui desideriamo la disponibilità di un bene e cerchiamo di procurarcelo attraverso lo scambio.

La prima è costituita dall'utilità del bene.

La seconda è data dal suo valore.

Nei due casi la formazione dei prezzi di mercato segue regole diverse.

Nel caso dei beni richiesti per la loro utilità, le quantità domandate al variare del loro prezzo seguono quella che viene comunemente chiamata "Legge della domanda".

Oltre che dal prezzo, la richiesta di un bene può essere influenzata da altri elementi come le variazioni del reddito della popolazione, il variare dei gusti o delle abitudini oppure l'esistenza di beni alternativi che soddisfano gli stessi bisogni.

Normalmente queste variabili vengono eventualmente esaminate in un secondo momento per perfezionare il modello costruito sulla base della sola variazione dei prezzi.

A parità di altre condizioni, si ritiene comunemente che per i beni direttamente utili esista un rapporto inverso tra quantità vendibile e prezzo a cui tale quantità può essere venduta.

Si crede che ad un prezzo minore se ne possa vendere di più,

mentre ad un prezzo maggiore se ne riesca a vendere di meno. Tale regola è detta legge della domanda e la sua rappresentazione grafica è detta "curva di domanda".

La legge della domanda è spesso spiegata sulla base del fatto che i bisogni diminuiscono d'intensità a seguito della loro parziale soddisfazione.

Una volta che avrò acquistato una certa quantità di un bene, il mio bisogno sarà in parte saziato e sarò quindi disposto ad acquistarne ancora solo ad un prezzo minore.

Una spiegazione alternativa è quella per cui ad un prezzo minore si possono trovare altre persone disposte ad acquistare. In precedenza queste persone non trovavano il bene abbastanza utile per giustificarne il prezzo, o, più semplicemente, non disponevano della somma necessaria per comprarlo.

All'opposto, aumentando il prezzo, un numero sempre maggiore di persone rinuncerà all'acquisto.

Un'altra spiegazione è quella per cui aumentando il prezzo c'è chi smette di comprare quel bene e compra qualcos'altro che soddisfi lo stesso bisogno. Se aumenta il prezzo delle mele si vendono meno mele e più pere.

A questo proposito è da notare che la maggior parte delle persone ha un reddito limitato che deve ripartire tra le varie spese. Se spende i propri soldi per comprare qualcosa deve rinunciare a comprare qualcos'altro. In questo modo tutti gli acquisti diventano alternativi tra loro.

Invece che alternative, possiamo considerare queste spiegazioni complementari, aumentando il prezzo di vendita alcune persone rinunceranno in tutto o in parte all'acquisto mentre altre sostituiranno il bene con altri beni alternativi.

L'opposto succederà nel caso di diminuzione del prezzo.

A parte ogni considerazione o spiegazione teorica, il fatto che abbassando i prezzi si vende di più ed alzandoli si vende di meno fa parte della nostra esperienza di vita.

Quando un commerciante vuol vendere ciò che altrimenti non

riesce a vendere abbassa i prezzi e non li alza di certo.

Quando andiamo a far compere, tutti noi cerchiamo le vetrine con la scritta "sconti" o "ribassi" e non quelle con la scritta "prezzi aumentati".

Nelle economie sviluppate la gente si abitua ai propri consumi che vengono consolidati e diventano in qualche modo tutti rigidi. Per questo motivo i consumatori rinunciano difficilmente all'acquisto di ciò che hanno preso l'abitudine di consumare e gli aumenti di prezzo incidono scarsamente sulla domanda.

Rimangono però alcune circostanze che continuano a legare la domanda al prezzo.

10.50.10 L'effetto di reddito sulla domanda.

Se il bene costituisce una grossa voce di spesa per gli acquirenti si possono avere effetti di reddito.

Tutti noi, ad esempio, spendiamo in benzina delle cifre consistenti, probabilmente eccessive.

Se il prezzo della benzina aumenta o diminuisce di poche decine di centesimi, noi non diminuiremo od aumenteremo di molto i nostri consumi o non li varieremo affatto.

Se il prezzo della benzina raddoppiasse, però, è probabile che i consumi crollerebbero, non tanto perché decideremmo di usare meno l'automobile, quanto perché molti di noi i soldi per comprare la stessa quantità di benzina a prezzo raddoppiato non li avrebbero.

Con forti variazioni del prezzo, in più o in meno, si sostituisce il consumo di un bene con con quello di altri beni alternativi o, al contrario, il bene può sostituirne altri.

In questo caso la domanda può crollare od aumentare enormemente. Il consumatore si abitua poi al nuovo consumo in sostituzione del precedente.

10.50.20 La curva di domanda.

La figura 1 mostra l'andamento della curva di domanda.

In realtà sono i prezzi a determinare le quantità e non le

quantità a determinare i prezzi, quindi, seguendo le comuni convenzioni stabilite per i grafici cartesiani, bisognerebbe rappresentare la moneta sull'asse orizzontale e le quantità in quello verticale.

Secondo una tradizione discutibile ma consolidata in economia, i prezzi sono però messi sempre sull'asse verticale senza considerare se costituiscano la variabile dipendente o indipendente.

Sull'asse verticale sono quindi indicati i prezzi mentre su quello orizzontale sono indicate le quantità corrispondenti.

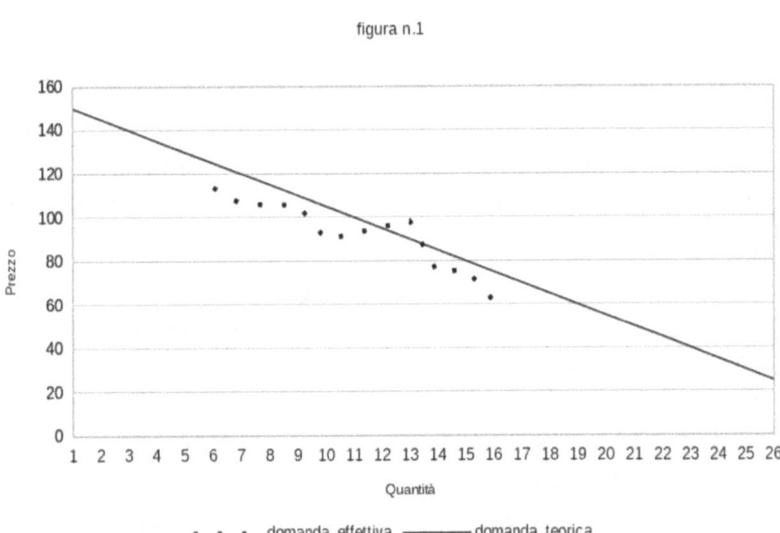

In base alle considerazioni sin qui fatte, possiamo affermare che a prezzi alti corrispondono basse quantità di vendita mentre a prezzi più bassi corrispondono quantità maggiori. Il grafico avrà quindi un andamento decrescente.

Molto spesso si rappresenta la curva di domanda mediante una semplice retta decrescente (linea continua nel grafico). Questo implica un andamento "regolare" della relazione quantità / prezzo.

Aumentando o diminuendo il prezzo della stessa quantità, si

avranno quindi effetti opposti ma di pari intensità.

Concretamente, passando il prezzo da 80 a 90, la quantità diminuirà tanto quanto aumenterà passando da 100 a 90.

In realtà la semplificazione operata diventa sempre meno giustificata tanto più ci allontaniamo dalla zona centrale della curva, cioè dai livelli di quantità e prezzo concretamente riscontrabili sul mercato.

Da un punto di vista pratico è possibile rilevare concretamente diverse combinazioni di quantità e prezzi.

E' possibile anche sostituire i dati effettivi con una rappresentazione lineare del fenomeno e misurare la correlazione statistica tra dati effettivi e dati teorici rappresentati sulla retta (**retta di regressione lineare**).

Il termine regressione ci fa pensare ad una curva con coefficiente angolare negativo, che cioè decresce spostandosi verso destra sull'asse orizzontale. In realtà la curva viene detta di regressione anche quando cresce. Probabilmente è stata studiata all'inizio per casi di effettiva regressione poi il nome è rimasto.

Qualcuno arriverà anche a dire che i dati teorici sono persino migliori e più rappresentativi di quelli effettivi perché depurati da avvenimenti accidentali ed errori di rilevazione.

Ad esempio le vendite di ombrelli non sono condizionate solo dal prezzo ed i dati effettivi risentono del fatto che quando si sono effettuate le rilevazioni pioveva o no.

Invece della retta, qualcuno utilizza curve matematiche più complesse, soprattutto rami di iperbole equilatera.

Ammettiamo che per un certo bene abbiamo rilevato le combinazioni di quantità e prezzo che corrispondono ai punti della figura 1.

Per le varie combinazioni rilevate la quantità richiesta non risente soltanto del prezzo, ma anche di altri fattori meno importanti come l'orario o il giorno della rilevazione, il tempo atmosferico o magari la concomitanza con un evento sportivo.

È probabile che i dati seguano un andamento decrescente ma non perfettamente regolare.

Se si vuol descrivere l'andamento della domanda con una formula precisa, bisogna sostituire i dati effettivi con dati teorici che si trovano disposti su una precisa curva matematica.

Per determinare poi a quale quantità corrisponde un certo prezzo, si sostituisce nella formula il valore numerico del prezzo ottenendo così la quantità domandata.

Bisogna però ricordare che la curva è rappresentata con la variabile indipendente, prezzo, sull'asse delle ordinate.

La formula della retta del nostro grafico (Y=a-bX) è Prezzo=155-5*Quantità .

Se vogliamo sapere quale quantità corrisponde al prezzo di 100, sostituiamo 100 a Prezzo ed otteniamo 100=155-5*Quantità.

Sottraendo 155 ad entrambi i membri, ottengo -55= -5*Quantità.

Moltiplicando entrambi i membri per -1 ottengo 55=5*Quantità.

Dividendo entrambi i membri per 5 ottengo 11 = Quantità, cioè Quantità =11.

Il metodo che si usa normalmente per calcolare i parametri della curva di regressione è quello dei minimi quadrati.

La curva che si ottiene è quella che rende minima la somma dei quadrati degli scostamenti tra dati teorici, sulla curva, e i dati reali.

Utilizzando i quadrati invece degli scostamenti effettivi si hanno due vantaggi.

Il primo è che i quadrati sono tutti positivi e si possono sommare senza curarsi del segno.

Il secondo è che si dà un peso maggiore agli scostamenti più grandi, infatti il quadrato di +2 o di – 2 è 4, mentre il quadrato di +4 o di - 4 è 16 e non ha quindi un valore doppio ma 4 volte maggiore.

I diversi fogli elettronici contengono la funzione per calcolare facilmente i parametri della retta di regressione. Su Excel

"REGR.LIN".

Un modo empirico per disegnare la retta di regressione è quello di posizionare un righello più o meno tra i punti che rappresentano i dati effettivi e tirare una linea. Non è detto che il risultato sia peggiore rispetto ad altri metodi.

Le rilevazioni statistiche sono effettuate in intervalli ristretti di quantità e prezzi, quelli, cioè, che effettivamente possono essere osservati.

Più ci si allontana dall'intervallo misurato, meno ci si può aspettare che l'andamento del fenomeno possa rimanere regolare.

In realtà, allontanandoci da valori prossimi a quelli effettivi e concretamente misurabili, è sempre più difficile che le reazioni del mercato rimangano costanti.

E' poi da considerare attentamente il fatto che a prezzi notevolmente diversi ci troviamo davanti ad un "prodotto" diverso, comprato da consumatori diversi, molto più ricchi o molto più poveri, che si comportano in modo molto diverso esprimendo una diversa curva di domanda.

Ad esempio il vino venduto ad un prezzo relativamente basso è un bene di largo consumo tipico di alcuni Paesi come l'Italia o la Francia.

Il vino venduto ad alto prezzo è tutta un'altra cosa, è cioè un bene di lusso consumato da una clientela più ristretta.

La curva di domanda del secondo non è il prolungamento di quella del primo, in realtà c'è la stessa relazione che potremo osservare tra la curva di domanda del latte e quella del caviale.

Allontanandoci dalla zona centrale della curva, quella corrispondente a valori effettivamente riscontrabili, subentrano anche altri fattori in grado di modificare sostanzialmente il rapporto tra prezzo e quantità.

In particolare possono sorgere problemi di sostituzione. Il bene il cui prezzo è variato molto viene sostituito o sostituisce beni a consumo alternativo (beni succedanei).

Oppure possono sorgere effetti di reddito. In caso di forte

aumento del prezzo, gli attuali consumatori non si possono più permettere di acquistare il bene, oppure, al contrario in caso di diminuzione del prezzo, fasce di acquirenti meno abbienti possono acquistarlo.

Per questi motivi è improbabile che, per valori molto distanti da quelli effettivamente rilevabili nel mercato, la curva di domanda continui ad avere un andamento rettilineo e regolare.

L'andamento sarà invece normalmente irregolare e spesso imprevedibile. Se poi ci spostiamo verso gli estremi, la nostra curva di domanda finisce col perdere ogni concreto significato.

In un'economia sviluppata, oltre alla domanda di beni di consumo, esiste anche una domanda di di fondi di valore e una domanda di beni capitale o beni d'investimento.

I fondi di valore sono beni comprati perché hanno un valore che si conserva nel tempo.

In questo modo le eccedenze di reddito non spese possono essere utilizzate per comprare questi beni per poi rivenderli in un secondo tempo.

Nelle opportune condizioni, è probabile che qualsiasi bene non deperibile possa diventare un fondo di valore.

In condizioni normali vengono utilizzati titoli del debito pubblico o di imprese private, moneta, metalli preziosi. Anche immobili od opere d'arte.

I beni capitale sono beni che servono per produrre, come impianti industriali, macchinari, fabbriche e magazzini.

Vengono acquistati per svolgere un'attività produttiva.

10.50.30 La domanda aggregata.

Oltre alla domanda del singolo bene o di singoli beni, esiste anche la domanda complessiva, o aggregata, come somma di tutte le domande di tutti i beni.

La **domanda aggregata** viene studiata in rapporto al reddito totale che corrisponde al valore della produzione.

La domanda totale, pubblica e privata, di beni di consumo,

di beni strumentali e di fondi di valore non può superare la quantità prodotta ma può essere inferiore.

Concretamente non si può comprare ciò che non è stato prodotto e quindi non esiste, ma si può benissimo comprare di meno.

In questo caso una parte dei beni prodotti non sarà venduta e il sistema entrerà in crisi di sovraproduzione, avremmo, cioè, una produzione superiore alla quantità vendibile.

Detta in altro modo, il sistema non sarà più in grado di gestire tutta la produzione.

10.60.00 LA DOMANDA DI FONDI DI VALORE

La legge della domanda spiega il rapporto tra l'utilità che un bene è in grado di offrire ed il prezzo che il mercato è disposto a pagare.

La legge della domanda trova però nel concetto di utilità anche i limiti alla sua applicazione.

Se un bene non è richiesto per l'utilità che è in grado di fornire ma è richiesto per motivi diversi, la legge della domanda non è più in grado di definire la sua possibilità di collocamento nel mercato.

Spesso si tende ad ampliare il campo di applicazione della legge della domanda oltre i limiti posti da un ragionamento logico e coerente.

La prima forzatura consiste nel sopravalutare acriticamente l'utilità iniziale di certi beni rari o presunti rari. Gli esempi del diamante o dell'oro sono quelli più classici.

Si sostiene che il valore di questi beni sia alto perché sono rari e il loro consumo è quindi molto limitato, in questo modo il loro valore iniziale risulta ancora integro non essendo il bisogno di questi beni saziato attraverso il consumo.

In realtà non solo non si dimostra che questi beni abbiano una così grande utilità iniziale, ma neppure che siano tanto rari da soddisfare solo in modo trascurabile il bisogno che abbiamo di essi in modo da lasciare una così alta utilità residua.

La seconda forzatura consiste nel confondere l'utilità originaria di un bene, che deriva direttamente dalla sua capacità di soddisfare dei bisogni umani, da quell'utilità che deriva indirettamente dal suo valore.

È chiaro che una volta che un bene ha un prezzo, e a questo prezzo può essere scambiato con altri beni utili, per questo solo fatto acquista un'utilità e diventa desiderabile. Ma questo non spiega come il suo prezzo si sia originariamente formato.

Nel caso del fondo di valore il rapporto tra utilità e prezzo si inverte, non è l'utilità a determinarne il prezzo ma è il prezzo a determinarne l'utilità.

10.60.10 I fondi di valore.

Se prendiamo l'esempio classico del diamante è difficile sostenere che abbia una così grande utilità intrinseca. E' probabile che molte persone non siano neanche capaci di distinguere un diamante da uno zircone ma tuttavia desiderano avere un diamante e non uno zircone.

Vogliono il diamante perché costa molto, perché è desiderato da tutti ed è un segno di distinzione, ed è un segno di distinzione perché costa molto e non tutti se lo possono permettere.

E' il suo prezzo, cioè, a farlo desiderare più che l'utilità che ne possiamo trarre.

In casi come come questo il problema della formazione del prezzo è indeterminato se proviamo a spiegarlo in termini di utilità.

Qualsiasi prezzo può infatti determinare la corrispondente utilità e quell'utilità determinare di nuovo il prezzo di partenza.

In pratica, in questo modo, si può solo affermare che un bene costa 100 e quindi ha un'utilità corrispondente a 100, se costasse 1000 avrebbe un'utilità corrispondente a 1000, se non costasse niente non servirebbe a niente.

Ci sono quindi beni che non sono domandati per la loro utilità, ma direttamente perché hanno un valore.

Chiaramente questo valore non può essere determinato dall'utilità del bene, ma non può neppure essere determinato dal suo prezzo che è appunto ciò che dobbiamo definire.

Il modo in cui il prezzo si forma deriva dal motivo per cui si comprano questi beni, perché, cioè, una persona compra qualcosa che per lui non ha un'utilità diretta, non può essere mangiata, né bevuta, né serve per vestirsi o per divertirsi.

Un bene che non serve direttamente, ma che comunque ha un valore, lo compriamo solo se abbiamo una disponibilità di potere d'acquisto che eccede il nostro bisogno di beni direttamente utili, occorre, cioè, un surplus di produzione rispetto ai consumi.

Tale disponibilità la "investiamo" in beni che hanno un valore e che riteniamo che manterranno tale valore anche in futuro.

Almeno in teoria, ci dovrebbe essere la possibilità di cedere questi beni in un momento successivo in cambio di beni direttamente utili.

In questo modo potremo consumare in futuro ciò che non abbiamo bisogno di consumare oggi e manterremo la capacità di acquisto di cui disponiamo, in pratica la nostra ricchezza.

In un primo momento i beni scelti come riserva di ricchezza saranno quelli più diffusi nel sistema, più facilmente scambiabili. In un secondo momento uno di questi beni può assumere la funzione di moneta.

Come può un bene diventare un fondo di valore, cioè una riserva di ricchezza?

Prima di tutto, una domanda di fondi di valore può nascere solo se nel sistema si formano delle eccedenze rispetto ai consumi.

Finché tutta la produzione viene destinata ai consumi, non può formarsi domanda né di fondi di valore né di beni d'investimento.

In realtà possono formarsi eccedenze anche in società relativamente povere se il reddito è distribuito in maniera ineguale. I pochi ricchi di un paese povero avranno comunque delle eccedenze rispetto alla loro necessità di consumo.

Inizialmente il bene fondo di valore verrà probabilmente

acquistato al prezzo che ha sul mercato dei beni di consumo in base alla legge della domanda.

Una volta che si è formata una certa richiesta del bene anche come fondo di valore, la quantità disponibile del bene si dividerà in due parti.

La prima parte continua ad essere venduta nel mercato dei beni d'uso secondo le normali regole.

La seconda parte viene venduta nel mercato dei fondi di valore. Per questa seconda parte il prezzo si forma in modo del tutto diverso, sulla base del valore che su di esso viene investito e della quantità disponibile del bene stesso.

Se il prezzo del bene moltiplicato per la quantità disponibile, vale a dire il prezzo totale d'acquisto, non è più sufficiente a soddisfare le richieste di investimento, nuove quantità del bene affluiranno a maggior prezzo sottratte al mercato parallelo dei beni d'uso.

La disponibilità degli acquirenti del mercato dei beni fondo di valore a pagare prezzi unitari maggiori è altissima proprio perché essi non collegano il valore a quantità determinate, anzi, il fatto stesso che il bene stia aumentando di prezzo lo rende ancor più appetibile perché si può fondatamente sperare che il prezzo continuerà ad aumentare.

In questo modo aumenta anche la ricchezza già investita nel bene.

Per la parte del bene che viene acquistata essenzialmente per il valore, non ha più molta importanza né a cosa possa servire il bene né quale sia il suo valore unitario.

In realtà non cambia niente tra l'essere proprietari di 100 grammi d'oro od essere proprietari di soli 50 grammi quando l'oro vale il doppio.

Il prezzo del bene usato come fondo di valore non dipende più dalla sua utilità, ma dal valore globale dei fondi destinati allo scambio con quel bene e dalla quantità disponibile del bene stesso.

I beni normalmente usati come fondi di valore sono titoli pubblici e privati, moneta, e metalli preziosi.

Spesso sono però utilizzati altri beni che possono comunque prestarsi ad essere utilizzati come riserva di valore: opere d'arte, immobili, preziosi in genere, valute straniere.
Questi beni sono a volte chiamati **beni rifugio**.

Ciò che distingue un bene usato come fondo di valore da un bene d'investimento, usato cioè per produrre ed accrescere la capacità produttiva del sistema, è probabilmente da ricercarsi nel rapporto esistente tra rendimento presunto e prezzo di mercato.

Se il prezzo di mercato dipende dal rendimento presunto (utilità del bene nel concorrere alla produzione di di un reddito), ci troviamo di fronte ad un bene d'investimento.

Se è invece il rendimento che dipende dal prezzo di mercato e dalle sue variazioni, o se non vi è nessun rapporto, o se il bene non presenta nessun rendimento, ci troviamo di fronte ad un bene fondo di valore.

Lo stesso bene, in momenti diversi, può comportarsi nell'uno o nell'altro modo. Ad esempio un immobile può essere acquistato per abitarci o affittarlo ma può essere anche tenuto vuoto come fondo di valore da rivendere in futuro.

10.60.20 Il valore dei fondi di valore.

Se il sistema economico dispone di una ricchezza pari a 1000 da investire nel bene A (fondo di valore), sarà indifferente vendere un'unità al prezzo di 1000, 2 unità al prezzo di 500, 10 al prezzo di 100, 100 al prezzo di 10, 500 al prezzo di 2 o 1000 al prezzo di 1.

I possessori avranno comunque un valore pari a 1000.

Il prezzo sarà dato quindi dall'ammontare totale della ricchezza destinata al fondo, diviso il numero dei beni vendibili.

Normalmente un bene usato come fondo di valore continua ad avere anche un'utilità diretta, c'è chi compra oro per mettere al sicuro la propria ricchezza ma c'è anche chi continua a comprarlo sotto forma di gioielli che poi utilizza.

E' chiaro che il bene venduto nei due mercati è sempre lo stesso bene e che chi ne dispone può venderlo indifferentemente nei due mercati.

Il prezzo nei due mercati deve perciò essere lo stesso.

Se il prezzo come bene direttamente utile è inferiore al prezzo del bene come fondo di valore, chi dispone del bene preferisce venderlo nel secondo mercato.

Quantità sempre maggiori del bene passano quindi dal mercato dei beni d'uso a quello dei beni fondi di valore finché la richiesta nel mercato dei fondi di valore non è soddisfatta.

La minor disponibilità del bene nel mercato dei beni d'uso, che segue la legge della domanda, fa aumentare i prezzi in tale mercato. Quando il prezzo è lo stesso che si è formato nel mercato dei fondi di valore cessa il passaggio di quantità del bene dal primo mercato al secondo.

In modo analogo può succedere in un secondo momento che la quantità di ricchezza destinata dagli operatori del sistema economico al fondo di valore diminuisca.

Questo può succedere sia per un calo di fiducia nella capacità del bene a continuare a servire come fondo di valore, sia per una minore disponibilità di ricchezza da sottrarre ai consumi ed usare come riserva di valore.

In questo caso il prezzo nel mercato dei fondi di valore diminuisce.

Il minor prezzo invoglia all'acquisto del bene come bene d'uso e quindi determina passaggi del bene dal mercato dei fondi a quello dei beni direttamente utili.

Beni direttamente utili e fondi di valore seguono due diverse leggi della domanda.

È comunque possibile che il mercato attui una distribuzione delle risorse nella produzione dei beni venduti in entrambi i mercati in modo che alla fine sia mantenuto il rapporto costante tra prezzo e lavoro impiegato nella produzione?

Cioè, è possibile che l'esistenza di fondi di valore non alteri la distribuzione del reddito?

In linea di principio non sembrerebbero esserci problemi e la produzione dovrebbe semplicemente indirizzarsi verso quei beni che offrono una differenza positiva tra prezzo di mercato e costo di produzione e distogliersi da quelle produzioni che offrono differenze negative.

Questo a prescindere dal fatto che i beni siano dell'uno o dell'altro tipo.

In realtà il passaggio da un tipo di produzione all'altra incontra difficoltà e può modificare pesantemente gli equilibri del sistema.

Un bene fondo di valore avrà sicuramente qualche elemento di rarità o quanto meno di distinzione e questo può renderne impossibile o almeno difficile l'aumento di produzione.

Il prezzo di questo bene tenderà a crescere rispetto a quello degli altri beni.

In secondo luogo la variazione nella produzione di un fondo di valore può avere effetti pesanti sull'ammontare della ricchezza destinata al fondo di valore.

Può darsi che molte altre persone si diano all'acquisto del bene attirate dalla nuova disponibilità, anche per loro, di beni un tempo solo alla portata di altre classi sociali.

Oppure, al contrario, un fondo di valore disponibile in quantità rilevante può non attirare più nessuno ed il prezzo, di conseguenza, può crollare.

In terzo luogo le variazioni del prezzo di un fondo di valore non coinvolge solo i beni di nuova produzione, ma anche quelli già esistenti svalutando o rivalutando il patrimonio di chi già detiene il bene.

Il passaggio dalla produzione di beni di consumo a quella di fondi di valore non è quindi lineare ma può dar origine a fenomeni complessi, in particolar modo a fenomeni di redistribuzione della ricchezza, sia diretti, attraverso la modificazione del valore dei patrimoni esistenti, sia indiretti, a causa dei probabili strozzamenti nella produzione che finiscono per avvantaggiare i possessori di beni o fattori già rari o che sono diventati rari.

C'è poi da considerare il fatto che in una società non ancora ricca le eccedenze da investire in fondi di valore si formano esclusivamente attraverso una redistribuzione del reddito a favore di pochi.

Anche in un'economia sviluppata le eccedenze continuano in gran parte a formarsi in questo modo.

Può essere difficile stabilire se l'alto prezzo di un bene detenuto come riserva di valore derivi dalla sua naturale rarità o da un meccanismo del mercato.

Spesso sono in parte valide entrambe le affermazioni anche perché è probabile che meccanismi speculativi del mercato si instaurino più facilmente per quei prodotti che hanno già una certa loro rarità iniziale che favorisce la speculazione.

E' comunque probabile che la prima causa, rarità naturale del bene, sia importante per spiegare l'alto valore di scambio di beni naturali non riproducibili come terreni o risorse minerarie.

La seconda causa, speculazione e mercato dei fondi di valore, può invece essere importante per spiegare l'alto valore di beni sostanzialmente riproducibili come edifici o titoli azionari.

E' altrettanto verosimile che il primo meccanismo, legato esclusivamente alla legge della domanda, possa operare anche in strutture economiche semplici.

Il secondo meccanismo ha invece bisogno di strutture economiche e finanziarie più complesse.

Ha inoltre bisogno di molta ricchezza sottratta ai consumi, cioè della formazione di una consistente quantità di risparmio.

Nella figura 1 la quantità disponibile di un bene, pari a 30, è ripartita tra il mercato dei beni direttamente utili ed il mercato dei fondi di valore.

Spostandosi sull'asse delle ascisse si incontrano quantità sempre maggiori del bene vendute sul mercato dei beni utili e sempre minori quantità vendute sul mercato dei fondi di valore.

La curva di domanda del bene sul mercato dei beni direttamente utili è ipotizzata come rettilinea.

L'andamento rettilineo della curva di domanda implica una costanza del valore dell'elasticità, cioè del variare delle quantità al variare del prezzo. Se si considera solamente un breve intervallo a sinistra e destra del punto di equilibrio, implica una reazione di segno inverso

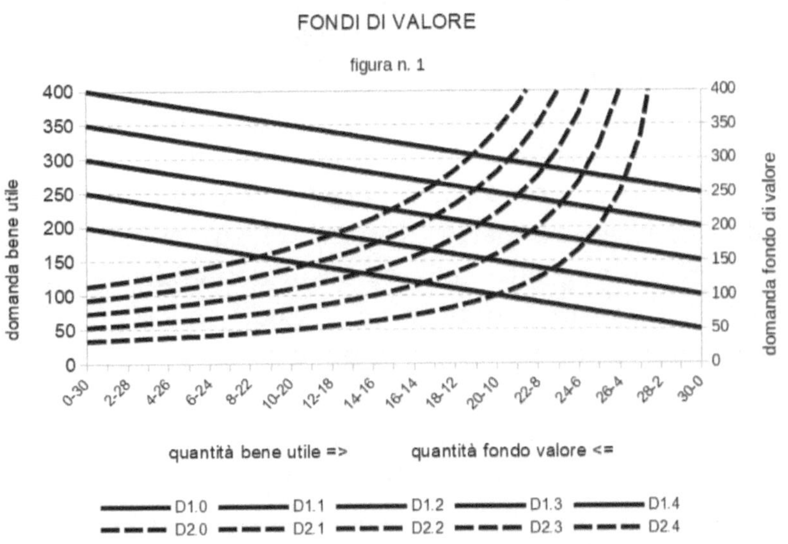

ma di pari entità da parte del mercato ad aumenti o diminuzioni del prezzo.

La curva di domanda del bene sul mercato dei fondi di valore è da leggersi rovesciata sull'asse destra delle ordinate, allontanandosi verso sinistra le quantità scambiate sul mercato aumentano ed i prezzi diminuiscono.

La domanda totale di un bene fondo di valore è data dal valore globale del fondo (5.000). Il prezzo del singolo bene è dato dal valore globale diviso per le unità vendute (5.000/x), ha quindi un andamento iperbolico.

Anche se il bene viene venduto su due diversi mercati per soddisfare due diversi bisogni, in assenza di una assoluta separazione fisica dei due mercati, il prezzo deve essere lo stesso.

Nel grafico di figura 1 l'equilibrio è raggiunto a prezzi diversi al variare della domanda nei due mercati.

In ciascun mercato un aumento della domanda sposta la curva verso l'alto, cioè, allo stesso prezzo la richiesta è maggiore.

Una diminuzione della domanda determina l'effetto opposto di spostare la curva verso il basso.

Un aumento del valore globale del fondo di valore determina uno spostamento verso l'alto e verso sinistra della curva di domanda del fondo.

Il prezzo naturalmente sale, ma la maggiore quantità di bene resa disponibile sul mercato dei beni di consumo a seguito dell'aumento del prezzo e della conseguente diminuzione delle vendite, compensa in parte gli effetti dell'aumento del fondo.

Il coefficiente angolare della curva di domanda del mercato del bene di consumo determina in quale modo gli effetti si ripartiscono tra aumento dei prezzi e passaggio dei beni tra i due mercati.

Se il mercato del bene direttamente utile presentasse una domanda assolutamente rigida, o se non esistesse ed il bene fosse utilizzato solo come fondo di valore, un aumento del valore complessivo del fondo determinerebbe unicamente un aumento proporzionale del prezzo.

Una diminuzione del valore complessivo del fondo determina, in modo sostanzialmente simmetrico, una diminuzione del prezzo ed il passaggio di una certa quantità del bene dal mercato dei fondi di valore al mercato dei beni di consumo.

Una variazione della domanda del bene di consumo non ha invece effetti simmetrici nel caso di una diminuzione o di un aumento. L'inclinazione della curva di domanda del mercato del fondo di investimento è crescente da sinistra verso destra, quindi, mentre una diminuzione della domanda del bene direttamente utile ha effetti sempre minori sul prezzo d'equilibrio, un suo aumento ha effetti sempre maggiori.

10.70.00 LA DOMANDA DI BENI D'INVESTIMENTO

Anche i beni d'investimento, o beni capitale, sono prodotti, venduti ed acquistati come qualsiasi altro bene.

Come per qualsiasi altro bene la loro produzione è possibile solo se esiste la possibilità di venderli, cioè se esiste una domanda adeguata.

Si acquistano beni d'investimento perché si ritiene che siano in grado di garantire una produzione futura vendibile di valore superiore al loro costo.

Il loro costo è normalmente espresso direttamente in moneta per cui potremmo definirlo un prezzo, cioè, appunto, un valore espresso in moneta.

Confrontare un costo presente con ricavi futuri non è però semplice perché esistono principalmente due serie di problemi.

Per prima cosa gli eventi futuri sono sempre incerti. A parità di altre circostanze, più ci spingiamo avanti nel tempo più aumenta l'incertezza finché possiamo solo prevedere che "Nel lungo periodo siamo tutti morti" (J. M. Keynes).

L'incertezza riguarda molti aspetti, anche politici. Non sappiamo esattamente come si evolverà il mercato o cosa stia facendo la concorrenza.

Non sappiamo esattamente neppure per quanto tempo il nostro investimento si manterrà tecnologicamente adeguato.

L'effettuazione dell'investimento richiede poi tempo ed i costi potrebbero aumentare anche prima di iniziare la produzione.

Le cose potrebbero però andare anche meglio del previsto.

Il rischio è comunque connaturato all'attività d'impresa, si potrebbe anche dire che chi non è disposto a accettare rischi non può fare l'imprenditore.

I rischi si valutano e si valuta anche la possibilità di guadagni superiori a quelli previsti. Poi si accettano o non si accettano.

Si può anche dare un valore al rischio e per attività più rischiose della media si può richiedere un profitto maggiore.

Secondariamente in quasi tutti gli investimenti i costi precedono i ricavi.

In genere si ha una grossa spesa iniziale per l'acquisto di beni d'investimento. I ricavi futuri superano poi i costi futuri permettendo di recuperare la spesa iniziale e in più di ottenere un utile, cioè un guadagno espresso in moneta.

Il guadagno (utile) dell'operazione non si calcola semplicemente sommando tutti i ricavi e sottraendo tutti i costi perché a somme spese in tempi diversi si dà un valore diverso. Normalmente a un euro speso oggi si dà un valore superiore rispetto ad un euro che si incasserà tra un anno, ad un euro che si incasserà tra due anni si dà un valore ancora inferiore e così via.

Il dare un valore superiore ai pagamenti odierni rispetto a quelli futuri è considerato normale ed ovvio anche se in realtà non è una realtà assoluta, il rapporto potrebbe anche invertirsi.

Negli scorsi anni si è avuta la tendenza verso tassi d'interesse negativi, cioè a valutare una somma attuale corrispondente ad una somma futura minore..

10.70.10 Il risultato economico attualizzato.

Nel caso estremamente più frequente di un tasso d'interesse positivo, si può procedere in due modi per confrontare importi pagati e incassati in tempi diversi.

Si può scontare gli importi futuri ad un determinato tasso d'interesse (**attualizzazione**) per avere tutti dati a valore attuale e quindi omogenei e confrontabili.

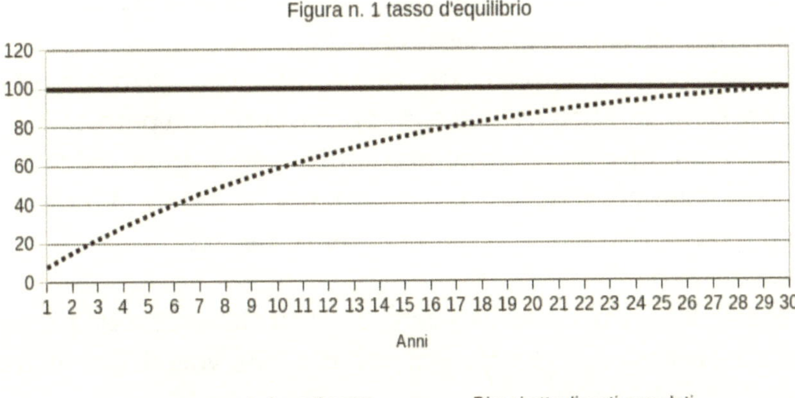

Nella figura 1 si considera un investimento della durata di 30 anni, con un costo iniziale di 100 e un un incasso annuo di 8, o, più verosimilmente, una differenza tra ricavi e costi annui pari a 8.

Il primo anno pago 100 e incasso 8, gli importi sono già a valore iniziale.

Il secondo anno incasso 8 ma il valore va riportato all'anno precedente scontandolo una volta.

Gli 8 incassati nel terzo anno andranno scontati 2 volte, quelli del quarto 3 volte e così via.

I valori attuali dei ricavi dei singoli anni diventeranno così sempre più bassi.

Se sommiamo anno per anno i valori attuali avremmo un incremento del totale sempre più modesto, linea tratteggiata.

Aumentando il **tasso di attualizzazione** avremmo naturalmente dei valori dei ricavi attualizzati sempre più bassi e più bassa sarà la loro somma.

Diminuendo il tasso, i ricavi attualizzati e la loro somma aumenteranno.

Nella figura n. 1 viene applicato un tasso di attualizzazione del 7,7%.

Nel nostro esempio, con quel tasso, avremmo alla fine un importo cumulativo degli incassi attualizzati pari al costo sostenuto inizialmente. Non avremmo guadagnato nulla e non avremmo subito nessuna perdita.

Naturalmente se applico un tasso inferiore avrò un utile mentre se ne applico un tasso maggiore avrò una perdita.

Il tasso da applicare concretamente per i miei calcoli di convenienza effettivi è concretamente il tasso d'interesse a cui posso ottenere i finanziamenti necessari per il mio investimento.

Se possiedo, in tutto o in parte, il capitale necessario senza dover ricorrere al credito, è il tasso a cui vorrei che il mio capitale fosse remunerato.

10.70.20 Il risultato economico capitalizzato.

Invece che scontare tutti i dati riportandoli a valori iniziali, si possono capitalizzare a valori finali, figura 1.1, e ricercare il tasso d'interesse che rende uguali costi e ricavi capitalizzati.

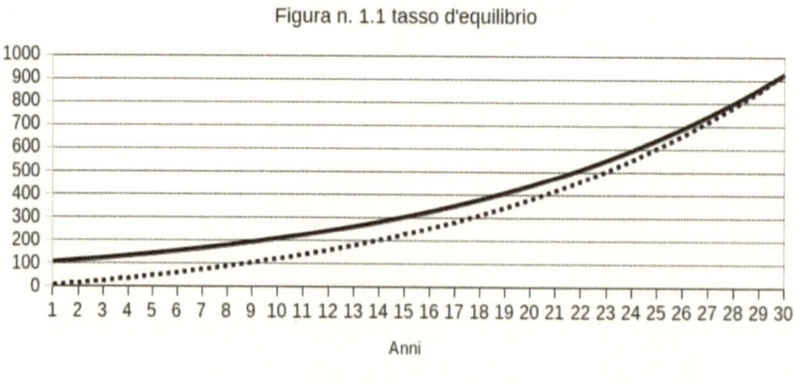

10.70.30 Il rientro del capitale.

Il problema può essere affrontato considerando le modalità concrete secondo cui l'operazione avviene, rispettando i criteri contabili normalmente accettati, figura n. 2.

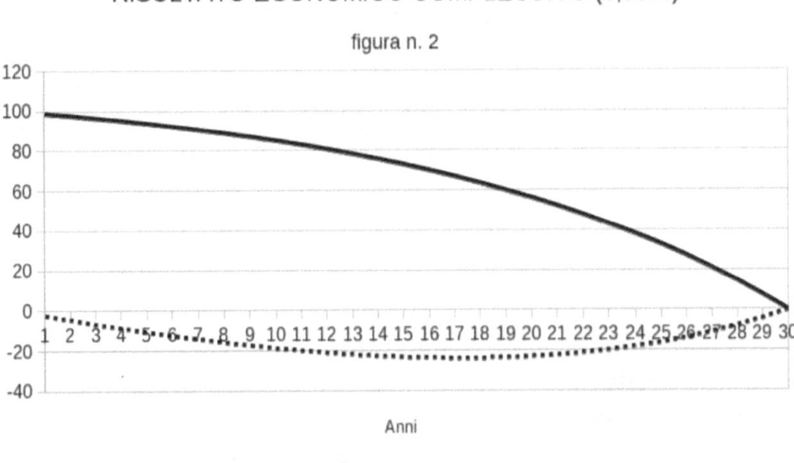

Per prima cosa descriviamo il modo in cui rientra l'investimento iniziale pari a 100.

Ogni anno il capitale residuo diminuisce di 8, pari ai ricavi meno gli interessi da pagarsi ai finanziatori.

All'inizio gli interessi saranno alti perché il capitale residuo a cui si proporzionano sarà alto.

Via via che il capitale residuo diminuirà, diminuiranno anche gli interessi e quindi aumenterà la velocità di rientro del capitale.

Al tasso d'interesse d'equilibrio, nel nostro esempio 6,93%, al termine del periodo di 30 anni, il capitale sarà rientrato completamente, non avremo cioè più moneta da restituire, ma non ci sarà neppure avanzata un'eccedenza.

Contemporaneamente calcoliamo il reddito d'esercizio, anno per anno e cumulativo.

Il reddito d'esercizio è dato dai ricavi, pari a 8, meno la **quota**

d'ammortamento del capitale, pari a 100 diviso 30 anni cioè a 3,33, meno gli interessi, molto alti all'inizio e sempre più bassi via via che il capitale iniziale viene ammortizzato e restituito.

Al tasso d'equilibrio, al temine del periodo l'utile cumulato sarà pari a zero, complessivamente non si avranno né utili né perdite. Siccome gli utili sono crescenti via via che gli interessi diminuiscono, la somma può essere pari a zero solo se alcuni, i primi, sono negativi.

Finché il reddito d'esercizio sarà negativo, le perdite cumulate aumenteranno per poi cominciare a diminuire quando il reddito d'esercizio comincerà ad essere positivo fino a compensare interamente le perdite al trentesimo anno.

Al termine del periodo avremmo quindi tutto il capitale rientrato e la somma dei risultati d'esercizio pari a zero (figura n. 2).

Se applichiamo un tasso di capitalizzazione e d'interesse inferiore a quello d'equilibrio, figura n. 3, avremmo un rientro di capitale superiore a quello iniziale ed un risultato economico cumulato positivo.

Il maggior rientro di capitale rispetto all'investimento iniziale sarà pari all'utile complessivo.

RISULTATO ECONOMICO COMPLESSIVO (5%)

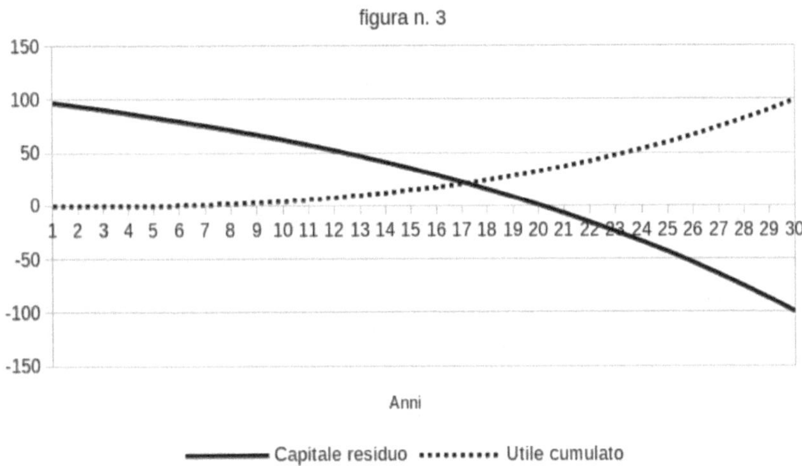

Se applichiamo un tasso di capitalizzazione e d'interesse superiore a quello d'equilibrio, figura n. 4, avremmo un rientro di capitale inferiore a quello iniziale ed un risultato economico cumulato negativo.

Il minor rientro di capitale rispetto all'investimento iniziale sarà pari alla perdita complessiva.

RISULTATO ECONOMICO COMPLESSIVO (7,5%)

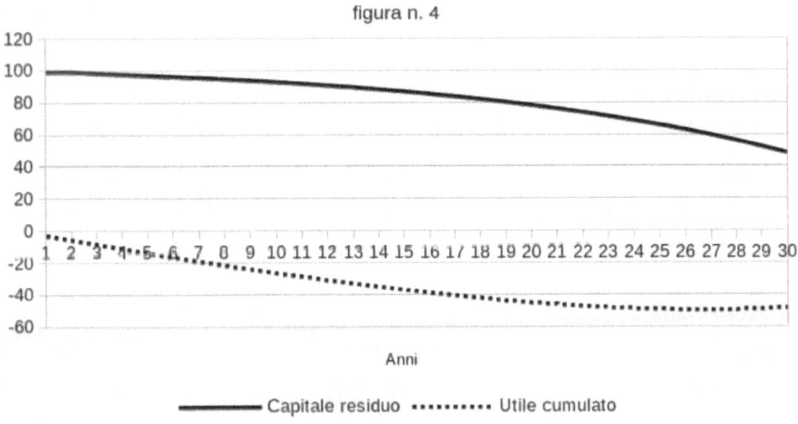

10.70.40 Il tasso d'interesse del sistema.

Comunque analizziamo un investimento, con metodi matematici o contabili, o se addirittura ci affidiamo ad un'esperienza non formalizzata, esiste un tasso di capitalizzazione, o di interesse, che rende pari a zero il risultato economico.

È possibile effettuare investimenti redditizi solo con tassi inferiori.

Finché il risparmio rimane un bene raro, è possibile impiegarlo direttamente o indirettamente nell'acquisto di beni capitale a rendimento alto che permettano di remunerare con alti tassi d'interesse il denaro proprio investito e quello preso in prestito.

Con lo sviluppo economico un risparmio sempre più abbondante viene investito in beni capitale riproducibili dal rendimento sempre minore.

Il tasso minimo di remunerazione del sistema tende a diminuire spinto dall'abbondanza di risparmio da collocare e questo rende convenienti impieghi che prima non lo erano.

Se con un tasso del 10% erano convenienti solo gli investimenti che rendevano più del 10%, con un tasso sceso al 5% diventano convenienti, e quindi attuabili, tutti quegli investimenti che rendono tra il 5 e il 10%.

Concretamente bastano poi scarti abbastanza ridotti tra tasso d'interesse del sistema e tasso di rendimento del singolo investimento.

Se ho investito 1000, 100 di risorse mie e 900 prese a prestito, un differenziale del 1% mi farà guadagnare 10, 1 sul capitale mio più 9 su quello preso a prestito. In questo modo il rendimento del mio patrimonio pari a 100 sarà del 10% (**effetto leva**).

Almeno nei sistemi economici che conosciamo, il tasso di remunerazione del sistema non può scendere oltre certi limiti.

Come però possono esistere mondi diversi e lontani in cui valgono leggi della fisica diverse da quelle che conosciamo, possono esistere anche sistemi economici in cui valgono leggi diverse da quelle che conosciamo.

Ultimamente ne abbiamo avuto anche qualche sentore con i tassi di riferimento delle Banche Centrali scesi sotto lo zero.

Normalmente il primo limite è appunto quello dello zero. Non si investe o non si presta il proprio denaro per vederlo diminuire, al massimo si tiene in forma liquida in banca o sotto il materasso per conservarlo così quant'è.

Il realtà J. M. Keynes ha ipotizzato un limite superiore allo zero. Per avere un riferimento potremmo parlare di un tasso del 2% o poco meno, con tendenza a calare nel tempo.

A parità di altre circostanze, i possessori di risparmio preferiscono detenere la loro ricchezza in forma liquida, cioè in moneta immediatamente spendibile e non soggetta a rischi.

Per rinunciare alla liquidità e prestare il proprio denaro alle imprese, i risparmiatori richiedono un interesse magari anche basso ma comunque significativo.

Se il tasso d'interesse scende al di sotto di questo minimo, il canale di trasmissione del risparmio alle imprese si interrompe, le imprese non sono più finanziate, cessano di investire e non acquistano più beni d'investimento.

Tutto ciò determina l'inizio di una crisi di sistema.

Il crollo della componente investimenti nella domanda aggregata non sarà certo compensata da un aumento dei consumi, se la domanda di beni di consumo fosse abbondante gli investimenti sarebbero redditizi e non ci sarebbero problemi.

10.70.50 Il tasso di rendimento reale.

Il procedimento adottato per l'attualizzazione è simile a quello di depurazione dei valori monetari dall'effetto dell'inflazione.

In realtà siamo di fronte a due problematiche diverse, i tassi che stiamo applicando non sono tassi d'inflazione ma tassi di rendimento del capitale o, se vogliamo, tassi d'interesse.

Le due problematiche non si escludono ma si sovrappongono.

L'inflazione complica i nostri calcoli ma altera anche i risultati complessivi perché non tutti i valori, costi e ricavi, variano nel tempo a seguito dell'inflazione o, se variano, variano nella stessa proporzione.

I ricavi con l'inflazione aumentano, il più delle volte in proporzione.

I costi iniziali restano quelli che sono.

Gli interessi possono essere a tasso fisso, in questo caso non aumentano con l'inflazione, o a tasso variabile, ma anche in questo caso l'adeguamento può essere solo parziale.

Generalmente i costi precedono i ricavi e quindi subiscono meno a lungo l'effetto dell'inflazione.

Sostanzialmente l'inflazione aumenta quindi la redditività degli investimenti, almeno in termini monetari.

In questo modo l'inflazione permette di garantire tassi di rendimento più alti o di pagare tassi d'interesse nominali più alti.

Nell'inflazione gli investimenti e la domanda di beni d'investimento possono quindi trovare un aiuto.

In caso d'inflazione, il risparmiatore che mantiene il suo risparmio in forma liquida subisce una perdita pari al tasso d'inflazione. Quando andrà a ritirare i soldi dal conto corrente riceverà la stessa somma che aveva depositato. Eventuali interessi pagati dalla banca saranno simbolici e normalmente non andranno neppure a compensare le spese di tenuta del conto corrente.

In una situazione del genere, il risparmiatore sarà disposto anche ad accettare un tasso d'interesse uguale o inferiore al tasso d'inflazione purché positivo. In questo modo potrà annullare o ridurre le perdite.

Per il risparmiatore quello che conta è il tasso nominale d'interesse perché l'alternativa a prestarlo è quella di subire l'intera perdita.

Per le imprese conta invece il tasso reale d'interesse, cioè il tasso nominale meno il tasso d'inflazione.

Il tasso reale può diventare negativo se il tasso nominale è inferiore al tasso d'inflazione.

L'impresa conseguirà i ricavi futuri a prezzi inflazionati e restituirà il prestito in moneta svalutata.

Nella figura n. 5 viene considerato un tasso costante d'inflazione del 5%.

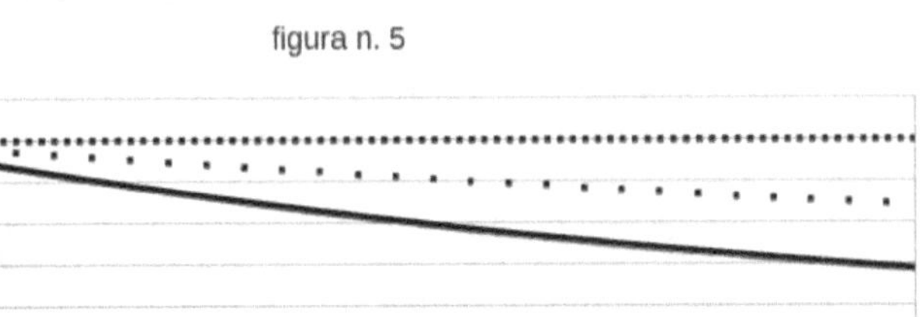

VALORE REALE DEL CAPITALE

figura n. 5

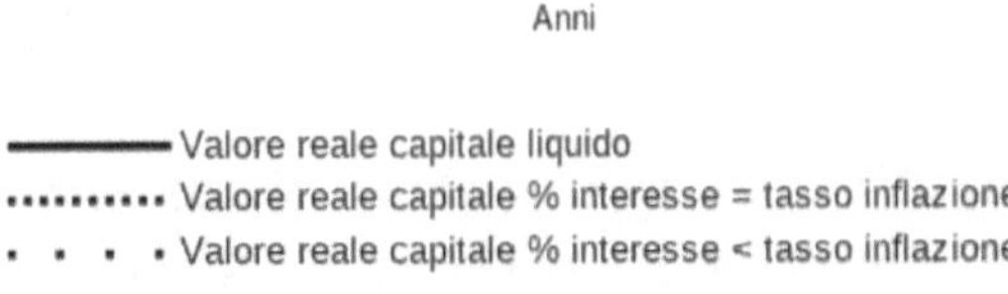

Tenendo il risparmio in forma liquida, il risparmiatore perde in 20 anni circa in 60% del suo patrimonio in termini reali.

Prestando il risparmio ad un tasso d'interesse pari al tasso d'inflazione, mantiene inalterato il valore del suo patrimonio.

Prestando il risparmio ad un tasso d'interesse inferiore al tasso d'inflazione, 3% nel nostro esempio, ha una perdita in termini reali che è comunque inferiore a quella che avrebbe detenendo il risparmio in forma liquida.

10.80.00 LA RENDITA DIFFERENZIALE O RICARDIANA

David Ricardo (1772-1823) ha sviluppato la sua teoria della rendita differenziale all'inizio del 1800 con riferimento alla produzione agricola.

Nel Mondo di Ricardo, inizio 1800, il terreno era un bene disponibile in misura limitata e lo sviluppo economico determinava l'aumento continuo della rendita agraria e del prezzo e dell'affitto dei terreni.

Oggi tale riferimento non è più attuale. Le differenti rese dei diversi terreni agricoli messi a coltura che stavano alla base della teoria non hanno più l'importanza di un tempo.

La teoria rimane però ancora attuale se applicata ad altri settori. In particolare ai mercati delle materie prime e delle fonti energetiche.

10.80.10 La rendita differenziale in agricoltura.

I diversi terreni hanno rendimenti diversi a causa della differente fertilità e della diversa distanza dalle città dove i prodotti dovranno essere venduti.

Con l'aumento della popolazione la produzione agricola non è più sufficiente, bisogna quindi mettere a cultura nuove terre meno produttive rispetto a quelle già coltivate.

I prodotti delle nuove terre costano di più, ma, essendo i prodotti agricoli omogenei, il prezzo deve essere lo stesso per tutte le produzioni.

In questo modo i vecchi produttori potranno vendere i propri prodotti ad un prezzo superiore a prima, cioè allo stesso prezzo dei nuovi produttori che hanno costi maggiori.

Ricardo distingueva l'imprenditore che coltivava il fondo dal proprietario che glielo affittava.

Il maggior guadagno delle vecchie produzioni permetteva di pagare un affitto superiore. La concorrenza tra i coltivatori per accaparrarsi i fondi più produttivi spingeva verso l'alto i canoni d'affitto finché gli utili derivanti dalla coltivazione dei diversi fondi non si allineavano ai valori medi del sistema. In questo modo la maggior produttività si trasformava in maggiori canoni d'affitto.

Il canone d'affitto (rendita) dei terreni più produttivi dipendeva quindi dalla differenza tra il rendimento del fondo e quella del fondo meno produttivo messo a coltura. Da qui il termine rendita differenziale.

Naturalmente, se il coltivatore era anche proprietario del fondo, si metteva in tasca sia l'utile a livelli normali, sia la rendita differenziale.

Se non si interviene e la domanda continua a crescere a causa dell'aumento della popolazione o del reddito medio, i prezzi continuano ad aumentare e aumentano le rendite e i prezzi dei terreni.

10.80.20 La rendita differenziale degli immobili urbani.

Per quel che riguarda i terreni agricoli la situazione è cambiata dai tempi di Ricardo. Spostare merci da luoghi di produzione lontani costa molto meno. Anche la fertilità può essere incrementata con l'uso di fertilizzanti. In agricoltura le rendite differenziali sono probabilmente diminuite.

La situazione si è invece aggravata per quel che riguarda gli immobili urbani, questo soprattutto a causa del fenomeno dell'urbanizzazione che ha trasferito una quantità enorme di abitanti delle campagne verso le città.

Via via che le periferie si estendono, aumentano gli affitti ed i prezzi delle abitazioni del centro e, in minor misura, le rendite delle periferie più prossime.

10.80.30 La rendita differenziale nel settore energetico e delle materie prime.

Un settore in cui possono crearsi rendite differenziali è quello petrolifero. In modo analogo si comporta anche la maggior parte dei settori relativi a fonti energetiche e materie prime.

Il petrolio viene estratto con costi di estrazione molto diversi a seconda che si estragga in mare o sulla terra ferma, a seconda della profondità del giacimento e del materiale da perforare, del clima in cui si opera e delle dimensioni del giacimento. Anche i costi di trasporto possono essere notevolmente diversi. A parte i fenomeni di speculazione che in realtà sono consistenti, il prezzo di mercato dipende dal giacimento marginale in uso, cioè da quello con costi più alti.

Tutti gli altri giacimenti godono di rendite differenziali più o meno alte.

Se esistono varietà diverse, con diversa resa o diversi costi di distillazione, possono avere prezzi diversi, generalmente con differenze limitate, ma la differenza è oggettiva. La varietà con rendimenti del 2% superiori alla media costerà il 2% in più, la varietà con rendimento inferiore del 3% costerà il 3% in meno. Sui mercati internazionali, è normalmente valutato il prezzo di una determinata tipologia di riferimento del prodotto (**benchmark**). Il prezzo di una partita concretamente venduta viene poi determinato partendo dal prezzo di riferimento, di solito Brent o WTI, correggendolo poi in base alle differenze effettive di rendimento.

Ad esempio, se il Brent è quotato a 100 $ al barile e la nostra partita è di una qualità che rende il 2% in meno, verrà venduta a 98 $.

Nella figura n. 1 abbiamo un bene soggetto a rendita differenziale prodotto da 4 produttori diversi.

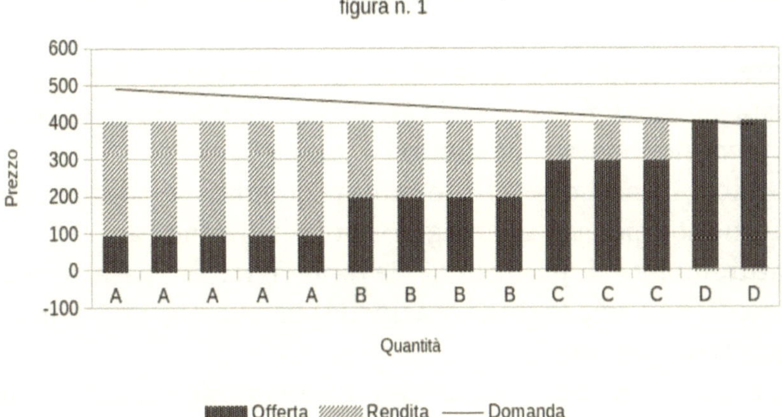

Il produttore A ne produce 5 unità al prezzo di 100, B ne produce 4 unità a 200, C ne produce 3 unità a 300 e D 2 unità a 400.

I diversi costi di produzione contengono anche un utile normale a favore dell'imprenditore, cioè un utile proporzionato al rendimento medio nel sistema.

Se la produzione totale di A, B e C non è sufficiente per soddisfare la domanda, occorrerà comprare anche tutta o parte della produzione di D al prezzo di 400.

Il prodotto è omogeneo e il valore della domanda a questo livello di produzione è effettivamente pari a 400. Se il mercato è disposto ad acquistare 14 unità al prezzo di 400, anche A, B e C venderanno a 400.

Per gli acquirenti la scelta è solo se comprare dai vecchi produttori al prezzo aumentato di 400 o dal nuovo sempre al prezzo di 400. In questo modo sarà possibile per tutti i produttori vendere il bene a 400.

A otterrà un sovraprofitto (rendita differenziale) di 300 per ogni unità venduta, B un sovraprofitto di 200 e C un sovraprofitto di 100. D non avrà nessun sovraprofitto ma soltanto un normale profitto d'impresa.

In questa situazione, i produttori avranno tutto l'interesse a mantenere in attività giacimenti meno produttivi in modo da tenere i prezzi alti e godere di forti rendite differenziali.

Per riuscire in questo, i produttori non marginali devono agire d'intesa autolimitando la loro produzione tanto quanto basta per rendere necessaria anche la produzione di giacimenti notevolmente meno efficienti.

I minori incassi dovuti alle minori quantità vendute saranno più che compensati dal maggior prezzo di vendita.

Naturalmente i produttori devono agire in base a precisi accordi, non solo formali ma anche sostanziali, effettivamente vincolanti per tutti.

Gli accordi devono prevedere anche un monitoraggio continuo del mercato con correzioni frequenti per adattarsi alle continue variazioni.

Anche gli acquirenti possono agire solo se portano effettivamente avanti una politica degli acquisti coordinata.

Se non c'è un accordo, o se l'accordo formalmente c'è ma non viene rispettato, gli acquirenti non hanno nessuna possibilità d'intervento.

Per migliorare la propria posizione, gli acquirenti possono portare avanti politiche diverse.

La più ovvia è quella del contenimento della domanda in modo da rendere sufficiente la produzione di A, B e C. La manovra è illustrata nella figura n. 2.

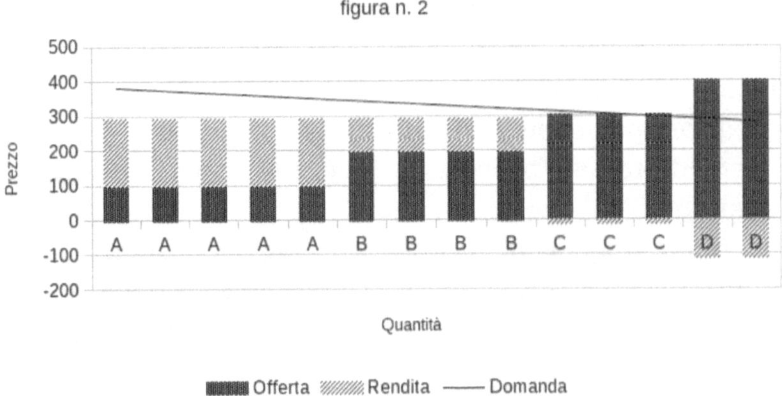

Nel nostro grafico il prezzo si riduce a 300, la rendita di A si riduce a 200, quella di B a 100 mentre C non avrà più una rendita differenziale ma soltanto un normale profitto.

Ridurre la domanda in modo consistente non è però semplice, soprattutto non è semplice ridurla in misura consistente in modo da ottenere dei risultati concreti.

Intervenire a livello di imprese private è problematico.

Concretamente si può cercare di spostare parte della domanda verso beni succedanei, cioè beni alternativi in grado di soddisfare lo stesso bisogno, tè invece di caffè, carbone invece del petrolio.

La difficoltà sta nel fatto che i prezzi dei beni succedanei sono legati tra di loro, se varia il prezzo del carbone varia normalmente anche quello del petrolio nello stesso senso.

Se per far diminuire il prezzo del petrolio spostiamo parte della sua domanda verso il carbone, aumenterà il prezzo del carbone. L'aumento del prezzo del carbone spingerà poi di nuovo all'insù il prezzo del petrolio.

Lo Stato dispone anche di altri strumenti utili a contrarre la domanda di un bene. Prima di tutto quello fiscale.

Lo Stato può aumentare la tassazione sul bene aumentando la tassazione sui consumi e, eventualmente, i dazi doganali.

Può porre divieti, complicare la legislazione e promuovere "campagne d'informazione".

Anche riuscendo nell'intento di contrarre la domanda, è probabile che non si ottengano i risultati sperati in termini di riduzione dei prezzi.

I venditori potrebbero diminuire la loro offerta in modo la rendere di nuovo necessaria la produzione del produttore marginale (D).

In secondo luogo, la diminuzione di prezzo ottenuta potrebbe avere l'effetto di determinare nuovi aumenti della domanda del bene che potrebbero determinare un nuovo aumento dei prezzi.

In questo modo si tornerebbe al punto di partenza.

10.90.00
L'OCCUPAZIONE

I fattori produttivi, terra, lavoro e capitale, non sono normalmente impiegati al 100%. La norma è invece quella della loro sottooccupazione.

La piena occupazione effettiva, cioè la disoccupazione uguale a zero, è considerata praticamente irraggiungibile. Per questo motivo ci si pone solo l'obiettivo del raggiungimento di un tasso di disoccupazione molto basso.

Quando il tasso di disoccupazione diventa molto basso, risulta molto costoso e praticamente inutile farlo scendere ancora perché esistono sempre degli elementi di frizione e casi di non utilizzo del fattore.

Ad esempio, per il fattore lavoro esistono persone che si possono permettere il lusso di non lavorare, altre che passano da un lavoro all'altro con periodi di disoccupazione intermedi e altre che rimangono in attesa di un lavoro che considerano adeguato. Esistono poi "lavori" illegali che non rientrano nelle statistiche.

Concretamente quando uno Stato dichiara di voler raggiungere la piena occupazione si pone l'obiettivo di una percentuale di disoccupazione molto bassa ma comunque positiva. Ad esempio il 2%.

Il problema della disoccupazione può essere presente per tutti i fattori produttivi ma è particolarmente pesante per il fattore lavoro. In questo caso le conseguenze negative non si limitano al mancato ottenimento del massimo della produzione teoricamente possibile ma hanno anche implicazioni sociali dirette.

Oltre che non contribuire alla produzione, i lavoratori disoccupati non hanno mezzi di sostentamento economico necessari per una vita dignitosa.

Normalmente lo Stato interviene con sussidi diretti e interventi a sostegno dell'occupazione.

Sussidi e interventi non sono comunque solitamente in grado di portare i disoccupati ad un livello di vita adeguato, ma solo di alleviare il loro stato di bisogno.

Attraverso il prelievo fiscale, il costo dei sussidi viene poi ripartito tra tutti i membri della società. In questo modo la disoccupazione del fattore lavoro va in parte ad incidere sul tenore di vita di tutti.

In un sistema economico agricolo il rapporto tra produzione e numero degli occupati può non essere rigido. Nello stesso campo possono lavorare 10, 12 o 15 persone.

Naturalmente la produzione aumenterà di poco e diminuirà il prodotto pro-capite.

Si potrà andare avanti assorbendo sostanziale disoccupazione finché il prodotto pro-capite si manterrà comunque superiore al livello di sussistenza.

Sostanzialmente non c'è differenza tra un sistema industriale in cui lo Stato interviene per alleviare il fenomeno della disoccupazione ed un sistema agricolo in cui la disoccupazione sostanziale viene assorbita. Nel sistema industriale lo Stato interviene per sostituire un meccanismo che nel sistema agricolo può essere automatico.

Non è però detto che debba andare necessariamente così. Lo Stato può non intervenire e i contadini in eccesso possono essere espulsi dalla produzione.

10 90.10 L'occupazione agricola.

Supponiamo di trovarci in una società agricola poco sviluppata (figura 1).

Ci sono 3 tipi di terreno agricolo. I terreni di tipi A in cui è possibile produrre 10 unità di prodotto per ogni addetto alla produzione. I terreni di tipo B dove se ne producono 8. I terreni di tipo C dove se ne producono 6.

Supponiamo che per il mantenimento di ogni lavoratore occorrano 6 unità di prodotto.

I terreni con una produttività inferiore a quelli di tipo C non potranno essere coltivati perché hanno una resa insufficiente per garantire il sostentamento dei lavoratori impiegati.

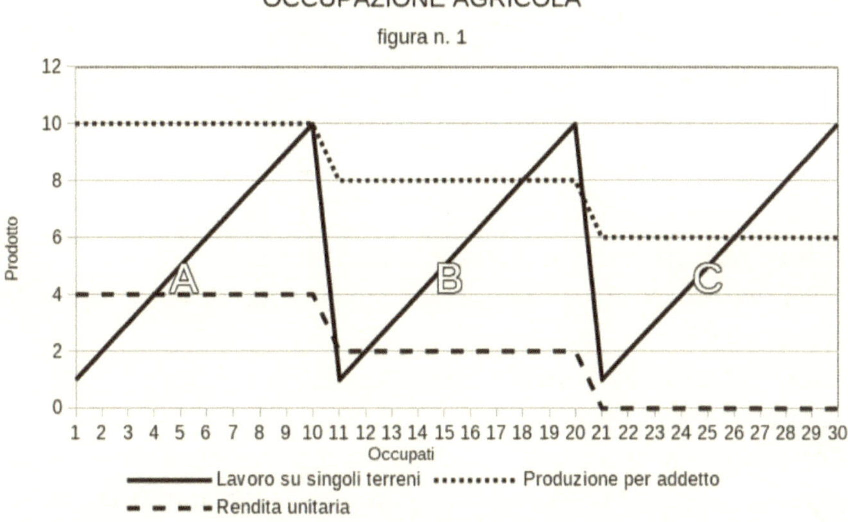

I terreni di tipo A garantiranno un surplus di 4 unità per ogni addetto, 10 unità prodotte meno 6 necessarie per alimentare il contadino. I terreni di tipo B daranno un surplus di 2 unità per addetto. I terreni di tipo C non daranno nessun surplus.

Via via che si metteranno a cultura nuovi campi, la produzione si dividerà tra costo di mantenimento dei lavoratori e surplus (figura 2).

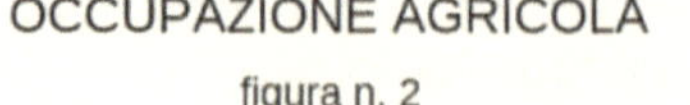

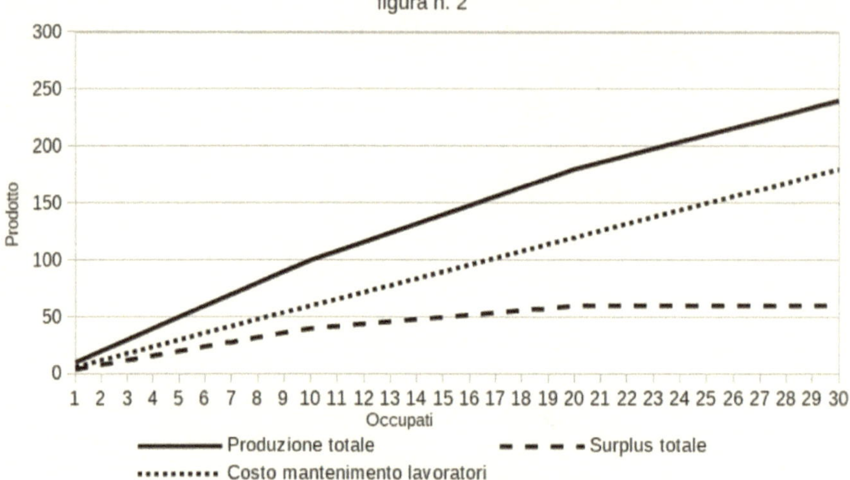

Il surplus può essere utilizzato in diversi modi.

- Per garantire un maggior tenore di vita ai coltivatori dei terreni A e B.

- Per far fronte ad anni di scarsi raccolti.

- Per assorbire manodopera in eccesso.

Condizioni di vita buone, al di sopra del livello di sussistenza, possono indurre un aumento della popolazione in una società agricola poco sviluppata.

In questa società non esiste un rapporto rigido tra produzione e occupazione come esiste in una moderna società industriale dove i lavoratori vengono assunti solo in base a nuove specifiche necessità produttive. Concretamente solo nel caso di un aumento della produzione.

Nelle società agricole si può invece aumentare il numero dei lavoratori anche senza aumentare le dimensioni produttive.

Nelle aziende condotte in modo famigliare, se la famiglia aumenta lavoreranno più persone nello stesso terreno.

Nel caso di terreno condotto con l'utilizzo di braccianti agricoli, i braccianti lavoreranno ognuno un numero minore di giornate all'anno.

Nei terreni di tipo A e B potrà essere aumentata l'occupazione.

Naturalmente il livello di produzione non aumenterà in modo sensibile. Il reddito dei contadini diminuirà in proporzione fino a raggiungere il livello di pura sussistenza.

Aumentando la popolazione, i primi ad aver problemi di sussistenza saranno i coltivatori dei terreni C, poi quelli dei terreni B, poi di A.

Se una parte consistente del surplus viene appropriato da soggetti non direttamente impegnati nella produzione, le cose cambiano.

Ammettiamo che venga imposta una decima a favore dello Stato, del feudatario o del clero. La decima è un prelevamento, normalmente del 10%, effettuato direttamente sul prodotto o sul valore del prodotto.

La prima conseguenza è chiaramente quella della diminuzione del reddito e del tenore di vita dei contadini.

Naturalmente l'esigenza di un apparato pubblico ha un costo che deve essere sostenuto attraverso la tassazione.

Questo apparato pubblico deve garantire la difesa dall'esterno, l'ordine pubblico e l'amministrazione della giustizia.

In passato doveva concretamente anche farsi carico dei costi dell'attività religiosa.

La seconda conseguenza è quella di rendere non economicamente coltivabili i terreni del tipo C che al netto della decima non garantiscono più un reddito di sopravvivenza.

Anche la possibilità di assorbire la manodopera in eccesso diminuisce. Una parte del surplus serve per pagare la decima e non può essere utilizzato per assorbire disoccupazione.

Via via che il livello di prelievo del surplus aumenta, il livello di occupazione diminuisce. Se era già basso, diminuisce ulteriormente.

Questo non solo a seguito dell'aumento della tassazione, ma anche per la concentrazione della proprietà terriera nelle mani di un ridotto numero di persone che esigono cospicui canoni d'affitto.

Può succedere che il livello di occupazione agricola e la popolazione delle campagne raggiungano livelli molto bassi rispetto ai valori potenziali.

Il fenomeno può essere contrastato attraverso il miglioramento delle tecniche agricole e la bonifica dei terreni meno produttivi. Questo rende possibile il prelievo di un surplus anche da terreni che prima non lo producevano. Può far aumentare il livello di prelievo dai terreni più produttivi fino a livelli altissimi.

La contrazione della popolazione può anche essere contrastata permettendo di non pagare nulla o quasi a chi coltiva i terreni marginali, soprattutto in alta collina o montagna.

Anche oggi si tollera l'esistenza di attività commerciali marginali che non potrebbero reggere un normale livello di tassazione e contribuzione.

Se il fenomeno supera un livello minimo fisiologico, può costituire un problema di emarginazione per una parte consistente della popolazione e portare alla creazione di zone rurali o urbane degradate sempre più ampie.

Molte economie tendono ad una sempre maggiore creazione di favelas in cui viene emarginato tutto ciò che non è gestibile.

Anche l'Italia non è esente da questa tendenza pur non raggiungendo livelli latinoamericani.

10.90.20 L'occupazione industriale.

Nella produzione industriale il rapporto tra produzione e occupazione è più rigido. Il rapporto di lavoro è formalizzato e legato a precisi compiti e funzioni.

Aumentando la produzione la domanda di lavoro da parte delle imprese aumenta.

Diminuendo la produzione i lavoratori non più necessari perdono il loro posto di lavoro. Può anche succedere che un'impresa non licenzi o licenzi solo in parte i lavoratori in esubero ma si limiti a non sostituire con nuovi assunti i lavoratori che vanno in pensione, o che comunque si licenziano.

In un'economia industrializzata non esiste un meccanismo spontaneo di assorbimento della manodopera in eccesso. Chi non è più necessario per la produzione rimane senza lavoro e senza reddito.

Chiaramente questo ha conseguenze tragiche a livello individuale ma ha anche grandi ripercussioni a livello sociale.

Per prima cosa chi rimane senza lavoro e senza reddito smette anche di acquistare beni o comunque ne compra in misura molto ridotta.

In questo modo diminuisce la domanda di beni e quindi anche la loro produzione.

Diminuendo la produzione, diminuisce anche la richiesta di lavoro e quindi l'occupazione.

Il meccanismo è circolare e si autoalimenta. Può portare all'implosione del sistema.

Un sistema economico non può sopportare livelli eccessivamente elevati di disoccupazione.

Se lo Stato non interviene per alleviare i problemi derivanti dalla disoccupazione, ben presto la situazione sociale e quella dell'ordine pubblico degenerano. La gente muore di fame e per strada si viene assaltati per essere derubarti.

Se invece lo Stato interviene trova difficoltà sempre crescenti perché i disoccupati da sostenere sono sempre di più e gli occupati da cui trarre le risorse sono sempre meno.

In un sistema economico sviluppato, di anno in anno aumenta la produttività del lavoro, cioè aumenta la quantità di beni prodotta da ogni lavoratore.

Sostanzialmente lo sviluppo economico consiste proprio in questo, produrre mediamente di più per consumare mediamente di più.

Per produrre la stessa quantità di beni occorre una quantità di lavoro sempre inferiore di anno in anno.

Se vogliamo mantenere costante il livello occupazionale occorre quindi aumentare la produzione almeno quanto aumenta la produttività.

Lo sviluppo tecnologico crea quindi disoccupazione, specialmente nei periodi di forti innovazioni.

Le macchine sostituiscono gli uomini nella produzione ma le macchine non consumano e non creano domanda.

Col tempo l'aumento della produttività e della di ricchezza creano domanda e la domanda spinge investimenti e produzione. Viene quindi creata nuova occupazione che assorbe la disoccupazione creata inizialmente.

Nel caso di grosse innovazioni è probabile che si crei molta disoccupazione che impiega poi parecchio tempo per essere assorbita.

Agli inizi del XIX secolo è stato teorizzato e praticato il sabotaggio dei macchinari da parte dei lavoratori perché venivano considerati causa di disoccupazione e di bassi salari (luddismo).

Lo stesso Ricardo nel capitolo dedicato alle Macchine nell'ultima edizione dei suoi "Principi" ammette "Che l'opinione della classe lavoratrice secondo la quale l'impiego delle macchine è spesso dannoso ai propri interessi non si basa sul pregiudizio e sull'errore, ma è conforme ai corretti principi dell'economia politica."

L'introduzione della catena di montaggio nella produzione industriale ha preceduto di poco la Grande crisi del "29.

L'aumento di produttività dovuto all'introduzione di questo metodo di produzione non sarà stata certamente stato l'unica causa della crisi e forse non è stata neppure la principale. È comunque certamente stata una concausa importante.

In un secondo momento l'aumento della produttività e del reddito dovrebbe indurre un aumento dei consumi e della produzione tale da riassorbire la manodopera in eccesso.

Il meccanismo può anche funzionare. Resta il problema di spiegare ai lavoratori rimasti disoccupati che certamente ritroveranno un lavoro e che staranno meglio di prima. Questo non è facile.

In una situazione consolidata come quella attuale, l'aumento della produttività risulta abbastanza continuo nel tempo.

L'aumento può essere più consistente in alcuni settori rispetto ad altri ma risulta comunque diffuso e senza eccessive concentrazioni.

L'aumento medio di produttività determina di anno in anno un esubero di manodopera che deve essere compensato da un pari aumento della produzione.

Se la produzione aumenta mediamente del 2% all'anno, per non perdere posti di lavoro occorrerà che anche la produzione aumenti ogni anno di almeno il 2%.

Generalmente in Paesi industrializzati la produzione (PIL) non segue poi un andamento rettilineo ma è soggetto a fluttuazioni cicliche abbastanza regolari.

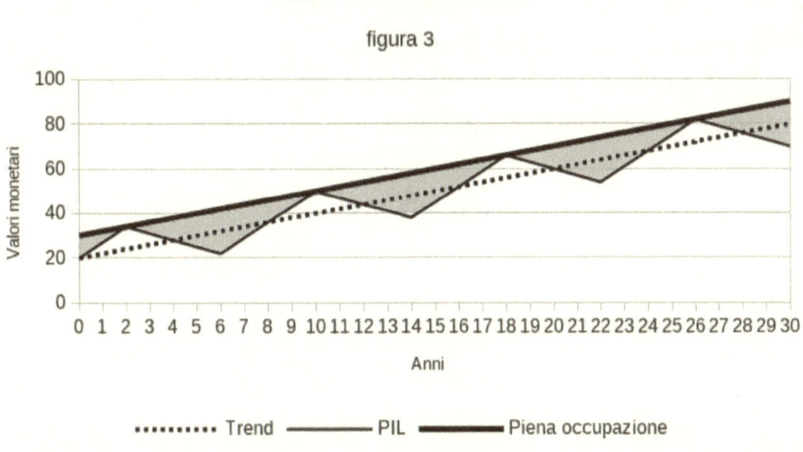

All'interno di ogni ciclo economico la produzione e l'occupazione variano tra un punto massimo ed un punto minimo attorno ad una linea di tendenza di lungo periodo (trend).

Naturalmente non si può andare oltre la piena occupazione, non si può cioè occupare i lavoratori che non esistono. In questo modo nei punti di massimo dei diversi cicli si potrà arrivare soltanto al punto di piena occupazione, non oltre.

Nei punti diversi da quelli di massimo di ogni ciclo

l'occupazione sarà inferiore e quindi non potrà raggiungere il livello della piena occupazione.

Nella figura 3 l'area grigia rappresenta il livello di disoccupazione non eliminabile dal sistema.

10.90.30 La curva di Phillips.

La curva di Phillips (figura 4) pone un rapporto inverso tra inflazione e disoccupazione. Se aumenta il tasso d'inflazione diminuisce quello di disoccupazione e viceversa.

Sull'asse delle ascisse viene posto il tasso di disoccupazione ma questo non significa necessariamente che questa sia la variabile indipendente.

Generalmente in Economia i valori monetari sono posti sull'asse delle ordinate in ogni caso a prescindere dal fatto che rappresentino la variabile indipendente, cioè quella che determina il valore dell'altra, o la variabile dipendente, cioè quella che è determinata dall'altra.

È quindi probabile che l'inflazione ce la troveremo sempre e comunque sull'asse delle ascisse.

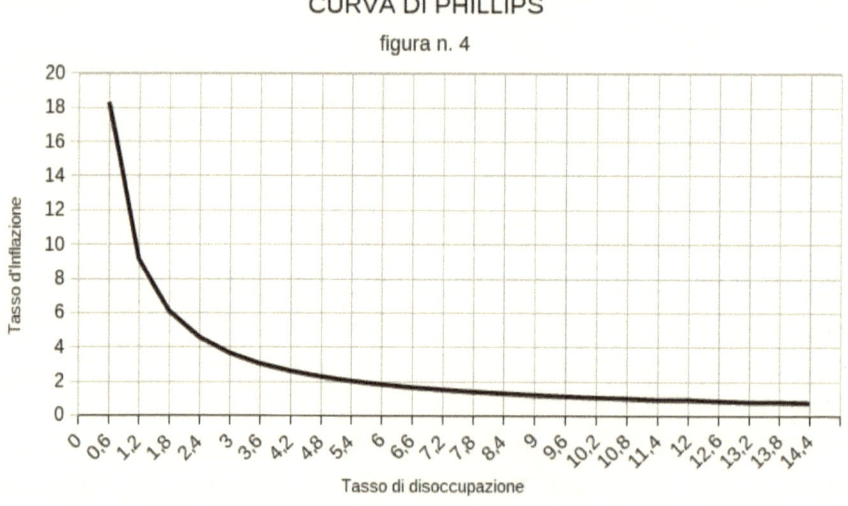

Qualcuno ha sostenuto che sia il tasso d'inflazione a determinare il tasso di disoccupazione.

In periodi di forte inflazione i lavoratori tendono a soffrire d'illusione monetaria, cioè non si rendono subito conto della svalutazione del loro salario reale e si accontentano di un salario inferiore al netto dell'inflazione.

In questo modo aumenta la domanda di lavoro da parte delle imprese e quindi aumenta l'occupazione.

La tesi opposta è quella per cui sia il calo della disoccupazione a generare l'inflazione.

La scarsità di lavoro ancora disponibile sul mercato fa aumentare il costo del lavoro e quindi i prezzi dei beni di consumo.

Nessuna delle due tesi mi sembra capace di dare una dimostrazione convincente, ma soprattutto di dare una dimostrazione forte, capace di individuare un meccanismo concretamente efficace.

Soprattutto al di fuori del mercato statunitense, le dinamiche salariali sono rigide ed estremamente lente.

Le diverse combinazioni di inflazione e disoccupazione denotano piuttosto diverse situazioni di mercato.

In periodi di domanda e produzione sostenute, è probabile che l'inflazione sia alta e la disoccupazione sia bassa.

In periodi di recessione e di scarsa domanda è invece probabile che l'inflazione sia bassa e la disoccupazione sia alta.

Sostanzialmente tasso d'inflazione e tasso di disoccupazione non mi sembrano due variabili correlate tra di loro. Mi sembrano piuttosto correlate in modo inverso tra loro ad una terza variabile o piuttosto a più variabili.

La curva è stata studiata negli anni "50 del XX secolo sulla base di dati empirici dell'economia inglese negli anni compresi tra il 1861 ed il 1957. In rapporto a quei dati, sembrava che la correlazione ci fosse e fosse consistente.

In periodi successivi sembra che la correlazione si sia attenuata diventando poco significativa.

In realtà in passato gli interventi pubblici erano più limitati rispetto ad ora e influenzavano poco le naturali correlazioni tra i fenomeni. La correlazione poteva quindi essere più facilmente studiata.

Quello che la curva di Phillips ci dice certamente è che inflazione e disoccupazione sono due fenomeni che si comportano in modo opposto rispetto ad una sollecitazione. Quando una scende l'altra sale.

Questo è probabilmente vero al variare della congiuntura economica ma è anche vero a seguito di interventi pubblici miranti a migliorare uno dei due valori.

D'altra parte la cosa appare ovvia. In linea di massima, per far diminuire la disoccupazione occorre incoraggiare la domanda, aumentare la spesa pubblica, facilitare il credito, diminuire il tasso d'interesse o immettere moneta nel mercato. Queste cose generano senz'altro inflazione.

Per combattere l'inflazione occorre fare l'esatto contrario, comprimere la domanda, diminuire la spesa pubblica, rendere più difficile il ricorso al credito, alzare i tassi d'interesse e diminuire la circolazione monetaria.

Per perseguire contemporaneamente i due obiettivi, lotta all'inflazione e lotta alla disoccupazione, occorrono due diversi strumenti di politica economica.

Questo è coerente con la regola di Tinbergen per cui il numero degli strumenti utilizzati deve essere uguale a quello degli obiettivi.

Ma qui abbiamo almeno altri due vincoli.

Il primo è che ogni strumento ha effetti positivi su di un obiettivo ma ha effetti negativi sull'altro. Ad esempio, aumentando la spesa pubblica la disoccupazione diminuisce ma l'inflazione aumenta.

Concretamente, occorre che per ogni obiettivo gli effetti positivi derivanti dall'applicazione degli strumenti utilizzati siano superiori agli effetti negativi provocati dagli strumenti utilizzati a favore dell'altro.

Il secondo vincolo è quello che gli strumenti monetari funzionano solo in senso restrittivo e non in senso espansivo. Se diminuiamo la base monetaria o aumentiamo il tasso d'interesse, certamente diminuiranno gli acquisti e la produzione. Se aumentiamo la liquidità non è affatto detto che qualcuno utilizzi questa liquidità in modo consistente.

In questo modo l'unica via percorribile per contrastare contemporaneamente inflazione e disoccupazione è quello di utilizzare lo strumento monetario in modo restrittivo per contrastare l'inflazione e quello fiscale per la lotta alla disoccupazione.

Ad esempio si può aumentare il tasso d'interesse per contenere l'inflazione e contemporaneamente dare contributi pubblici per l'assunzione di lavoratori dipendenti o si può finanziare la ristrutturazione degli immobili.

Il costo di un simile intervento combinato è molto alto per le casse dello Stato perché bisogna finanziare sia gli interventi fiscali espansivi sia il contenimento degli effetti negativi della manovra monetaria.

Il rischio maggiore è quello di generare stagflazione nel sistema, cioè una situazione in cui l'inflazione è moderata ma pur sempre esiste, la domanda e la produzione ristagnano e l'occupazione tendenzialmente diminuisce a causa dell'aumento continuo della produttività per cui, per produrre la stessa quantità di beni, occorre una quantità sempre minore di manodopera.

10.90.40 La burocratizzazione del sistema.

Uno Stato ha certamente bisogno di strutture politiche ed amministrative. Ha anche purtroppo bisogno di un esercito e di forze di polizia.

Questa struttura da una parte crea occupazione, dall'altra ha un costo considerevole che grava sul sistema economico.

In Italia abbiamo sei livelli di Enti pubblici territoriali, Consigli di quartiere, Comuni, Province o Città metropolitane, Regioni, Stato e Unione Europea. Probabilmente troppi, sicuramente molto costosi.

A questi enti vanno aggiunti i Partiti politici con tutte le loro strutture, le varie "Autorità" e tutti quei comitati, associazioni e sindacati, che vivono di contributi provenienti dal sistema produttivo.

Naturalmente esistono poi tutti quegli organi che forniscono servizi pubblici. Prima di tutto gli stessi Enti territoriali che oltre ad avere funzioni politiche producono anche servizi pubblici.

Abbiamo poi tutti gli apparati di natura non politica che producono difesa nazionale, ordine pubblico, amministrazione della giustizia, scuola e sanità.

Naturalmente tutto questo apparato crea occupazione, ha però un costo che può diventare enorme.

Il costo è poi molto rigido e nei periodi di recessione diventa ancora più pesante.

Tutti gli Stati devono sostenere questo costo, ma non tutti lo sostengono nella stessa proporzione. È probabile che i nostri costi siano particolarmente alti.

Il costo dell'apparato politico/burocratico si riversa sulla produzione facendone aumentare i costi di produzione.

Paesi con forti costi di questo tipo hanno quindi costi di produzione più alti e sono meno competitivi sui mercati internazionali.

Naturalmente questo incide negativamente sul livello di produzione produzione ed occupazione.

Oltre al costo per il mantenimento dell'apparato, aumentano anche i costi per le pratiche burocratiche, per le autorizzazioni e per l'adeguamento alle normative.

Crescono anche i tempi necessari per iniziare la produzione.

Anche tutto questo incide fortemente sui costi di produzione e sulla competitività.

20.10.00 LA MONETA

Il bene usato come moneta deve essere omogeneo, infatti un grammo d'oro è perfettamente equivalente ad un altro grammo d'oro.

Deve poi avere un valore abbastanza stabile nel tempo.

È possibile che la moneta svaluti (inflazione) ma entro limiti contenuti ed in modo continuo e lineare, senza un susseguirsi di momenti di diminuzione e di aumento di valore.

La moneta può anche aumentare di valore (deflazione) ma in misura ancor più contenuta.

Se consideriamo le variazioni di prezzo di diversi beni venduti sul mercato, vediamo che teoricamente nessuno ha variazioni di valore così contenute e lineare da poter essere usato come moneta, oro compreso. È vero, però, che quando è iniziato l'uso monetario di oro od argento i mercati non erano certamente dinamici come oggi ed il valore di oro ed argento erano normalmente costanti.

Una volta introdotta, la moneta inizia comunque ad avere un valore più costante anche se gli scambi si intensificano e diventano più complessi.

Il bene moneta viene scambiato con tutti gli altri beni. Il suo valore dipende dal valore dei beni con cui viene scambiato e rappresenta una media di tali valori.

L'aumento o la diminuzione di valore della moneta sarà una media delle variazioni di valore degli altri beni. In questo modo le variazioni in aumento si compenseranno con quelle in diminuzione e grandi oscillazioni di valore di alcuni beni non avranno grandi effetti sulla media complessiva.

Il modo in cui avviene la redistribuzione delle risorse disponibili è diverso a seconda del modo in cui avvengono gli scambi. Concretamente si possono avere tre diverse modalità.

Nel primo caso i beni sono tutti scambiati direttamente tra di loro senza l'uso di moneta.

Nel secondo avvengono utilizzando una moneta disponibile in quantità determinata e non incrementabile (es. oro), o che, pur essendo incrementabile, viene di fatto tenuta costante da chi ne ha il controllo.

In questo caso gli scambi sul mercato andranno fatti utilizzando sempre la stessa quantità di moneta.

Nel terzo caso avvengono utilizzando una moneta la cui disponibilità può essere aumentata, (es. banconote non convertibili) e, concretamente, viene aumentata.

In questo caso la redistribuzione può avvenire attraverso quel fenomeno che viene detto inflazione.

20.10.10 Il baratto.

In un sistema economico in cui i beni sono scambiati direttamente tra di loro senza l'uso di moneta (baratto), l'alterazione del rapporto di scambio a favore di uno o più beni avviene direttamente nello scambio.

Semplicemente se io possiedo grano e voglio ottenere in cambio la disponibilità di un terreno, se il terreno diventa più raro io devo dare più grano. Io divento più povero ed il proprietario terriero diventa più ricco.

Sistemi economici senza circolazione di moneta, o con scarsissima circolazione di moneta, sono stati comuni in passato e lo sono ancora adesso in Paesi agricoli arretrati.

Nelle nostre campagne, lo scambio diretto (senza l'uso di moneta) ha in effetti avuto una larga diffusione anche in tempi relativamente recenti.

Canoni di locazione o di mezzadria e compensi ai braccianti venivano pagati "in natura", cioè con prodotti agricoli ottenuti dal fondo come olio, vino o grano.

Ancora nel XIX secolo l'uso della moneta nelle campagne italiane aveva una diffusione molto inferiore rispetto alle città.

20.10.20 Lo scambio monetario.

In un primo momento, come moneta si è utilizzato un fondo di valore. Ogni bene fondo di valore è potenzialmente moneta.

Un bene di questo tipo, infatti, viene accettato per il suo valore, indipendentemente dall'utilità che è in grado di fornire, viene quindi accettato da tutti mentre un bene direttamente utile viene accettato solo da chi ne ha bisogno per soddisfare una propria necessità.

Chi possiede, anche momentaneamente, una ricchezza da investire non avrà difficoltà ad accettare un bene che può poi essere ceduto anche a chi non ne ha un bisogno diretto solamente sulla base del suo valore.

Un fondo di valore circola trasferendo valore e non utilità. Circolando viene scambiato con beni d'uso o con altri fondi di valore.

Se in un sistema economico esiste un solo fondo di valore, quello sarà usato come moneta, coi limiti, naturalmente, che derivano dalla sua naturale attitudine alla circolazione.

Tale attitudine può essere modesta se il bene è difficilmente trasferibile.

Lo stesso succede se il bene usato come moneta è di alto valore unitario rispetto agli altri beni. È evidente che possono essere scambiati solo quei beni che hanno valore uguale o multiplo rispetto ad un'unità del bene usato come moneta.

L'esistenza di fondi di valore necessita dell'esistenza di un valore da sottrarre ai consumi e investire in fondi.

Se non esiste un'eccedenza di produzione ma tutto il prodotto viene utilizzato per i consumi, non possono esistere fondi di valore e non può esistere neppure moneta.

Se il valore investibile in fondi è molto ridotto anche l'esistenza di fondi sarà ridotta e la circolazione monetaria sarà marginale.

In una società agricola è naturale che le prime eccedenze di valore vengano investite in terra o bestiame. Terra e bestiame sono infatti i beni più importanti e la ricchezza personale deriva principalmente dal possesso di questi beni.

E' naturale che un contadino che disponga di un reddito eccedente il proprio fabbisogno per i consumi lo utilizzi per comprare altra terra o un pastore lo utilizzi per comprare altro bestiame.

Se le eccedenze rimangono scarse, terra e bestiame restano gli unici fondi di valore e uno di essi costituirà, di fatto, la moneta del sistema economico,

Terra e bestiame hanno però grossi limiti per quel che riguarda il loro uso monetario.

Il primo limite è dato dal contesto generale in cui tale uso si è formato, quello, cioè, di una sostanziale scarsità di valore da sottrarre ai consumi e destinare, anche in via provvisoria, agli scambi.

In un Paese povero, infatti, non si usa moneta perché la gente non ha moneta e la gente non ha moneta in quanto non ha ricchezza da impiegare in fondi di valore.

Il secondo limite è dato dall'alto valore unitario del bene che non rende possibile lo scambio monetario di beni con valore unitario inferiore.

Se, ad esempio, come moneta si usano le pecore, non sarà possibile comprare o vendere beni che valgono meno di una pecora.

Per questo motivo la circolazione monetaria sarà marginale e la maggior parte degli scambi continuerà ad essere gestita in natura attraverso lo scambio diretto.

Nelle campagne questa situazione può di fatto prolungarsi anche con livelli di ricchezza relativamente elevati. Infatti nelle campagne la vita non è legata alla necessità degli scambi come nelle città. Ciò che serve per vivere è prodotto in proprio, o può comunque essere prodotto in proprio.

La popolazione non sente quindi come pressante il bisogno di avere moneta per gli scambi in quanto per vivere può fare a meno degli scambi. Può quindi fare anche a meno della moneta ed evitare di sottrarre ricchezza ai propri consumi.

Le eventuali eccedenze di valore continueranno ad essere investite in terra e bestiame.

Nelle città avviene il contrario e per vivere si dipende quasi esclusivamente dagli scambi.

Bestiame e cereali erano beni d'uso. Le quantità eccedenti il consumo venivano tesorizzate e trasformate in fondo di valore che serviva, in tutto o in parte, come moneta.

Ogni volta che qualcuno faceva effettivamente un uso monetario del fondo usandolo per acquistare beni di consumo, la quantità del fondo diminuiva.

La consistenza aumentava invece con il passaggio a fondo delle eccedenze non consumate.

Praticamente la moneta veniva creata attraverso il passaggio a fondo delle eccedenze e poteva essere usata solo una volta, una volta spesa tornava ad essere bene utile.

La maggior parte degli scambi continuavano ad essere di natura non monetaria. Anche il comune scambio tra una pecora ed un quintale di grano per consumare il grano invece della pecora non era uno scambio monetario solo perché uno dei beni scambiati aveva anche la funzione di moneta. Era uno scambio tra due beni d'uso e restava sostanzialmente un baratto.

Chiamare questa cosa moneta è una questione di punti i vista più che di sostanza. Certamente non è quella cosa che siamo abituati ad usare ed a chiamare moneta.

È comunque l'inizio della storia.

20.10.30 La moneta metallica.

La moneta metallica ha caratteristiche superiori rispetto al bestiame, specialmente se a scambiarsela sono dei mercanti e non degli allevatori.

Si conserva bene senza bisogno di cure, occupa poco spazio e si trasporta bene. Teoricamente diverse unità sono omogenee tra di loro.

Si può anche superare il problema del valore minimo dell'unità monetaria, sia facendo monete sempre più piccole, sia mettendo sempre meno metallo prezioso nella lega di cui le monete sono composte.

L'impoverimento della lega può andare avanti finché la stima della quantità d'argento contenuta in un disco di metallo che raffigura l'imperatore diventa più una questione di fede che di una realtà concretamente verificabile.

La differenza sostanziale rispetto alla situazione precedente è però un'altra.

Oro, argento e altri beni preziosi o ritenuti tali sono sostanzialmente fondi di valore.

L'uso monetario del metallo prezioso sottrae parte del bene al mercato del bene come fondo di valore e crea il mercato parallelo del bene utile per le transazioni.

Rispetto alla situazione precedente in cui per gli scambi venivano usati bestiame e prodotti agricoli, i termini si invertono nel mercato "binario" dei fondi di valore, la moneta usata per gli scambi non è più il fondo ma è il bene d'uso.

(Tesi prevalente: normalmente non si considera la moneta usata per gli scambi bene direttamente utile).

In caso di moneta metallica, la moneta è costituita dal metallo, ad esempio l'oro, non dalla forma in cui si presenta, ad esempio il disco rotondo con impressi i segni dello Stato.

Se abbiamo davanti una moneta d'oro puro, quello che conta è il suo peso.

Con la circolazione, questo peso può anche diminuire per l'usura. Il peso può anche diminuire perché qualcuno lima la moneta per sottrarre oro continuando poi a scambiarla al suo valore nominale originario. Almeno fin che ci riesce.

Ma probabilmente la moneta non sarà d'oro puro ma sarà composta da una lega contenente una certa percentuale d'oro spesso inferiore a quella dichiarata.

Quella che conta è la quantità effettiva di metallo prezioso puro contenuta.

Il metallo prezioso puro viene detto "fino", ad esempio "**oro fino**", "**argento fino**" ecc.. Il valore della moneta deriva da quanto metallo fino contiene, cioè dal peso della moneta moltiplicato per la percentuale di metallo nobile contenuta.

Non possono circolare contemporaneamente due metalli come moneta.

Se circolano due metalli, basta che il rapporto di cambio si modifichi anche di poco, il metallo che si è rivalutato sparisce dalla circolazione perché viene tesorizzato.

Continua a circolare solo il metallo che ha perso valore rispetto all'altro, cioè circola solo la "moneta cattiva", quella buona sparisce (legge di Gresham 20.50.00).

20.10.40 Il valore della moneta.

Quella di fondo di valore e quella di intermediario negli scambi sono le prime due funzioni che sono normalmente attribuite alla moneta. La terza è quella di misura del valore.

La misura del valore di un bene espressa in moneta è detta prezzo.

Finché non esiste la moneta, ogni bene viene scambiato direttamente con tutti gli altri e con ogni altro bene esiste un rapporto di scambio. Se abbiamo 100 beni, ognuno avrà quindi 99 diverse misure del suo valore.

Una volta introdotta la moneta, ogni bene sarà normalmente scambiato solo con moneta e avrà una sola misura del valore, quella espressa in moneta.

Sul mercato dei beni direttamente utili, la moneta avrà un valore determinato da quella che viene chiamata "**Teoria quantitativa della moneta**" (**Irving Fisher** 1867 - 1947).

In base a tale teoria tutta la moneta scambiata in un anno vale quanto tutti i beni scambiati in un anno.

La formula generalmente usata è $MV=PQ$, da cui $P=MV/Q$ dove

M è la quantità di moneta in circolazione, V la velocità di circolazione della moneta, cioè il numero di volte che ogni unità monetaria viene scambiata mediamente in un anno, P è il livello generale dei prezzi, cioè l'inverso del valore della moneta, e Q rappresenta la quantità di beni prodotti e scambiati.

Il valore della moneta deriva quindi dalla quantità di beni scambiati e dalla quantità di moneta utilizzata.

Se la moneta venisse usata solo come intermediario degli scambi questa teoria rappresenterebbe una spiegazione completa del valore della moneta.

In realtà la domanda di moneta ha sempre due componenti, infatti non viene usata solo come intermediaria negli scambi ma anche come fondo di valore.

20.10.50 La moneta cartacea convertibile.
Le monete di carta (banconote) sono nate come ricevute rilasciate dalle banche, o da chi svolgeva attività assimilabili, a chi depositava metalli preziosi .

Io depositavo l'oro in banca e la banca mi rilasciava una ricevuta e custodiva l'oro.

Quando l'oro mi serviva per effettuare un pagamento, tornavo in banca con la mia brava ricevuta e mi facevo restituire il mio oro.

La banconota poteva anche servire a spostare il metallo nello spazio oltre che nel tempo.

Se ero partito per le crociate ed ero riuscito a procurami l'equivalente di cento monete d'oro, non potevo fare il viaggio di ritorno portandomi l'oro dietro, sarebbe stato il modo più sicuro per trovare qualcuno che mi tagliasse la gola per prenderselo.

Allora potevo cercare qualcuno che si occupasse del trasferimento. Ad esempio potevo recarmi ad una sede dei Templari e farmi rilasciare una ricevuta che avrei incassato una volta arrivato a Roma o a Parigi.

Se, sfortunatamente per me, lungo la strada del ritorno

qualcuno la gola me la tagliava lo stesso e quindi non potevo andare ad incassare, i Templari avevano guadagnato cento monete d'oro.

Agli inizi del settecento l'oro in circolazione cominciava ad essere poco in confronto alle aumentate esigenze degli scambi commerciali.
Anche per questo qualche banchiere ebbe una grande intuizione.
In realtà le banconote venivano incassate sempre meno. Sempre più spesso chi doveva eseguire un pagamento non andava in banca a ritirare l'oro depositato ma consegnava direttamente la banconota al creditore. Il creditore non andava ad incassarla ma la conservava per eseguire ulteriori pagamenti.
Le banconote circolavano e l'oro restava fermo in banca, era quindi possibile emettere banconote in più rispetto all'oro depositato e spenderle o prestarle a interesse.
La banca che emetteva le banconote in più creava sostanzialmente moneta e si arricchiva per un valore pari a quello delle banconote emesse in eccedenza.
Uno dei primi banchieri ad iniziare con la sua banca a rilasciare banconote in quantità molto maggiore rispetto all'oro in cassa fu **John Law** (1671 - 1729) che operò in Francia.
Naturalmente le banconote erano sempre formalmente convertibili in oro, tutte e non solo quelle emesse a fronte di depositi di metallo. Sulle banconote c'era scritto "Pagabile a vista al portatore", in oro naturalmente.
C'era sempre qualcuno che in banca a cambiare le banconote ci andava davvero e quello doveva essere puntualmente pagato altrimenti sarebbe crollata la fiducia nella banca e tutti si sarebbero subito precipitati a incassare le loro banconote in oro.
Naturalmente la quantità di banconote emesse era molto maggiore rispetto all'oro depositato. In caso di corsa ad incassare l'oro sarebbe stato impossibile pagarle tutte. Solo i

primi che arrivavano potevano incassare, naturalmente se il banchiere non era già scappato con l'oro della cassa.

Per essere in grado di convertire a semplice presentazione (conversione a vista) tutte le banconote emesse, occorreva tenere in cassa una quantità d'oro sufficiente a pagare le richieste di conversione che, in una certa misura, continuavano ad esserci.

Per pagare i presentatori, le riserve in oro dovevano corrispondere ad una percentuale decente e non irrisoria dei depositi.

La decenza non è una qualità universalmente diffusa tra gli esseri umani e tra i banchieri la è ancora meno. I casi di copertura assolutamente indecente o praticamente inesistente erano diffusi. Quello di Law è stato il più famoso.

Ben presto gli Stati furono costretti ad imporre una percentuale di riserva minima obbligatoria.

Inizialmente la percentuale di riserva obbligatoria serviva solo a garantire i portatori delle banconote, poi ci si accorse che poteva anche servire allo Stato per controllare la quantità di banconote in circolazione.

La quantità di moneta messa in circolazione dalle banche era pari al valore dell'oro in cassa diviso per la percentuale di copertura.

Se il sistema bancario aveva oro in cassa per un miliardo e la percentuale di copertura era del 10% (0,10 su base uno), poteva mettere in circolazione banconote per dieci miliardi.

Con il 20% di copertura obbligatoria, ne poteva far circolare solo cinque miliardi.

Siccome la quantità d'oro rimaneva sostanzialmente costante da un anno all'altro, aumentando la percentuale di riserva obbligatoria lo Stato diminuiva la quantità di moneta (banconote) in circolazione, diminuendo la percentuale di riserva faceva aumentare la circolazione monetaria.

La stampa di nuove banconote costituiva di fatto un arricchimento netto che poteva essere speso.

In tempo di guerra lo Stato vietava alle banche private di stampare banconote e le stampava direttamente per pagarci le spese militari.

Siccome ne stampava ben oltre i limiti di ogni decenza, la convertibilità in oro delle banconote veniva sospesa.

Finita la guerra si ritornava alla situazione precedente, la convertibilità veniva ripristinata e anche le banche private potevano tornare a stampare moneta sotto forma di banconote.

20.10.60 La moneta cartacea non convertibile.

Dopo la prima guerra mondiale non si tornò, o forse non si riuscì a tornare, alla situazione preesistente. Anche finita la guerra continuarono a circolare banconote inconvertibili.

In precedenza il rapporto di cambio tra due monete nazionali dipendeva dalla quantità d'oro in cui ognuna era convertibile essendo l'oro sempre oro.

Se una lira corrispondeva a un quinto di grammo d'oro e un dollaro corrispondeva ad un grammo, un dollaro valeva cinque lire.

Venuta a mancare la convertibilità in oro, non c'era nessun meccanismo che tenesse costante il rapporto di cambio tra le diverse monete nazionali.

I rapporti di cambio dipendevano indirettamente dall'andamento economico delle singole economie e dai tentativi degli Stati di svalutare la propria moneta per rendere meno care le proprie esportazioni e più care le importazioni in modo da esportare di più ed importare di meno.

Se però tutti cercano di impedire le importazioni, l'unico risultato è il crollo degli scambi internazionali.

Nel periodo tra le due guerre anche l'instabilità dei cambi contribuì a ridurre gli scambi.

Gli scambi internazionali si sono poi ridotti anche a causa della grande crisi scoppiata nel ventinove, a causa dei nazionalismi e del nazismo.

Dei rapporti di cambio fissi tra le monete potrebbero garantire un buon livello di integrazione tra i mercati mentre dei rapporti di cambio variabili rendono possibile qualsiasi cosa.

Nel mercato dove lavoro e produco posso vendere solo se produco con costi inferiori od uguali a quelli degli altri produttori, negli altri mercati posso vendere comunque se la mia moneta è valutata poco e chi compra paga comunque poco i miei prodotti.

Al contrario se la mia moneta è valutata molto sarà difficile per me vendere su mercati diversi dal mio.

Dopo la seconda guerra mondiale si è cercato di tornare al vecchio sistema della convertibilità della moneta in oro, ma non direttamente perché l'oro necessario non c'era o, comunque, tutti gli Stati non lo avevano.

Con gli **accordi di Bretton Woods** (U.S.A. 22 luglio 1944) ci si accordò per un sistema più complesso che avrebbe consentito gli stessi risultati, di garantire, cioè, un rapporto di cambio costante tra le monete degli Stati aderenti al sistema.

Concretamente solo il dollaro statunitense era convertibile in oro ad un rapporto costante di 35 dollari per un'oncia troy corrispondente a circa 31 grammi, quindi poco più di un dollaro al grammo.

Le altre monete erano convertibili in dollari e le banche centrali, che erano le uniche a stampare banconote, potevano tenere le proprie riserve in dollari e non solo in oro.

In Italia si continuò a scrivere sulle banconote "Pagabile a vista al portatore", naturalmente in oro, anche se non era più vero. Altri Stati non lo scrivevano come oggi non è più scritto sulle banconote in euro.

Nel 1971 il sistema crollò perché ormai neppure gli Stati Uniti erano più in grado di garantire la convertibilità delle banconote emesse e si tornò definitivamente al sistema delle monete non convertibili liberamente oscillanti.

20.10.70 La moneta bancaria.

Quando sono considerati perfettamente esigibili, i crediti possono essere usati come moneta nei normali scambi. L'unità di misura è quella della moneta in cui i crediti sono espressi.

Sostanzialmente i crediti considerati perfettamente esigibili sono costituiti dai crediti a vista nei confronti delle banche, principalmente dai depositi in conto corrente.

Svolgono la stessa funzione anche le aperture di credito in conto corrente, le somme disponibili attraverso carte di credito e i fondi versati su carte prepagate.

È da chiarire che la moneta bancaria è costituita dall'ammontare depositato sul conto corrente o dalla somma prelevabile con carta di credito o da quella depositata sulla carta prepagata.

Assegni, cambiali, ricevute bancarie e carte di credito sono solo strumenti per utilizzare questa moneta.

L'uso di moneta bancaria sta crescendo sempre più rispetto all'uso delle banconote.

L'uso di moneta bancaria lascia una traccia nella contabilità della banca o del gestore della carta di credito ed è quindi documentabile.

Le banconote vengono invece scambiate senza lasciare alcuna traccia e non permettono di ricostruire l'operazione in cui sono state utilizzate che può quindi restare sconosciuta al fisco o a chi indaga su eventuali reati.

Lo Stato incoraggia quindi l'uso di moneta bancaria e scoraggia quello delle banconote.

20.10.80 Il moltiplicatore dei depositi bancari.

Senza limitazioni da parte dello Stato, il sistema bancario tenderebbe a far espandere senza limiti l'ammontare dei depositi e quindi della moneta bancaria.

Il meccanismo è sostanzialmente questo.

A possiede 100 euro di banconote e le deposita, i depositi a questo punto sono pari a 100.

La banca presta i 100 euro a B, B li usa per pagare C che li deposita, i depositi sono saliti a 200.

La banca è di nuovo in possesso dei 100 euro di banconote che presta a D. D paga E che li deposita. I depositi sono saliti a 300. Teoricamente si può andare avanti così all'infinito con un'espansione illimitata dei depositi in conto corrente e quindi della moneta bancaria.

Per porre un limite, lo Stato fissa una percentuale di riserva obbligatoria dei depositi in banconote oppure in depositi a garanzia presso la Banca centrale. I depositi presso la Banca Centrale sono sostanzialmente equivalenti alle banconote. Come le banconote, sono infatti obbligazioni formali della Banca Centrale.

Magari formalmente la percentuale di riserva è fissata per garantire i depositanti, ma in pratica serve soprattutto a limitare l'espansione della moneta bancaria, detta anche moneta secondaria, ad un multiplo di quella primaria costituita da banconote e depositi presso la Banca Centrale.

Il meccanismo è identico a quello già visto per oro e banconote convertibili. Anche in questo caso la percentuale di riserva rappresenta uno strumento di politica monetaria a disposizione dell'autorità pubblica per regolare la quantità di moneta secondaria in circolazione.

20.10.90 Il quantitative easing (QE).

Nel mercato si produce per vendere.

Il reddito totale derivante dalla vendita dei beni prodotti viene percepito in forma monetaria e viene poi speso per acquistare tutto ciò che è stato prodotto dando inizio ad un nuovo ciclo produttivo.

Il reddito complessivo corrisponde al valore della produzione e deve essere speso tutto altrimenti una parte di ciò che è stato prodotto non viene venduto.

Se una parte della produzione non viene venduta, la produzione diminuisce per adeguarsi alla domanda e la diminuzione della produzione determina una riduzione del reddito e quindi una ulteriore diminuzione della domanda che dà origine ad un'ulteriore riduzione della produzione.

Il sistema non arriverà velocemente ad un punto di equilibrio ma è possibile che tenderà ad implodere.

Per mantenere una posizione di equilibrio tra produzione e acquisti, la moneta non spesa da chi percepisce un reddito deve essere trasferita a qualcuno che la spenderà per comprare ciò che non è stato venduto.

Il trasferimento della moneta risparmiata viene fatto verso imprese che la utilizzano per acquistare beni d'investimento, che sono comunque una parte di ciò che è stato prodotto. Verso lo Stato che la utilizza per sostenere in debito la spesa pubblica. Verso quelle famiglie che si indebitano per finanziare i propri consumi.

Il trasferimento avviene dietro pagamento di un interesse normalmente espresso in un tasso percentuale annuo rapportato alla somma trasferita.

Finché l'eccedenza di reddito non spesa, risparmio, è bassa può essere collocata ad un tasso d'interesse alto.

Lo sviluppo economico e l'aumento del reddito fanno aumentare la formazione di risparmio che diventa sempre più abbondante.

Per continuare a collocare tutto il risparmio, bisogna ridurre il tasso d'interesse.

Ad un certo punto il tasso d'interesse non può più essere ulteriormente ridotto perché è arrivato ad un valore bassissimo o, addirittura, è arrivato a zero.

A questo punto una parte del reddito derivante dalla produzione non viene utilizzato per comprare qualcosa ma rimane in forma monetaria ed il sistema entra in crisi di sovraproduzione, cioè non tutto ciò che è prodotto viene anche venduto.

Keynes ha definito una simile situazione **"trappola della liquidità"** (liquidity trap) e l'ha collocata in quel punto in cui il tasso d'interesse è comunque positivo ma è tanto basso da indurre i risparmiatori a non prestare più i loro soldi.

Keynes riteneva infatti che il risparmiatore avesse comunque una preferenza per la liquidità, cioè, se non convinto da un tasso d'interesse significativo, preferisse mantenere la propria ricchezza in forma liquida (monetaria) in modo da poterla sempre usare per acquisti o speculazioni.

Per chiarire il "di cosa stiamo parlando", mettendo un numero che fissi un ordine di grandezza, potremmo parlare di un tasso d'interesse annuo attorno al due per cento.

Per evitare la crisi, che potrebbe anche travolgere il sistema, lo Stato ha tradizionalmente due strumenti, quello fiscale e quello monetario.

Con lo strumento fiscale lo Stato aumenta la spesa pubblica per andare a compensare la scarsa domanda privata.

È chiaro che la maggior spesa va fatta in deficit di bilancio, senza aumentare le tasse, altrimenti l'aumento del prelievo fiscale farebbe diminuire il reddito disponibile e quindi i consumi.

Non si può però andare avanti così all'infinito perché il debito pubblico aumenta e anche gli interessi sul debito aumentano.

Lo strumento monetario tradizionale consiste nell'aumento della base monetaria che può essere ottenuto attraverso un aumento della moneta primaria che generi un aumento multiplo di quella bancaria.

L'aumento della base monetaria può anche essere ottenuto attraverso la diminuzione delle percentuali di riserva obbligatoria o attraverso direttive meno restrittive alle banche in modo da facilitare la concessione dei crediti.

Lo strumento monetario tradizionale, però, funziona bene quando viene usato in modo restrittivo, ad esempio per ridurre l'inflazione, funziona meno bene in funzione espansiva.

Questo in base al vecchio principio per cui se dai meno fieno all'asino lo farai certamente dimagrire ma, se gliene dai di più e non ha fame, non lo mangerà comunque.

Quando si ritiene che gli atri strumenti possano ancora difficilmente funzionare, si può ricorrere al nuovo strumento monetario del **quantitative easing** *(Q.E.).*
Si parte dalla considerazione che la gente incassa moneta per 100

ma spende solo 90, le altre 10 vengono spostate nel mercato dei fondi di valore.

Si stampano allora monete per 10 e si consegnano a soggetti, generalmente pubblici, che le spendono.

In questo modo si ripristina l'uguaglianza tra produzione pari a 100, e domanda pari a 90 più 10 uguale a 100.

Non si generano neppure variazioni del valore della moneta e del livello generale dei prezzi.

Infatti sul mercato della moneta bene intermediario negli scambi circola sempre la stessa quantità, le 10 nuove unità emesse vanno a sostituire le 10 passate al mercato dei fondi di valore.

Nel mercato dei fondi di valore, se sono state immesse 10 nuove unità, vuol dire che la domanda è aumentata di 10 unità e quindi tutto torna.

Nasce però un problema. Tutta questa nuova moneta che si forma come fondo di valore e non è destinata a circolare cos'è realmente? A cosa serve concretamente e dove andrà?

La risposta più ovvia mi sembra che sia che dovrebbe prima o poi rientrare nel mercato del bene di scambio per essere spesa, ma più passa il tempo ed aumenta lo stock di moneta esistente e più questa ipotesi diventa inverosimile.

(Tesi prevalente: non si interpretano in questo modo natura e funzione del Q.E.. Il Q.E. viene considerato un più o meno normale strumento di politica monetaria espansiva alla stregua di un ampliamento della base monetaria o di una politica di facilitazione del credito).

20.10.100 Le variazioni di valore della moneta.

Il prezzo è la misura del valore espressa in moneta. Anche quando i prezzi aumentano o diminuiscono tutti in modo generalizzato, non aumentano o diminuiscono tutti nella stessa esatta proporzione. Alcuni prezzi aumentano di più o diminuiscono di meno di altri.

Spesso l'aumento non inizia in modo generalizzato, aumenta il prezzo di uno o più beni importanti e poi gli altri prezzi gli vanno dietro.

È comunque probabile che il prezzo che aumenta per primo aumenti più degli altri, soprattutto in un primo periodo.

La variazione dei prezzi attua così una redistribuzione della ricchezza, dai possessori dei beni il cui prezzo è diminuito, o non è aumentato o è diminuito di più o aumentato di meno, ai possessori dei beni il cui prezzo è aumentato.

Normalmente il mercato non è però in grado di effettuare tale redistribuzione in modo semplice ed efficace. Al contrario i meccanismi di redistribuzione sono in generale notevolmente complessi e possono interferire pesantemente sul funzionamento del mercato stesso.

Quando un bene viene concretamente usato come moneta, gli scambi non sono più fatti direttamente e la redistribuzione non si attua più sul mercato in modo diretto, ma indirettamente passando per il tramite della moneta.

I prezzi espressi in beni diversi dalla moneta non esistono più perché non esisteranno più gli scambi diretti di cui tali prezzi erano espressione.

Con lo scambio monetario l'alterazione del rapporto di scambio tra i beni passa necessariamente attraverso l'alterazione dei rapporti di scambio dei singoli beni con la moneta, perché gli scambi con la moneta sono gli unici che effettivamente si verificano.

Difficilmente l'alterazione dei rapporti di scambio di tutti i beni nei confronti della moneta sarà simmetrica e ai prezzi aumentati corrisponderà un'uguale quantità di prezzi diminuiti.

Normalmente ci sarà solo una prevalenza dei prezzi aumentati o diminuiti, sia nel numero, sia per l'ampiezza delle variazioni e sarà questo a determinare un'alterazione del valore medio della moneta.

Se la moneta aumenta di valore, il prezzo medio dei beni espresso in moneta diminuisce. Diminuisce cioè quello che viene comunemente chiamato "**livello generale dei prezzi**".

Al contrario, se il valore della moneta diminuisce, il prezzo medio dei beni aumenta.

In un mercato con circolazione monetaria le variazioni dei rapporti di scambio passano quindi attraverso una diminuzione generalizzata del livello dei prezzi, deflazione, o attraverso un suo aumento generalizzato, inflazione.

Mentre il valore del singolo bene si esprime ormai solo in rapporto alla moneta, il valore della moneta si continua invece ad esprimere in rapporto a tutti gli altri beni, praticamente non si può esprimere. Per risolvere i problemi di carattere operativo riguardanti le variazioni di valore della moneta, si prende un gruppo di beni, ognuno con le sue quantità, che sia rappresentativo dei consumi medi che viene detto "paniere".

Se oggi il paniere costa 100 € e tra un anno costa 110, il valore della moneta è diminuito di circa il 10%, cioè, per comprare le stesse cose occorre una quantità di moneta maggiore del 10%. Questo metodo ha però dei limiti.

Il primo limite è che misura soltanto le variazioni di valore e non il valore assoluto, ci dice, cioè, di quanto il valore sia aumentato o diminuito ma non ci dà un numero o una grandezza che esprima tale valore.

Il secondo è che in questo modo non misuriamo direttamente le variazioni di valore della moneta ma misuriamo le variazioni di valore del paniere. Bisogna vedere se poi il paniere è stato strutturato più o meno bene e se è effettivamente rappresentativo degli scambi.

A volte si possono prendere panieri rappresentativi solo di alcuni insiemi di scambi come gli scambi di beni destinati al consumo, all'ingrosso o via Web.

Normalmente, quando si parla di variazione del livello dei prezzi o del valore della moneta senza ulteriori specificazioni, si intende nel mercato dei beni di consumo ed il paniere rappresenta gli acquisti di una famiglia media di residenti.

Il terzo limite è che il paniere dovrebbe rimanere costante nel tempo per permettere un semplice confronto negli anni. Nel tempo però i beni scambiati cambiano, soprattutto quelli di consumo, alcuni beni poi un tempo non esistevano. Ad

esempio, in un paniere attuale di beni di consumo i telefoni cellulari non si può fare a meno di metterli ma nei vecchi panieri non c'erano.
Cambiano anche le percentuali acquistate dei vari beni.
La soluzione è generalmente quella di modificare i panieri il più raramente possibile ma comunque di modificarli.

20.20.00 LA DEFLAZIONE

Immaginiamo un sistema economico in cui esistano solo due beni utili, A e B.

A e B non sono scambiati direttamente tra di loro ma ognuno è scambiato solamente con un terzo bene M usato come intermediario negli scambi cioè come moneta.

Il fatto che A migliori il proprio rapporto di scambio nei confronti della moneta non significa che venga modificato automaticamente il rapporto di scambio tra B e la moneta.

Nel caso dello scambio diretto era il rapporto di scambio tra i due beni a modificarsi direttamente e chi voleva acquistare il bene A doveva pagarlo di più in termini di B.

Lo scambio monetario, invece, è diviso in due scambi separati: bene A contro moneta e moneta contro bene B.

I due scambi sono completamente distinti tra di loro ed indipendenti. L'alterazione dei rapporti del primo scambio non influisce necessariamente sul secondo scambio, ma si esaurisce direttamente nel primo.

La redistribuzione del reddito nel mercato può avvenire soltanto attraverso una variazione del valore della moneta.

Se è possibile aumentare la quantità di moneta in circolazione, la redistribuzione passerà attraverso l'inflazione, cioè attraverso un aumento generalizzato dei prezzi in cui alcuni prezzi aumenteranno di più altri di meno.

Se la quantità di moneta non aumenta, non possono aumentare tutti i prezzi.

La redistribuzione dovrà passare attraverso la deflazione,

cioè attraverso una riduzione generalizzata dei prezzi in cui alcuni prezzi diminuiranno di più ed altri di meno o non diminuiranno affatto.

Se la quantità di moneta in circolazione non aumenta, non è possibile scambiare contemporaneamente il bene A con una quantità maggiore di moneta e B con la stessa quantità di prima.

Con la stessa quantità di moneta è solo possibile comprare il bene A a prezzo aumentato ed il bene B a prezzo diminuito.

Oppure è anche possibile comprare A ad un prezzo aumentato e B allo stesso prezzo ma comprando minori quantità di B, di A o di entrambi i beni.

E' anche possibile, naturalmente, un misto delle due cose.

Chiaramente la redistribuzione pura e semplice attraverso il mercato si avrebbe solamente con l'aumento del prezzo di A e la diminuzione del prezzo di B.

Se la quantità di moneta in circolazione rimane costante, l'aumento del prezzo di A determina un aumento della quantità di moneta detenuta dai possessori del bene A ed una diminuzione della moneta detenuta dai possessori di B.

l'aumento del prezzo di A implica che questo sia un bene utile raro o che i suoi possessori riescano ad operare una forma di controllo sul mercato. B è invece un bene direttamente utile non raro.

Ma non tutta la moneta rimane in circolazione. Una parte della maggior quantità di moneta dei possessori di A, che hanno venduto il loro bene ad un prezzo maggiore, entra nel mercato dei fondi di valore e solo in parte determina una maggiore domanda di B.

La maggior richiesta del bene B dà origine solo momentaneamente e marginalmente ad aumenti di prezzo del bene B. Infatti B è un bene non raro e riproducibile. Non è neppure un fondo di valore. Aumenti della sua richiesta determinano un aumento della sua produzione e quindi della sua offerta fino a raggiungere il prezzo iniziale di B.

La diminuzione della quantità di moneta dei possessori di B determina una momentanea diminuzione della richiesta di A, ma il successivo aumento della produzione di B riporterà la domanda al livello originale.

Il risultato sarà quello di un aumento della produzione globale, determinato dall'aumento della produzione di B, e la concentrazione della maggior ricchezza nelle mani dei possessori di A.

I maggiori scambi derivanti dalla maggiore produzione non potranno essere fatti utilizzando una maggior quantità di moneta, anzi, l'aumentata ricchezza dei possessori di A porterà al passaggio a fondo di valore di parte della moneta in circolazione.

L'aumento della produzione e la diminuzione della quantità di moneta in circolazione determineranno un aumento del valore di scambio della moneta e quindi una diminuzione del livello generale dei prezzi detto deflazione.

Praticamente si scambieranno più prodotti con meno moneta.

Ogni prodotto si scambierà così con meno moneta, quindi il suo prezzo diminuirà.

Ogni unità di moneta si scambierà con una quantità maggiore di beni, quindi il valore della moneta aumenterà.

Un meccanismo deflazionistico di questo tipo può funzionare a due condizioni che, normalmente, coincidono.

La prima è che i possessori di B accettino di produrre e vendere di più e ad un prezzo minore. Potrebbero, infatti, rifiutare un simile comportamento mantenendo gli stessi prezzi e vendendo di meno.

La seconda è che non esistano blocchi istituzionali, sindacali o politici che impediscano la diminuzione del prezzo del bene B.

In un Paese povero è probabile che la popolazione accetti di produrre di più a prezzi minori, il bisogno di reddito per le esigenze più elementari della vita costringerà i produttori di B ad accettare.

E' anche probabile che non esistano sindacati, né prezzi minimi imposti o sostenuti dallo Stato.

In un'economia già sviluppata il mercato non è in grado di gestire variazioni dei rapporti di scambio attraverso la deflazione.

La moneta si concentra nelle tasche dei possessori di A e il livello degli scambi diminuisce.

Gli scambi diminuiscono perché i possessori di A destinano solo in parte la propria ricchezza all'acquisto di beni utili destinandola alla richiesta di fondi di valore.

Il meccanismo non può funzionare e generalmente la redistribuzione dei redditi passa attraverso l'inflazione.

Se però i meccanismi di protezione dei redditi vengono meno e una buona fascia di popolazione vede diminuire notevolmente il proprio reddito in rapporto agli standard di vita consolidati, anche in un'economia sviluppata tali condizioni possono ricrearsi.

La deflazione può anche essere una particolare condizione che caratterizza periodi storici anche molto lunghi.

Se aumentano popolazione, livello economico, produzione e scambi occorre una maggiore quantità di moneta.

Se la moneta è costituita da un bene come l'oro che è disponibile in quantità pressoché costante nel tempo, si è costretti ad effettuare una quantità di scambi sempre maggiore utilizzando la stessa quantità di moneta. Il valore della moneta quindi aumenta e i prezzi diminuiscono.

I secoli passati sono stati interessati da questo tipo di fenomeno mitigato dal passaggio dalla moneta aurea alle banconote convertibili disponibili in quantità multipla rispetto all'oro.

Aumentando la ricchezza dei possessori di A a seguito dell'aumento del prezzo del bene in loro possesso, aumenta la quota della loro ricchezza non più destinata all'acquisto di beni direttamente utili per i consumi (B), ma destinata all'acquisto di fondi di valore.

Se l'arricchimento di questa classe sociale è consistente, è consistente anche la formazione di eccedenze rispetto ai consumi e quindi anche l'aumento della domanda di fondi di valore.

Le conseguenze economiche sono diverse a seconda che il fondo di valore sia anche un bene raro come la terra o sia un bene sostanzialmente riproducibile utilizzabile per aumentare le capacità produttive del sistema (capitale).

Nel primo caso l'aumento del fondo complessivo di ricchezza destinato all'acquisto della terra non ne fa aumentare la quantità ma solo il prezzo.

Nel secondo caso l'aumento del fondo destinato all'acquisto del bene determinerà un aumento della quantità di capitale disponibile e potrà anche permettere lo sviluppo economico.

Il meccanismo deflazionistico è illustrato dalla figura n. 1.

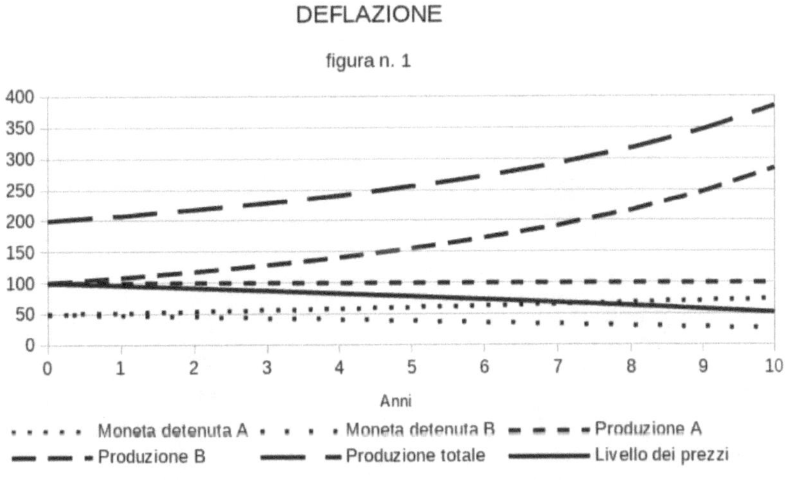

Supponiamo di avere inizialmente una produzione del bene A pari a 100, del bene B pari a 100 per un totale di 200. Il prezzo di A uguale al prezzo di B. È posto pari a 100 il livello generale dei prezzi.

In queste condizioni poniamo che il rapporto di scambio tra i beni A e B vari ogni anno del 4% a favore di A.

Dopo 10 anni la produzione di A sarà rimasta inalterata uguale a 100, quella di B sarà arrivata a circa 300 e quella totale sarà quasi raddoppiata (circa 400).

Nello stesso tempo il livello dei prezzi sarà quasi dimezzato, infatti una produzione quasi doppia sarà scambiata con la stessa quantità di moneta. Ogni unità di bene dovrà quindi essere mediamente scambiata con circa la metà della moneta con cui veniva scambiato originariamente, costerà, cioè, mediamente circa la metà.

20.30.00
L'INFLAZIONE

Se è possibile aumentare la quantità di moneta in circolazione, il mercato sarà in grado di gestire la redistribuzione attraverso un aumento generalizzato dei prezzi.

Se il bene A viene scambiato con una quantità maggiore di moneta ed il bene B viene scambiato con la stessa quantità di moneta di prima, usando una quantità maggiore di moneta è possibile compiere entrambi gli scambi.

In questo caso la quantità di moneta in circolazione aumenterà mentre i beni scambiati saranno sempre gli stessi.

Il valore unitario della moneta diminuirà quindi in modo inversamente proporzionale all'aumento della sua quantità.

Per comprare le stesse cose occorrerà una quantità maggiore di moneta. La moneta avrà quindi perso valore.

Ma i prezzi dei beni non aumenteranno tutti nella stessa proporzione, alcuni aumenteranno di più, altri di meno, altri non aumenteranno affatto.

La media ponderata dei tassi d'aumento dei prezzi di tutti i beni rappresenterà il tasso d'inflazione.

Attraverso l'inflazione, si attua una redistribuzione di ricchezza da chi ha visto il proprio reddito aumentare meno del tasso d'inflazione verso chi è riuscito ad aumentare il proprio in misura maggiore.

Il sistema economico può sopportare tassi d'inflazione relativamente alti finché la moneta continua ad essere accettata negli scambi e continua a mantenere le sue funzioni.

Se però l'inflazione supera un livello critico, la gente non accetta di ricevere moneta che le si svaluta in mano o, se la riceve si affretta a spenderla.

A questo punto i normali meccanismi del sistema economico entrano in crisi.

20.30.10 la redistribuzione inflazionistica.

Supponiamo che in un sistema economico vivano due gruppi d'individui detentori di due diversi beni che vendono sul mercato ricavandone un reddito.

Il reddito reale di ognuno dei due gruppi, cioè l'insieme dei beni di cui il gruppo può disporre, dipende sia dalla quantità di beni che il gruppo stesso riesce a produrre, sia dal rapporto di scambio in base al quale riesce a scambiare i propri beni con quelli dell'altro gruppo.

Il reddito totale sarà uguale alla somma dei redditi dei due gruppi.

Supponiamo inoltre di non avere incrementi di produzione, che cioè il reddito reale complessivo del sistema rimanga costante.

Se non intervengono modificazioni nei rapporti di scambio, il reddito prodotto continuerà ad essere diviso tra i due gruppi nella stessa proporzione.

In un sistema economico primitivo gli scambi avvenivano in termini reali, cioè i beni materiali venivano scambiati direttamente tra i due gruppi. Se uno dei due gruppi voleva ottenere una parte maggiore del reddito totale, cioè della produzione totale, la poteva ottenere solo sottraendola direttamente all'altro gruppo attraverso la modifica esplicita dei rapporti di scambio tra i beni prodotti.

Abbiamo già visto che in un sistema economico più avanzato, il prodotto non è più scambiato in forma fisica, ma in forma monetaria.

Attraverso gli scambi i due gruppi non si dividono più

direttamente i beni fisici utili ma si dividono invece la moneta corrispondente al valore dei beni. Ognuno poi, con la propria moneta, comprerà la sua parte di beni.

Se la quantità di moneta in circolazione può crescere, è possibile che un gruppo aumenti il proprio reddito monetario, cioè aumenti la quantità di moneta a propria disposizione, senza diminuire la quantità di moneta detenuta dall'altro gruppo, nel nostro caso semplicemente aumentando il prezzo del proprio bene.

Questo può succedere solo se è possibile che la quantità di moneta in circolazione aumenti, se, ad esempio, la moneta è un bene prodotto dallo Stato, come nel caso delle banconote non convertibili, oppure se lo Stato ne può controllare la produzione e la circolazione, come nel caso della così detta moneta bancaria.

Occorre poi che lo Stato decida effettivamente di aumentare ed effettivamente aumenti la quantità di moneta in circolazione.

In questo caso il reddito totale espresso in moneta chiaramente aumenta della stessa quantità di cui è aumentato il reddito monetario del primo gruppo.

Altrettanto chiaramente, però, la quantità di beni prodotta che dovrà dividersi tra i due gruppi non sarà assolutamente aumentata ma sarà la stessa di prima.

Con una quantità maggiore di moneta si compreranno nel mercato gli stessi beni ad un prezzo unitario maggiore.

La moneta serve per essere scambiata con gli altri beni presenti sul mercato. In base alla teoria quantitativa della moneta, tutta la moneta scambiata ha un valore pari a quello di tutti i beni scambiati sul mercato.

Il valore unitario della moneta sarà invece dato dal valore complessivo dei beni scambiati, che rimane lo stesso, diviso per la quantità di moneta scambiata che è invece aumentata.

Il valore unitario della moneta diminuirà in proporzione.

In realtà, per compiere un'analisi corretta, bisogna introdurre anche il fattore temporale.

La moneta in circolazione non viene scambiata tutta in un

istante contro tutti i beni prodotti, ma gradualmente nel corso del tempo.

Se prendiamo un periodo di tempo come riferimento, normalmente un anno, la moneta in circolazione viene scambiata mediamente un certo numero di volte e questo numero viene detto "velocità di circolazione della moneta". Questo numero può anche essere elevato.

Anche i beni, o almeno una parte dei beni, possono essere scambiati più volte, inoltre possono essere scambiati anche i beni durevoli prodotti in precedenza e tuttora disponibili oltre i beni di nuova produzione.

La teoria economica tiene generalmente conto del concetto di velocità di circolazione della moneta, non tiene invece conto né del fatto che i beni possono circolare più volte, né del fatto che circolano anche fondi di valore già esistenti oltre che beni di nuova produzione.

Spesso non ci si pone neppure il problema di distinguere ciò che viene prodotto da ciò che poi, effettivamente, viene scambiato.

In questo modo si arriva alla conclusione che il valore totale della moneta dipende dal prodotto interno lordo, P.I.L., diviso per la velocità di circolazione della moneta. Dividendo poi per la quantità di moneta si ottiene il suo valore unitario.

Se il reddito reale totale, espresso cioè in beni concretamente disponibili e non in moneta, resta quello di partenza, la sua distribuzione non è però quella di partenza. Il primo gruppo ha più moneta di prima, il secondo ne ha la stessa quantità di prima.

Il maggior reddito monetario, cioè espresso in moneta, del primo gruppo non corrisponderà completamente ad un aumento del reddito reale di pari valore perché parte dell'aumento sarà compensato dalla svalutazione della moneta. L'aumento della sua ricchezza sarà inferiore all'aumento del suo reddito monetario.

Il secondo gruppo manterrà inalterato il proprio reddito monetario, ma la svalutazione della moneta determinerà una riduzione del suo reddito reale, gli appartenenti al secondo gruppo potranno, cioè, comprare meno cose di prima.

La perdita effettiva di ricchezza del secondo gruppo sarà necessariamente pari all'aumento netto di ricchezza del primo.

In un sistema in cui la quantità di moneta può aumentare, il trasferimento di reddito può avvenire in modo indiretto non esplicito e non apertamente conflittuale. Probabilmente anche in modo non apertamente violento.

Se il conflitto d'interessi è meno esplicito, questo non significa che non esista più.

Il fatto che sia gestito in modo apparentemente più pacifico non significa che la violenza sia scomparsa ma solo che ha assunto una forma diversa che si basa sulla capacità di capire e di gestire dei rapporti economici complessi.

20.30.20 La spirale inflazionistica.

Il secondo gruppo, quello che ha subito la diminuzione del suo reddito reale, cercherà di adeguare il proprio reddito monetario al diminuito valore della moneta per mantenere inalterato il proprio potere d'acquisto.

In un contesto in cui la quantità di moneta in circolazione può aumentare, è probabile che ci riesca recuperando il reddito reale iniziale attraverso l'aumento del proprio reddito monetario.

A questo punto tutti i redditi monetari saranno aumentati nella stessa proporzione e la ripartizione del reddito tra i due gruppi sarà tornata ad essere quella di partenza. Ognuno dei due gruppi tornerà ad avere il reddito reale di partenza.

E' probabile, però, che il primo gruppo, da cui proviene il tentativo iniziale d'aumento del proprio reddito, non si accontenti di conseguire un aumento puramente monetario e, rendendosi conto della perdita di valore della moneta, pretenda un effettivo aumento del proprio reddito reale.

In questo caso il reddito monetario del primo gruppo aumenterà nuovamente in proporzione all'aumento dei prezzi verificatasi nel periodo precedente.

Il maggior aumento del reddito monetario del primo gruppo implica naturalmente un maggior aumento del reddito monetario complessivo e della circolazione di moneta e quindi dell'inflazione. Di conseguenza, gli appartenenti al secondo gruppo reagiranno di nuovo per adeguare il proprio reddito all'aumento dei prezzi.

Ciò determinerà un nuovo aumento del reddito monetario del secondo gruppo.

Il risultato sarà quello di un aumento sempre maggiore del reddito monetario. Il reddito reale del gruppo 1 manterrà l'incremento iniziale, quello del gruppo 2 cercherà di recuperare la perdita iniziale. Il tasso d'inflazione continuerà a crescere.

Avendo ipotizzato che il prodotto reale rimanga invariato, il tasso d'inflazione sarà dato dal rapporto tra il reddito monetario totale di un periodo e quello del precedente.

Il potere d'acquisto di ciascun gruppo sarà invece rappresentato dal rapporto tra reddito monetario del gruppo e reddito monetario totale.

Anche quando la spinta all'aumento del reddito reale del primo gruppo cesserà, i redditi monetari dei due gruppi continueranno ad aumentare per adeguarsi di volta in volta all'inflazione del periodo precedente, mentre i redditi reali si stabilizzeranno.

Cessata la spinta inflazionistica iniziale, il tasso d'inflazione smetterà di crescere e si stabilizzerà al livello raggiunto ma non discenderà perché, periodo dopo periodo, ogni reddito tenderà ad aumentare in base all'inflazione del periodo precedente.

In questo modo l'inflazione si stabilizzerà ad un tasso costante e cesserà di avere effetti redistributivi.

Il conflitto d'interessi tra i produttori non è del tutto cessato ma almeno in parte si è solo spostato.

La svalutazione della moneta non riduce soltanto il valore

dei redditi espressi in moneta, ma anche quello dei patrimoni monetari.

I patrimoni monetari sono sostanzialmente crediti di qualcuno nei confronti di qualcun altro espressi in moneta.

Il debitore deve restituire al creditore una quantità di moneta pari a quella ricevuta, di solito indipendentemente dal fatto che la moneta si sia svalutata a causa dell'inflazione o rivalutata a causa della deflazione.

La svalutazione della moneta diminuisce quindi il valore reale di questi patrimoni rendendo i creditori meno ricchi e avvantaggiando i debitori.

In questo modo si trasferisce ricchezza dai creditori: proprietari di titoli pubblici, obbligazionisti e depositanti bancari, ai debitori: Stato, imprese, e soggetti che hanno contratto mutui.

Probabilmente in entrambi i gruppi iniziali di produttori ci saranno sia debitori che creditori e questo renderà le cose estremamente complicate e, probabilmente, contribuirà a rendere più ambigui i rapporti sociali e politici.

Un lavoratore dipendente proprietario di titoli pubblici o un industriale indebitato con le banche potranno legittimamente chiedersi quale sia il loro interesse.

I detentori di patrimoni monetari non saranno però inerti di fronte all'inflazione che riduce la loro ricchezza. Cercheranno di recuperare le perdite attraverso un aumento del tasso di interesse nominale in modo da recuperare la svalutazione del loro patrimonio ed avere in più un rendimento simile a quello avuto in precedenza.

In sostanza, se il tentativo riesce, il tasso nominale corrente d'interesse aumenterà di tanti punti percentuali quanti quelli di perdita di valore della moneta.

Quando anche il tasso d'interesse si sarà alzato in modo da compensare l'inflazione, l'inflazione non avrà più effetti economici diretti neppure per debitori e creditori e allora, veramente, l'intero processo risulterà sostanzialmente inutile.

Non spostando ricchezza da un soggetto all'altro e non contribuendo a gestire alcun tipo di contrasto, l'inflazione non avrà più nessuna funzione per il sistema.

Una situazione di questo tipo, in cui l'inflazione continua ad auto alimentarsi senza più operare una redistribuzione del reddito viene detta "spirale inflazionistica". In teoria può durare all'infinito.

L'inflazione è diventata un fenomeno puramente monetario, cioè non legato all'economia reale sottostante di cui ha cessato di essere un meccanismo redistributivo.

In questo modo si formerà una base stabile di continua svalutazione monetaria anche in assenza di una competizione attuale tra i vari gruppi sociali.

Ciò significa che alla prossima competizione non si partirà più da un tasso d'inflazione pari a zero, ma che la prossima inflazione si sommerà ad una base inflazionistica ormai consolidata nel sistema.

Col tempo, addirittura, si potrà avere una stratificazione di più basi inflazionistiche formate in momenti diversi e mai smaltite dal sistema economico.

Il tasso complessivo d'inflazione può risultare molto alto e critico per il buon funzionamento di alcuni meccanismi economici.

Attraverso l'inflazione non si gestisce più nessuna redistribuzione di reddito, al massimo l'inflazione fa guadagnare ad uno dei due gruppi dei piccoli differenziali del tutto momentanei nell'aumento del reddito monetario.

Il buon senso dovrebbe indurre le parti a cessare uno scontro di questo tipo.

20.30.30 La politica dei redditi.

Una volta che ci si è resi conto che i prezzi stanno aumentando e che il valore reale del nostro reddito nonostante i nostri sforzi rimane quello di prima, la lotta sembra diventare una liturgia che le parti dovrebbero portare avanti con sempre minor convinzione.

Per eliminare l'inflazione, a questo punto può essere sufficiente bloccare il reddito monetario di uno dei due gruppi, in breve tempo anche il reddito monetario dell'altro si dovrebbe stabilizzare.

In precedenza, finché durava la spinta rivendicativa del primo gruppo, sarebbe stato possibile eliminare l'inflazione solamente bloccando il reddito monetario del primo gruppo, quello che stava generando la spinta inflazionistica.

Bloccando il reddito monetario del secondo gruppo, quello che stava subendo la spinta, il prezzo del bene prodotto dal primo gruppo avrebbe continuato ad aumentare.

Praticamente non sarebbe stato possibile bloccare l'inflazione senza bloccare la reale spinta inflazionistica.

L'uscita dall'inflazione corrisponde ad un interesse collettivo ma l'auto convincimento del vantaggio collettivo non è un meccanismo del mercato.

Il mercato si basa sull'egoismo e sugli interessi strettamente particolari di ognuno e realizza ciò che è realizzabile con questo tipo di spinta.

Per dirla con Adam Smith (La ricchezza delle Nazioni, 1776) "... non mangiamo grazie alla benevolenza del macellaio del fornaio e del birraio, ma grazie alla valutazione del loro tornaconto".

Nel mercato lasciato a se stesso, il rientro dall'inflazione avviene solo in tempi molto lunghi, a seguito del progressivo disinteresse derivante dal graduale venir meno degli stimoli alla lotta per la salvaguardia del proprio reddito.

Sebbene necessario, il rientro dall'inflazione pilotato dallo Stato è complesso perché il contenimento dei redditi monetari (**politica dei redditi**) deve essere equilibrato, altrimenti si creano i presupposti per futuri contrasti sociali che daranno origine a nuova inflazione.

Inoltre il rientro dall'inflazione deve essere accompagnato da una simultanea diminuzione dei tassi d'interesse che non è assolutamente scontata.

La mancata diminuzione del tasso d'interesse, in una

situazione di minore inflazione, determinerà uno spostamento di ricchezza dai debitori ai creditori, e, come tutti gli spostamenti di ricchezza, è probabile che determini nuova inflazione.

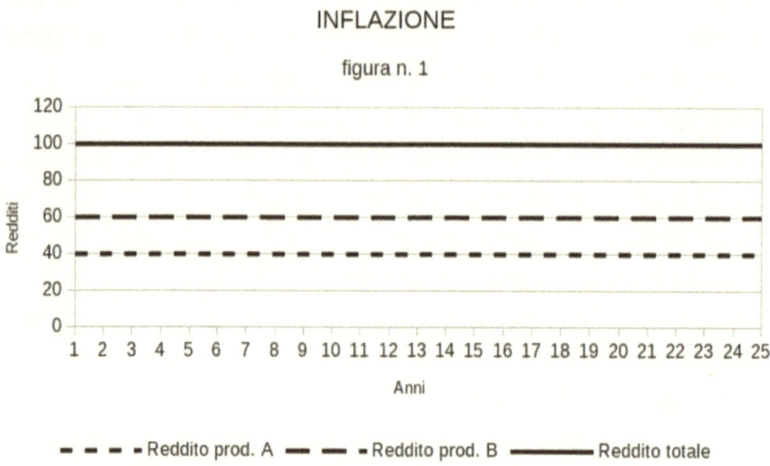

La figura n.1 mostra la situazione iniziale con il gruppo A con reddito prod. A ed il gruppo B con reddito prod. B. La linea continua rappresenta il reddito totale che rimane costante nel tempo.

Senza la possibilità di aumentare il reddito monetario, in costanza di reddito reale, il gruppo 1 potrebbe ottenere una parte maggiore del reddito totale solo sottraendola all'altro gruppo (figura n.2).

Se la quantità di moneta può crescere, è possibile che un gruppo aumenti il proprio reddito monetario, cioè aumenti la quantità di moneta a propria disposizione, senza diminuire la quantità' di moneta detenuta dall'altro gruppo (figura n.3)

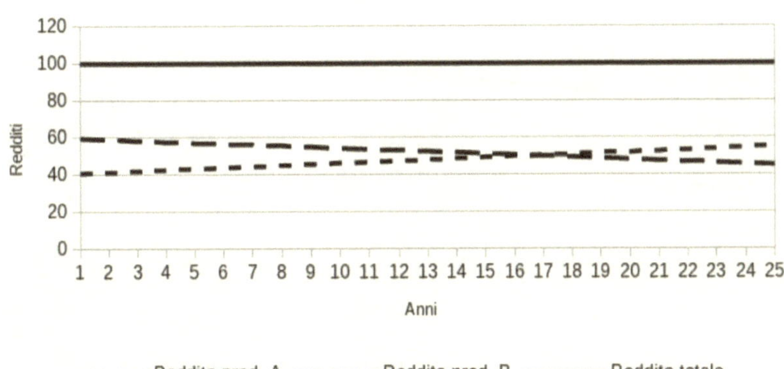

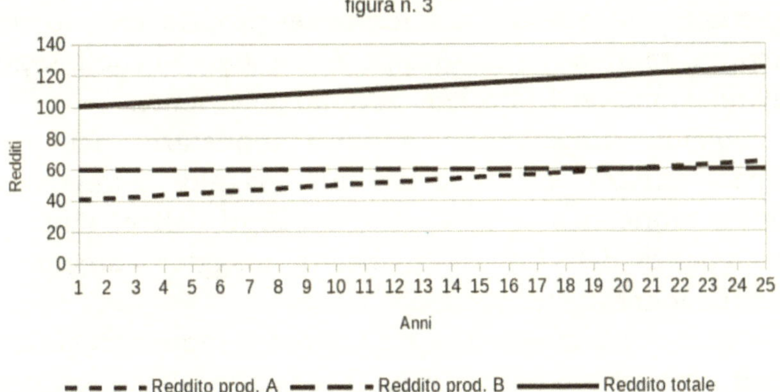

Il reddito totale, espresso in moneta, chiaramente aumenta della stessa quantità di cui è aumentato il reddito monetario del primo gruppo.

La reazione del secondo gruppo per adeguare il proprio reddito monetario al diminuito valore della moneta è illustrata dalla figura n.4. Tutti i redditi monetari aumentano nella stessa proporzione.
La ripartizione del reddito reale tra i due gruppi resta quella di partenza.

figura n. 4

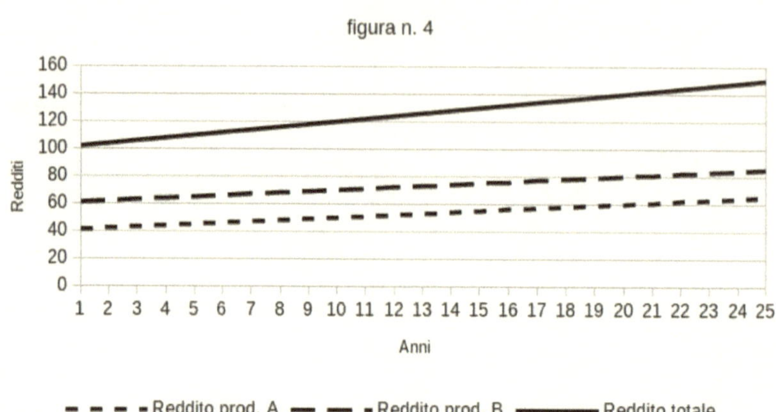

Se il primo gruppo, da cui proviene la spinta inflazionistica iniziale si rende conto della perdita di valore della moneta e pretende un effettivo aumento del proprio reddito reale, il reddito monetario del gruppo A aumenta anche a seguito dell'inflazione verificatasi nel periodo precedente.

Il maggior aumento del reddito monetario del primo gruppo implica naturalmente un maggior aumento del reddito monetario complessivo, e quindi dell'inflazione. Di conseguenza determinerà anche un maggior aumento del reddito monetario del secondo gruppo.

Il risultato sarà quello di un aumento sempre maggiore del reddito monetario (figura n.5). Il reddito reale del gruppo A aumenterà costantemente, quello del gruppo B diminuirà nella stessa misura.

Il tasso d'inflazione crescerà costantemente.

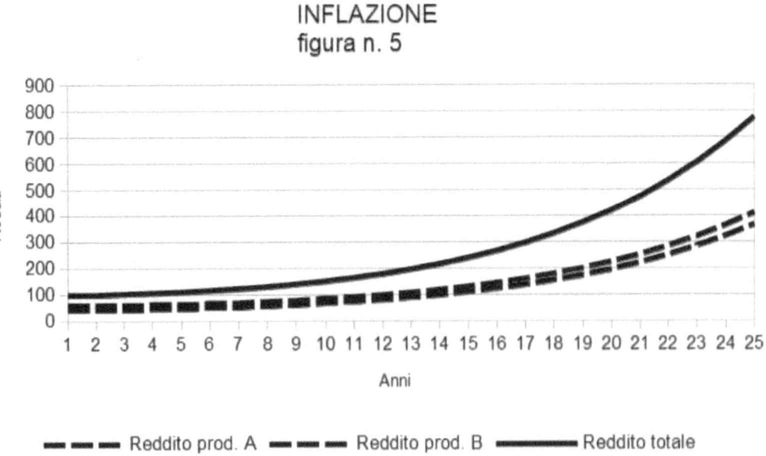

Avendo ipotizzato che il prodotto reale rimanga invariato, il tasso d'inflazione sarà dato dal rapporto tra il reddito monetario totale di un periodo e quello del precedente. Il potere d'acquisto di ciascun gruppo sarà invece rappresentato dal rapporto tra reddito monetario del gruppo e reddito monetario totale.

Anche se la spinta all'aumento del reddito reale del gruppo A cesserà, nella figura n.6 all'anno 15, i redditi monetari continueranno ad aumentare mentre i redditi reali dei due gruppi si stabilizzeranno, l'inflazione smetterà di crescere, ma si stabilizzerà al livello raggiunto senza però discendere.
Nella figura n. 6 l'inflazione è misurata in punti, 100 punti = 1%.

INFLAZIONE

figura n. 6

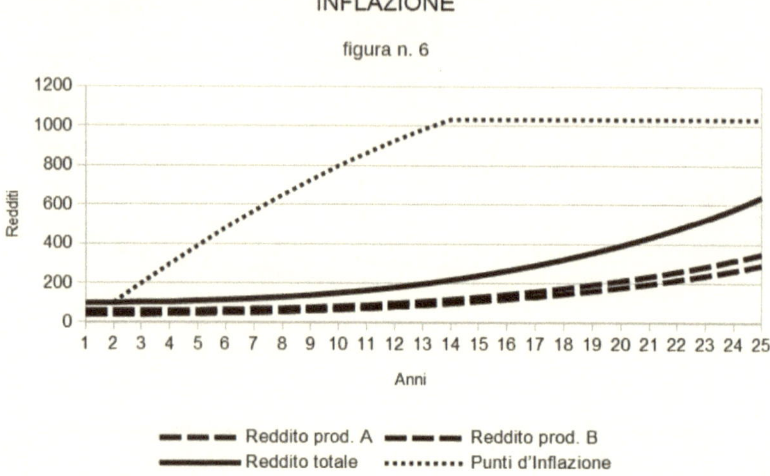

A questo punto l'inflazione è diventato un fenomeno puramente monetario senza effetti sulla redistribuzione del reddito.

Per eliminare l'inflazione può essere sufficiente bloccare il reddito monetario di uno dei due gruppi: in breve tempo anche il reddito monetario dell'altro si stabilizza (figura n.7).

INFLAZIONE

FIGURA N. 7

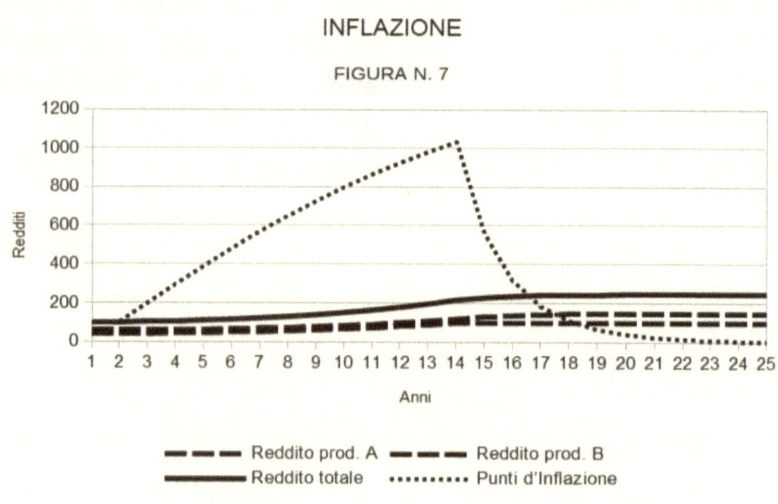

20.40.00 LA STAGFLAZIONE

La stagflazione è l'inflazione accompagnata da stagnazione economica o, addirittura, da recessione.

L'idea comune è che l'inflazione si accompagni generalmente ad una domanda abbondante e ad un momento di espansione economica.

La stagnazione economica dovrebbe invece accompagnarsi alla stabilità dei prezzi o, addirittura, alla deflazione.

Qui abbiamo invece il peggio di tutto, inflazione senza sviluppo.

Probabilmente la causa più comune della stagflazione sta nell'intervento poco opportuno dei Governi.

Ci sono situazioni in cui l'inflazione non può essere efficacemente combattuta, ad esempio nella fase iniziale in cui la spinta inflazionistica non è ancora finita e l'inflazione non si è ancora stabilizzata.

In situazioni simili, i tentativi dei Governi di combattere l'inflazione aumentando i tassi d'interesse, bloccando i salari, contingentando il credito, aumentando le tasse o diminuendo la spesa pubblica normalmente hanno scarso effetto.

Le misure prese hanno comunque effetti negativi sulla produzione e sulla domanda interna. In questo modo i prezzi continuano a salire mentre domanda, produzione e occupazione si contraggono.

Potrebbe anche verificarsi la situazione opposta.

In un momento di depressione economica lo Stato adotta delle politiche espansive che non riescono a creare sviluppo ma creano

solo inflazione.

In effetti ogni intervento pubblico, espansivo o restrittivo, ha sempre degli effetti negativi sul sistema economico.
Concretamente l'intervento pubblico altera gli equilibri che si sono formati e quindi, inevitabilmente crea dei danni.
Dall'alterazione degli equilibri dovrebbero poi essere indotte delle trasformazioni positive molto più importanti. Se l'intervento non funziona, avremo solo i danni.
È come prendere una pillola per il mal di testa. Anche se il mal di testa non te lo fa passare, il mal di stomaco te lo fa venire lo stesso.
C'è poi da considerare che normalmente vengono prima i costi e i danni e solo in un secondo tempo arrivano i benefici.
Se le politiche economiche non vengono portate a termine o vengono continuamente cambiate, si accumulano costi e danni senza raccogliere benefici.
Questo vale specialmente per l'inflazione. Se cerchiamo di combatterla con politiche incoerenti e schizofreniche, quello che otteniamo è appunto la stagflazione.

(Tesi prevalente: solitamente non viene affermata la responsabilità dello Stato nel creare situazioni di stagflazione).

Una stagflazione non dovuta all'intervento dello Stato è probabilmente dovuta ad un aumento dei prezzi non generalizzato. Questi prezzi possono riguardare beni importati il cui prezzo è controllato dai produttori o beni soggetti a monopolio o a rendita differenziale consistente e diffusa.

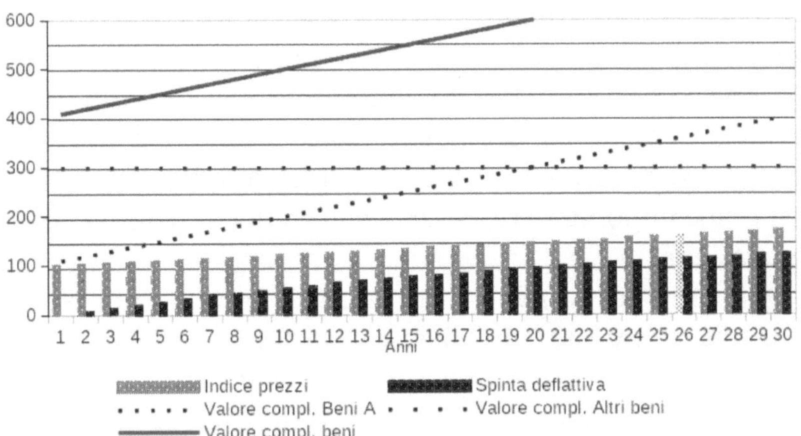

La figura n. 1 rappresenta la situazione in cui il bene, o il gruppo di beni, A aumenta di prezzo e quindi aumenta il suo valore monetario complessivo.

Il prezzo degli altri beni non aumenta come non aumenta il loro valore monetario complessivo che nel grafico è pari a 300.

Non si ipotizzano variazioni delle quantità prodotte e vendute per cui l'aumento del valore monetario complessivo di tutti beni sarà dovuto soltanto alla variazione dei prezzi.

In particolare sarà dovuto solo all'aumento dei prezzi di A in quanto i prezzi degli altri beni rimangono costanti.

Nella figura l'indice dei prezzi è rapportato a 100. Per ogni anno l'indice è ottenuto dividendo il valore monetario complessivo, beni A più tutti gli altri beni, per lo stesso valore nell'anno iniziale e moltiplicando poi per 100.

Finché il prezzo dei beni A continua ad aumentare continua anche l'inflazione.

È da notare che la produzione è sempre la stessa per cui all'aumento della ricchezza dei possessori di A corrisponderà una diminuzione della ricchezza dei possessori degli altri beni.

I prezzi dei beni del gruppo A aumentano mentre i produttori degli altri beni vedono immutato il loro redditi monetari e diminuiti i loro redditi reali, cioè depurati dall'inflazione.

I possessori di beni diversi da A non saranno più in grado di comprare la stessa quantità di beni che compravano prima.

Non è scontato che i possessori di A aumentino i loro consumi in modo da ripristinare la domanda aggregata iniziale.

In questo modo la domanda totale (domanda aggregata) risulta insufficiente a coprire l'offerta complessiva. Si forma così una componente regressiva che spinge il sistema verso la depressione.

Se vogliamo esaminare la situazione attraverso uno schema Keynesiano, i possessori di A, che vedono aumentare il loro reddito, sono percettori di rendite o monopolisti.

Generalmente hanno quindi un'alta propensione al risparmio ed una bassa propensione al consumo.

Addirittura possono risiedere all'estero, nei Paesi da cui stiamo importando, e quindi nel nostro Paese non consumano nulla.

I possessori di altri beni hanno invece una propensione al consumo media.

Se spostiamo 100 di reddito dai possessori di altri beni con propensione al consumo, ad esempio, del 90% ai possessori di A con una propensione al consumo, sempre ad esempio, del 50%, avremo un calo della domanda aggregata di 40.

Concretamente i primi possessori diminuiranno i loro consumi di 90, i secondi li aumenteranno di 50.

Il calo della domanda aggregata avrà effetti molto maggiori sul reddito d'equilibrio che diminuirà di una quantità multipla rispetto al deficit di domanda.

Un aumento della produzione dei beni diversi da A, quando possibile, potrebbe bilanciare la spinta regressiva ma non far diminuire i prezzi di A e quindi l'inflazione.

Anzi, la domanda di A tenderebbe ad aumentare e quindi anche il suo prezzo potrebbe aumentare.

Anche l'intervento dello Stato potrebbe contrastare la recessione con effetti simili.

In entrambi i casi, potrebbe essere contrastata la spinta

recessiva ma difficilmente potrebbe essere ridotta l'inflazione se non in misura molto ridotta.

L'inflazione può essere vinta soltanto dopo aver bloccato i prezzi dei beni A, il che, spesso, non è possibile.

20.50.00 LA LEGGE DI GRESHAM (LE DIMENSIONI DEL MERCATO)

La formulazione classica della legge di Greshan è: "La moneta cattiva scaccia quella buona".

Ci si attenderebbe il contrario ma la formulazione è proprio questa, è la moneta cattiva a cacciare quella buona e la moneta buona scompare dalla circolazione.

La formula ha quell'aspetto strano che la rende credibile. Se hanno detto una cosa apparentemente contraddittoria, sarà senz'altro giusta. Non mi risulta che qualcuno l'abbia mai messa in discussione.

La legge di Gresham ci dice quindi che può circolare una sola moneta.

Nel mondo ci sono però molte monete, più o meno buone, che convivono tranquillamente e questo sembra non tornare.

Il problema va quindi inquadrato più precisamente.

Concretamente non è il mercato a definire la legge di Gresham, ma è la legge di Gresham a definire il mercato.

Un mercato è un insieme di transazioni e di rapporti regolati dalla moneta per cui vale la legge di Gresham, cioè esiste e può esistere una sola moneta.

Quando non vale più la legge di Gresham vuol dire che siamo usciti da un mercato e siamo entrati in un altro mercato che può anche avere regole non del tutto identiche.

(Tesi prevalente: normalmente ci si limita a considerare la legge di Gresham una delle poche leggi economiche universalmente accettate senza legare ad essa le dimensioni del mercato).

Thomas Gresham (1519-1579) ha formalizzato un fatto probabilmente già conosciuto nell'antichità.

Generalmente le monete metalliche non sono tutte uguali.

Alcune pesano di più perché appena coniate. Altre pesano di meno perché circolano da anni e sono logorate dall'uso e spesso limate (tosate) per sottrarre metallo prezioso.

Chi deve pagare non usa le monete buone, cioè quelle che contengono più metallo prezioso perché più pesanti o di una lega migliore, quelle se le tiene e paga con le monete cattive.

Se così fan tutti, alla fine circolano solo monete vecchie, le nuove spariscono dalla circolazione.

Le monete nuove, e il metallo prezioso che contengono, diventano fondo di valore, le vecchie restano per l'uso monetario.

In questo modo finiranno per circolare solo monete cattive, quelle buone si trasformeranno in fondi di valore nelle mani di chi è tanto ricco da poter sottrarre ricchezza ai propri consumi e destinarla all'accumulo di fondi di valore.

Naturalmente non è che ci saranno solo monete completamente buone o completamente cattive, ma ci sarà tutta una graduazione dalla più buona, quella che contiene la quantità massima di metallo prezioso, giù giù fino a quella che ne contiene una quantità minima.

Se la quantità di moneta buona sottratta agli scambi è bassa, succede poco.

Se invece la quantità di moneta sottratta agli scambi comincia ad assere consistente, gli effetti sulla domanda aggregata potranno essere pesanti, non solo per il troppo risparmio sottratto ai consumi, ma anche perché la moneta dei risparmiatori avrà un valore diverso e superiore rispetto a quella dei consumatori.

Concretamente ci sta anche che chi è entrato in possesso di qualche bella moneta d'oro zecchino appena coniata se la voglia tenere senza spenderla. Se però la quantità di reddito non consumato e la moneta tesaurizzata continuano a crescere, sarà disponibile per gli scambi una quantità di moneta sempre minore e di una qualità sempre peggiore.

La moneta buona, oltre che alla tesaurizzazione, poteva essere destinata a scambi di tipo diverso come, ad esempio, scambi internazionali o scambi di particolari beni di alto valore.

Se qualcuno ha evidenziato il problema della moneta buona cacciata da quella cattiva, vuol dire che il problema esisteva ed era evidente.

La differenza non è solo tra monete vecchie e nuove, ma anche tra quelle che contengono una percentuale minore o maggiore d'oro. Quando uno Stato aveva bisogno di soldi, era una pratica diffusa quella di rifondere le monete aggiungendo metallo povero ed ottenendo una maggiore quantità di monete da spendere.

È così che spesso venivano finanziate le guerre o le spese comunque eccessive per le casse dello Stato.

Naturalmente nessuno continuava a scambiare le vecchie monete che venivano tesorizzate.

La legge di Gresham si può applicare anche a due metalli preziosi entrambi usati come moneta, ad esempio oro e argento.

Non possono infatti circolare contemporaneamente due metalli preziosi come moneta.

Ciò potrebbe essere possibile se si mantenesse un rapporto di cambio costante tra i due metalli, ad esempio un grammo d'oro uguale a dieci grammi d'argento. La moneta d'argento conterrebbe una quantità di metallo fino dieci volte superiore e sarebbe indifferente pagare con l'una o con l'altra.

Se si modifica anche di poco il rapporto di cambio tra i due metalli, il metallo contenuto nella moneta d'oro non avrà più lo stesso valore del metallo contenuto in quella d'argento che continuerà comunque a essere più pesante.

Se aumenta il valore dell'oro salendo, ad esempio, a undici grammi d'argento, nessuno pagherà più con monete d'oro che spariranno dalla circolazione.

Se il valore dell'oro diminuisce, ad esempio a 9 grammi d'argento, pagheranno tutti con monete d'oro mentre le monete d'argento che ne contengono 10 grammi sparirebbero dalla circolazione.

Quello che conta non è il valore assoluto, l'oro ha sempre avuto un valore più alto dell'argento, ma sono gli scostamenti dal rapporto di cambio ufficiale o comunque da quello consolidato nel tempo.

Siccome è concretamente impossibile che il rapporto di cambio rimanga perfettamente costante nel tempo, diventa anche impossibile che circolino due diversi metalli come moneta metallica.

Storicamente oro e argento si sono succeduti come moneta nelle varie epoche storiche finché, dopo la scoperta dell'America ed il forte afflusso d'oro che ne ha fatto diminuire il valore, l'oro ha sostituito definitivamente l'argento e le monete d'argento sono per lo più sparite dalla circolazione.

Si può andare anche oltre estendendo la validità della legge di Gresham anche alle monete non metalliche, però con qualche cautela.

Finché come moneta si usano i metalli preziosi, la moneta è il metallo e anche le varie monete nazionali non sono altro che misure di peso del metallo prezioso, spesso contraffatte.

L'aspetto strano della Legge di Gresham, forse un po' folcloristico ma suggestivo, oltre che convincerci ci distoglie anche dal farci due domande che invece dovremmo farci.

La prima domanda è cosa si intenda veramente per moneta. La seconda è da dove la moneta buona venga scacciata.

Esiste anche una terza domanda: dove va a finire la moneta

buona una volta che è stata scacciata.
Però a questa terza domanda in genere la risposta viene anche data. La moneta buona non circola più perché chi ne entra in possesso la tesorizza togliendola dalla circolazione.

La prima domanda è cosa si intenda concretamente per moneta.
Non è che tutto ciò che non circola sia moneta buona, la maggior parte di ciò che non circola non è moneta, né buona né cattiva. Moneta è ciò che effettivamente può essere utilizzato negli scambi di beni e di servizi.
La legge di Gresham ci dice che di moneta che circola concretamente ce ne può essere una sola, quindi, se due beni vengono scambiati tra loro, almeno uno dei due non sarà moneta, almeno nel luogo e nel tempo in cui è avvenuto lo scambio.
Un bene che è moneta in un certo contesto può essere venduto in un altro dove però non è moneta.
Un dollaro è certamente moneta negli Stati Uniti ma non lo possiamo utilizzare anche in Italia per andare a far spesa.
I dollari sono però venduti in Italia e chi li compra, se non li vuol tenere come riserva di valore, ha intenzione di andarli a spendere negli USA, o di comprarci merci statunitensi, o di spenderli in uno di quei mercati particolari in cui si paga in dollari come, ad esempio, quello petrolifero.
Esiste anche un mercato in cui le monete sono scambiate tra loro. Se le monete non vengono tutte scambiate direttamente tra loro ma gli scambi passano tutti attraverso un'unica moneta, quella nazionale o il dollaro, quella sarà la moneta di quel mercato.

La moneta è ormai sostanzialmente immateriale. Rispetto al passato non è solo una questione di quantità o di percentuale, è anche una questione di meccanismi.
Un tempo circolavano banconote, quelle che risparmiavo le andavo a depositare in banca mettendole quindi da parte.

Oggi i pagamenti di stipendi, pensioni, affitti e fatture avviene in modo immateriale attraverso il sistema bancario.

Le banconote le vado a prelevare al bancomat per pagarci quelle spese tanto piccole da vergognarmi a pagare con la carta di credito.

Il limite della vergogna si sta abbassando sempre più, ormai tanti pagano con la carta di credito anche la colazione al bar.

20.50.10 Le criptovalute.

Ci possiamo chiedere se una criptovaluta possa essere considerata moneta e se possa prendere il posto della moneta corrente.

La differenza tra la moneta di uno Stato, o di un gruppo di Stati, e una criptovaluta come il Bitcoin sta nelle regole che ne disciplinano l'emissione e in quello che ci sta, o non ci sta, dietro.

Per quanto riguarda le monete degli Stati, la quantità emessa è decisa dai Governi o dalle Banche centrali.

Dietro la moneta c'è quanto meno un mercato nazionale che assicura la stabilità del suo valore.

La sua stabilità è assicurata dal fatto che viene scambiata con la produzione nazionale e globalmente vale quanto tutta la produzione nazionale. Ogni unità di moneta vale quanto il P.I.L. diviso per la quantità di moneta che circola in un anno.

Nel caso della moneta nazionale, il sistema tollera livelli d'inflazione anche elevati, cioè di aumento generalizzato dei prezzi e diminuzione del valore della moneta.

Sopporta livelli molto meno elevati di deflazione, cioè diminuzione dei prezzi e aumento del valore della moneta.

Anche in caso d'inflazione elevata, la svalutazione deve poi avere un andamento abbastanza continuo e non si devono alternare momenti d'inflazione e momenti di deflazione.

Le criptovalute sono a tutti gli effetti moneta? Possono prendere il posto delle monete nazionali e circolare al loro posto?

Per la Governatrice della Banca Centrale Europea le criptovalute non sono moneta (Christine Lagarde, riportato più volte su Internet, basta digitare "lagarde criptovalute").
Christine Lagarde auspica invece l'introduzione di un euro digitale che è un'altra cosa, è semplicemente un euro che non si trasferisce passando di mano banconote ma solo per via elettronica.
Concordo con l'analisi fatta dalla Governatrice. Le criptovalute non hanno un valore abbastanza stabile per assumere una funzione sostanzialmente monetaria.
Per le monete virtuali non statali, l'emissione è regolata da un algoritmo che ne determina la quantità e l'incremento della quantità.
Almeno inizialmente non esiste un mercato di riferimento che assicuri la stabilità del loro valore. La stabilità è affidata solo all'algoritmo di emissione.

Ma quale livello di stabilità deve avere la moneta?
In genere il sistema può sopportare un livello d'inflazione anche elevato anche per lunghi periodi di tempo.
Chi ha vissuto gli anni 70, 80 e 90 del ventesimo secolo ha visto l'inflazione superare il 20% annuo e poi rimanere sostenuta per decenni.
Certamente ci sono stati problemi ma il sistema ha retto.
In caso d'inflazione la moneta riesce a svolgere la sua funzione finché viene accettata. Anche con tassi d'inflazione sostenuti la gente continua ad accettare moneta, a detenerla e poi a spenderla.
Via via che aumenta il tasso d'inflazione diventa però sempre più costoso detenere moneta perché la moneta perde sempre più valore nelle nostre mani.
Quando l'inflazione supera una certa soglia, i residenti riducono sempre più le proprie scorte monetarie affrettandosi a dare via la moneta posseduta prima che svaluti.
La moneta messa in circolazione genera allora nuova inflazione che rende ancora più costoso detenere moneta.

Superato un certo tasso d'inflazione, quello che determina una riduzione significativa delle riserve di moneta detenute, inizia un processo circolare che vede il tasso d'inflazione aumentare sempre più fino a raggiungere un livello tanto alto che la moneta non solo non è più detenuta ma non è neppure più accettata.

Ma qual è questo tasso d'inflazione che innesca una spirale inflazionistica tale da far perdere alla moneta la sua funzione? Dipende dalla solidità del sistema, dall'intervento pubblico, probabilmente anche da come l'inflazione viene misurata.

Potremmo ipotizzare un 30% annuo, percentuale abbastanza verosimile.

Il tasso di deflazione rappresenta il livello di diminuzione dei prezzi, cioè di aumento di valore della moneta.

Il tasso sostenibile dal sistema è in questo caso molto basso. La deflazione penalizza i debitori che, oltre a pagare il tasso d'interesse nominale, vedono anche aumentare il valore residuo del loro debito.

Stato, imprese e chi ha fatto un mutuo per comprarsi casa si ritrovano con un costo complessivo insostenibile.

Ma il problema vero non è neppure questo.

Il trasferimento del risparmio dai risparmiatori alle imprese per essere trasformato in investimenti, e quindi in domanda di beni di investimento, passa attraverso il meccanismo del tasso d'interesse.

Il tasso d'interesse preso in considerazione dai risparmiatori è quello nominale. Per loro la scelta è tra prestare il risparmio incassando il tasso nominale o tenerlo in forma liquida non incassando niente.

I guadagni o le perdite in conto capitale derivanti da deflazione o inflazione sono inevitabili ed estranei alla valutazione di convenienza.

In caso d'inflazione svalutano sia la moneta che i crediti espressi in moneta. In caso di deflazione si rivalutano moneta e crediti.

Per le imprese le cose stanno in modo diverso, l'impresa può decidere se investire o no e quindi se godere dei vantaggi derivati dall'inflazione o pagare di più in termini di rivalutazione del debito nel caso di deflazione.

Per le imprese il tasso di riferimento è quindi il tasso reale, cioè il tasso nominale meno quello di inflazione o più quello di deflazione.

Se il tasso nominale è del 4% annuo, con l'inflazione al 5% il costo effettivo per le imprese è del -1%, sarebbe cioè possibile in teoria finanziare anche investimenti che non rendano niente.

Con la deflazione al 5% il costo effettivo sale al 9% e rende possibili solo investimenti che rendano almeno il 10%.

Anche tassi di deflazione modesti che si sommano all'interesse nominale rischiano di interrompere il canale che trasforma il risparmio, reddito non consumato, in domanda di beni d'investimento.

Il sistema entra in crisi di sovraproduzione perché la produzione non acquistata dai consumatori non è interamente acquistata sotto forma di beni d'investimento.

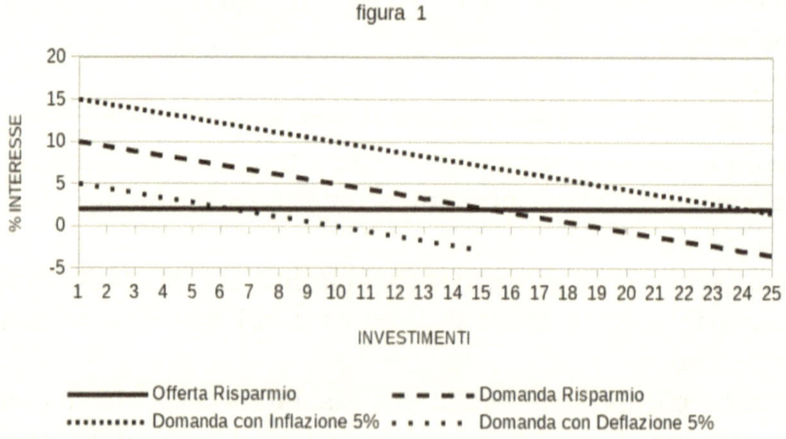

INVESTIMENTI, INFLAZIONE E DEFLAZIONE

figura 1

Nella figura n.1 il tasso d'interesse minimo a cui i risparmiatori sono disposti a prestare i loro risparmi è fissato al 2% (linea continua).

La linea tratteggiata rappresenta la quantità di risparmio che le imprese sono disposte ad acquisire al variare del tasso d'interesse.

Diminuendo il tasso, la quantità di risparmio acquisita aumenta, aumentano quindi anche gli investimenti. Nel punto di equilibrio gli investimenti sono pari a 15.

Con un tasso d'inflazione del 5% le imprese sono disposte ad offrire, per ogni quantità di risparmio acquisibile, un tasso d'interesse nominale superiore di 5 punti. Il punto di equilibrio si sposta a 24 (linea punti superiore).

Con un tasso di deflazione pari al 5% (linea punti inferiore) le imprese sono disposte a pagare un tasso nominale inferiore di 5 punti. Il punto di equilibrio si sposta a 6.

Concretamente l'inflazione incentiva la collocazione del risparmio e quindi il raggiungimento di un punto di equilibrio economico, la deflazione, invece, la disincentiva.

VALORE EURO E BITCOIN (gen 2016 giu 2021)
figura 2

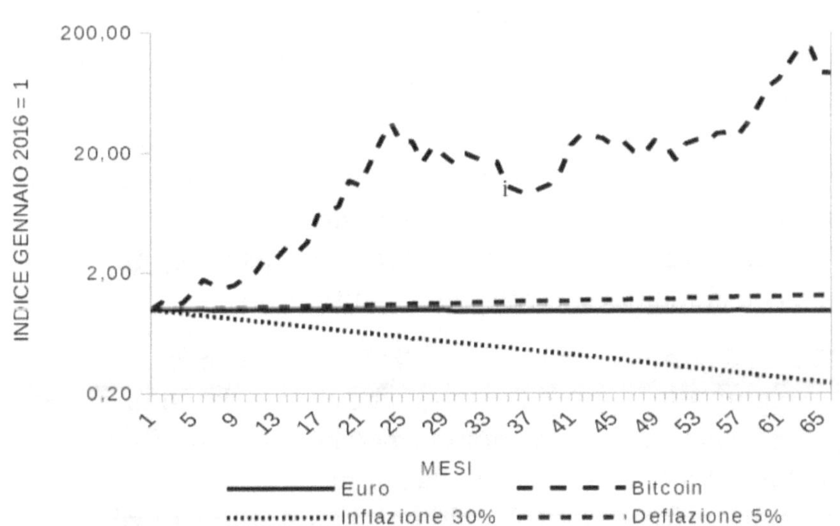

Nella figura n. 2 il tasso d'inflazione massimo ammissibile è fissato al 30% annuo, linea a punti, mentre quello massimo di deflazione al 5%, linea a tratti piccoli.

Naturalmente l'indicazione dei due tassi non deriva da un calcolo preciso su base scientifica, ma serve solo a darci un'idea del fenomeno.

Sono posti uguale a 1 i valori di gennaio 2016 e vengono rappresentati gli incrementi, o i decrementi, mensili.

I valori delle ordinate sono rappresentati su scala logaritmica in modo da poter rappresentare graficamente dati con valore assoluto molto diverso, altrimenti la rappresentazione delle curve inferiori sarebbe appiattita sull'asse delle ascisse e sarebbe illeggibile.

La zona compresa tra la curva della deflazione massima e quella dell'inflazione massima rappresenta le variazioni di valore ammissibili per la moneta.

Il valore dell'euro si trova sempre in questa zona.

L'andamento del valore dei bitcoin sta invece sempre al di sopra e l'inclinazione della curva nei vari punti è praticamente sempre maggiore in valore assoluto rispetto alle due curve di riferimento.

Ciò significa concretamente che in quel periodo il bitcoin ha avuto tassi di variazione troppo alti per essere usato come moneta.

Forse è inutile perdere tempo a cercare su Internet quali tassi di variazione del valore abbiano avuto oro e argento, certamente troppo alti per essere usati come moneta.

Ma oro e argento sono stati moneta in passato, quindi una qualche idoneità l'avranno certamente avuta.

20.50.20 Il mercato definito dalla Legge di Gresham.
Torniamo alla legge di Gresham che ci dice che in un mercato può circolare una sola moneta perché, se ce ne fossero due, quella cattiva caccerebbe quella buona.

In realtà è forse improbabile che in un mercato di monete

ce ne possano essere due. Un bene, materiale, immateriale o virtuale, può essere moneta solo se gode di una sufficiente stabilità di valore. Concretamente, però, per avere una sufficiente stabilità di valore, il bene deve essere una moneta ed avere un suo mercato di riferimento che ne stabilizzi il valore.

Il valore di una moneta è dato dalla media ponderata dei valori di tutti i beni con cui è scambiata nel mercato e questo conferisce al valore della moneta una stabilità impensabile per ogni altro bene.

La moneta può anche diminuire di valore nel tempo quando il prezzo dei singoli beni aumenta in modo generalizzato, ma sempre entro certi limiti ed in modo continuo senza salti od inversioni brusche di tendenza.

Questo perché le eventuali variazioni brusche e consistenti del prezzo di alcuni beni saranno compensate da variazioni opposte di altri e dalla stabilità di altri.

La moneta può anche aumentare di valore a causa della diminuzione di alcuni prezzi, ma in misura molto limitata per breve tempo.

È difficile concepire una moneta senza un mercato di riferimento che non sia un mercato nazionale o quello di un gruppo di Stati uniti tra loro.

Una moneta che abbia un proprio mercato di riferimento può invece diffondersi su altri mercati, magari non su altri mercati nazionali ma più verosimilmente su mercati internazionali di singoli beni.

La moneta dei due mercati, quello nazionale e quello internazionale, è la stessa e può passare da un mercato all'altro.

L'aumento o la diminuzione del prezzo dei beni scambiati sui mercati internazionali, o la variazione delle quantità scambiate, determinano una variazione della circolazione monetaria nel mercato internazionale e una variazione di segno inverso nel mercato interno di riferimento.

Anche se le autorità monetaria del Paese cercheranno costantemente di stabilizzare il valore della loro moneta, solo se il mercato interno è molto grande sarà possibile compensare le variazioni della domanda di moneta sul mercato internazionale.

Ma da dove una moneta può essere cacciata? Dal mercato interno è difficile se non succedono fatti del tutto eccezionali che rendano la moneta inaccettabile.
Anche la moneta che regola il mercato od i mercati internazionali è difficile da sostituire.
Occorrerebbe una moneta che abbia le caratteristiche per essere comunemente accettata ma che nella stesso tempo sia cattiva rispetto a quella già in circolazione, due condizioni sostanzialmente opposte e difficilmente conciliabili tra loro.
Forse l'unico sistema possibile per sostituire la moneta che circola in di un mercato internazionale è quello di destabilizzare il mercato interno di riferimento di quella moneta.
Teoricamente potrebbe esistere la possibilità di ideare una moneta indipendente dagli Stati, o almeno formalmente indipendente, che vada a sostituire quella attualmente usata negli scambi internazionali di petrolio o di materie prime.
Le regole di emissione dovrebbero essere indirizzate alla conquista dei mercati più che a realizzare plusvalenze.

In realtà è il mercato ad essere definito dalla Legge di Gresham.
Se non vale la legge di Gresham e circolano due monete, non abbiamo un mercato ma ne abbiamo due.
Le transazioni tra i due mercati passano attraverso il rapporto di scambio tra le due monete che difficilmente rispecchia il rapporto tra i poteri d'acquisto interni delle due monete nei rispettivi mercati.
La concorrenza tra le imprese dei due mercati sarà falsata.

A questo punto mi viene spontanea una domanda, una di quelle domande che subito ti sembrano assurde, ma poi, ripensandoci ti rendi conto che sono molto meno assurde di quel che sembra.
Ma gli euro che circolano in Italia, quelli che circolano in

Germania e quelli che circolano in Grecia sono proprio la stessa moneta?

30.05.00 IL PRODOTTO INTERNO LORDO (P.I.L.)

- Per prodotto si intende il valore monetario della produzione in un periodo di riferimento, normalmente un anno solare.

La moneta è quella nazionale. Per confrontare PIL di diversi Paesi, i valori del PIL possono essere convertiti tutti in una stessa moneta, normalmente in dollari. Chiaramente il confronto risente del tasso di cambio applicato.

- Interno significa prodotto all'interno dello Stato, anche se prodotto da cittadini di altri Stati o da imprese con sede in altri stati.

Non è invece compreso il valore di quanto viene prodotto all'estero da cittadini dello Stato o da imprese con sede nello Stato.

Il prodotto interno rappresenta la produzione del sistema economico e ciò che nel sistema deve essere scambiato. Sostanzialmente rappresenta anche quanto può essere sottoposto a tassazione.

Sul piano economico non ha importanza se chi ha prodotto all'interno dello Stato abbia una cittadinanza estera. Non ha neppure importanza quanto cittadini o imprese nazionali siano andate a produrre all'estero.

- La differenza tra prodotto lordo e prodotto netto è pari al consumo (ammortamento) degli impianti durante il periodo di riferimento.

La vera ricchezza prodotta non è rappresentata dal prodotto lordo ma da quello netto.

Gli impianti produttivi hanno una durata, poi vanno sostituiti. Il loro consumo annuo rappresenta un costo come quello delle materie impiegate e andrebbe detratto dal valore della produzione.

Si considera la produzione lorda, e non quella netta, perché rappresenta concretamente quanto viene prodotto nel sistema economico e quanto deve essere anche venduto

Anche i beni prodotti per sostituire gli impianti usurati nella produzione sono comunque prodotti e, se non sono venduti a qualcuno, rimangono invenduti e creano uno squilibrio tra offerta e domanda aggregate.

Sostanzialmente è la produzione lorda quella che deve corrispondere alla domanda aggregata per avere equilibrio economico.

Anche l'occupazione dipende dalla produzione lorda e non da quella netta.

Il ogni caso il P.I.L. non corrisponde alla ricchezza prodotta dal Sistema ma la sopravaluta. Il prodotto corrispondente al valore effettivo della produzione è quello netto.

Per produrre si utilizzano beni e servizi intermedi che al termine della produzione non esistono più. Non sono quindi più disponibili.

Se produciamo del grano, con il grano facciamo della farina e con la farina facciamo il pane, alla fine avremo solo il pane.

Grano e farina saranno stati consumati nella produzione.

In modo analogo, per valutare il P.I.L. dobbiamo considerare solamente i prodotti finali, quelli disponibili alla fine del ciclo produttivo, e non quelli intermedi utilizzati per la produzione e non più disponibili.

In realtà molti beni possono essere utilizzati indifferentemente come beni intermedi o come beni finali.

Uno pneumatico, se viene venduto a me per sostituirlo sulla mia autovettura, è un bene finale. Se viene venduto ad una fabbrica di automobili, è un bene intermedio che si incorpora nel prezzo dell'automobile.

Sostanzialmente non è né facile né sicuro distinguere i beni finali, che entrano nel P.I.L., dai beni intermedi che non entrano nel P.I.L..

un metodo che può essere utilizzato per superare questa difficoltà è quello del valore aggiunto.

Per ogni impresa, o gruppo di imprese, si calcola la differenza tra il valore dei beni o dei servizi prodotti e il valore di quelli acquistati ed utilizzati per la produzione. Questa differenza è detta valore aggiunto.

Sommando tutti i valori aggiunti di tutte le imprese, si ottiene il valore totale della produzione.

Sostanzialmente non dobbiamo più chiederci se una produzione o un bene siano intermedie o finali.

Se viene venduto ai consumatori finali avremmo solo gli incrementi di valore fin qui ottenuti. Se viene venduto ad un'impresa per ulteriori lavorazioni o livelli di commercializzazione, avremmo nuovi incrementi di valore da sommare a quelli fin qui ottenuti.

30.05.10 Il Deflatore implicito del P.I.L.

Il P.I.L. che viene concretamente rilevato è quello monetario.

Il P.I.L. reale, espresso in beni e non in moneta, (reale da res = cosa, bene, oggetto), concretamente non esiste perché non si possono sommare beni diversi ma solo il loro valore monetario.

Quei valori che chiamiamo reali, P.I.L. reale, reddito reale, consumi reali ecc., sono soltanto dei valori monetari divisi o moltiplicati per un indice dei prezzi in modo da poterli confrontare con valori relativi ad anni o periodi diversi.

Se misuriamo il P.I.L. di due periodi diversi, ci aspettiamo che il secondo sia superiore al primo. Di solito è così ma non sempre.

L'aumento, misurato in moneta, è dovuto in parte alla svalutazione della moneta, che possiamo misurare, e in parte all'aumento del P.I.L. reale, che non è direttamente misurabile.

Concettualmente i passaggi per determinare l'aumento del P.I.L. reale sono questi.

- Si rileva il P.I.L. monetario nei due periodi.

- Si corregge il P.I.L. monetario di uno dei due periodi attraverso un indice di variazione dei prezzi. Ad esempio si divide il secondo valore per l'indice in modo da rendere i due valori omogenei.

Un indice dei prezzi serve a depurare i valori monetari dall'inflazione e per questo viene anche detto deflatore.

- Si confrontano i valori dei due periodi, quello originale di un periodo con quello rettificato dell'altro.

L'aumento percentuale del valore dei due P.I.L., uno originale e l'altro rettificato, indica il tasso d'incremento della produzione. Nel caso di un valore del secondo periodo inferiore a quello del primo, il sistema si trova in recessione.

La correttezza della valutazione finale sull'andamento del P.I.L. non dipende soltanto dalla corretta rilevazione del prodotto monetario, dipende anche dal valore dell'indice dei prezzi utilizzato.

Se nel primo periodo il valore monetario del P.I.L. è pari a 1.000 e nel secondo è pari a 1.100, l'aumento del prodotto espresso in termini monetari è del 10%.

Se però c'è stato un'inflazione del 5% il tasso d'incremento reale è inferiore. Il valore del P.I.L. monetario del secondo depurato dall'inflazione è pari a 1.100/1,05=1.047,62. L'incremento calcolato del prodotto reale è quindi del 4,762%. Con un tasso del 8% abbiamo 1.100/1,08=1.018,52, con un incremento del 1,852%.

Con un tasso d'inflazione calcolato oltre il 10% il sistema risulta in recessione.

Sostanzialmente un errore di stima del tasso d'inflazione altera in senso inverso la stima della variazione del prodotto reale.

In periodi di scarso aumento della produzione, in cui si discute sugli zero virgola qualcosa, ragionamenti fatti su di una stima di un tasso di sviluppo dello 0,1, 0,2% rischiano di non avere un gran significato.

L'indice utilizzato per deflazionare i valori monetari di ogni anno rispetto all'anno precedente deve essere un indice dei prezzi dei beni prodotti e non di quelli consumati.

Se i beni importati hanno un peso considerevole sui consumi, un loro aumento di prezzo fa aumentare l'indice dei prezzi al consumo anche se il prezzo dei beni di produzione nazionale, che compongono il P.I.L., è rimasto immutato.

In questo modo, se rettifichiamo il P.I.L. degli anni a seguire, lo sottovalutiamo. Concretamente attribuiamo ai beni prodotti un amento di prezzo che non hanno avuto.

Questo effetto è particolarmente pesante se la tipologia di beni importati è diversa da quella dei beni prodotti. Ad esempio se le importazioni riguardano materie prime e fonti energetiche.

Al contrario, se il prezzo dei beni importati non aumenta o aumenta meno di quello dei beni nazionali, il livello d'inflazione per i beni che compongono il P.I.L. sarà sottovalutato ed il P.I.L. reale sarà sopravalutato.

Per rendere comparabili i P.I.L. di anni diversi non si può quindi utilizzare un deflatore dei prezzi al consumo, ma occorre utilizzare un deflatore apposito (Deflatore implicito del P.I.L.) che stima la variazione di prezzo dei beni e servizi prodotti, sia consumati all'interno che esportati, e non tiene conto della variazione di prezzo dei beni e servizi importati.

30.10.00 I PARAMETRI DEL SISTEMA

Attraverso la produzione, ogni sistema economico ottiene una certa quantità di reddito.

Il reddito prodotto viene in gran parte destinato ai consumi mentre una parte minore viene risparmiata.

Ogni sistema ha poi una propria composizione della domanda, ripartita tra consumi privati e pubblici, investimenti e fondi di valore improduttivi.

Dalla proporzione tra consumi e risparmio e dalla composizione della domanda derivano le possibilità di evoluzione del sistema permettendone o meno lo sviluppo.

Questi parametri dipendono principalmente dal livello medio di ricchezza del sistema economico e nel tempo possono modificarsi in modo da creare nuove opportunità di sviluppo o, al contrario, in modo da diminuire o distruggere le opportunità esistenti.

Le variazioni sono indotte dall'aumento o dalla diminuzione del reddito medio, dalla distribuzione del reddito, dal cambiamento delle abitudini, dall'attività promozionale delle imprese e dall'intervento pubblico.

In sistemi poveri la ricchezza prodotta viene destinata quasi esclusivamente all'acquisto dei beni di consumo necessari per la sopravvivenza.

Poche persone dispongono di eccedenze di reddito da

destinare all'acquisto di beni produttivi o di fondi di valore.

Chiaramente la mancanza di eccedenze da investire nella produzione determina un perpetuarsi dello stato di povertà del sistema.

La condizione di "equilibrio di povertà" è analizzata in modo molto chiaro e facilmente accessibile in J K Galbraith "La natura della povertà di massa."

L'aumento del reddito determina un aumento più che proporzionale della formazione di eccedenze di ricchezza sottraibili ai consumi.

Ciò viene solitamente spiegato sulla base del fatto che via via che si diventa più ricchi i nostri bisogni più intensi sono sempre più soddisfatti. Restano da soddisfare solo bisogni sempre meno importanti a cui possiamo rinunciare sempre più facilmente.

In questo modo abbiamo la possibilità di risparmiare quote sempre maggiori del nostro reddito facendo sacrifici sempre meno intensi.

30.10.10 La propensione al risparmio e il reddito medio.

Prescindendo dalle spiegazioni teoriche, fa parte della nostra esperienza la constatazione che chi è più ricco può risparmiare in misura consistente e investire in capitale e in beni di valore.

Solo nei Paesi già ricchi si possono formare le eccedenze di ricchezza necessarie per avere investimenti consistenti ed uno sviluppo economico duraturo.

Sappiamo inoltre che per questo motivo la differenza tra il reddito dei Paesi ricchi e quello dei Paesi poveri tende normalmente a crescere.

I Paesi ricchi hanno risorse da investire in nuovi impianti e tecnologie mentre quelli poveri continuano a produrre sempre con gli stessi sistemi arcaici.

La destinazione delle eccedenze a capitale oppure a fondi di valore improduttivi dipende dalle persone, o dalle classi sociali, destinatarie delle eccedenze.

Si ritiene normalmente che le cose siano profondamente cambiate dopo la Rivoluzione francese, con la Rivoluzione industriale e con l'avvento al potere della classe capitalista.

La disponibilità delle eccedenze è passata dai nobili ai capitalisti. Questo ha posto fine alla pessima abitudine di non destinare le eccedenze alla produzione ma al lusso di una nobiltà improduttiva.

L'abitudine non migliore di spendere in armamenti sembra che sia invece rimasta. Anche molti Paesi poveri continuano ad investirci risorse che vanno ben oltre le eccedenze.

Questa teoria ha certamente una base di verità ma non spiega certamente tutto.

Puntualmente, la storia ci può riproporre i vecchi problemi che ritenevamo superati. È sempre possibile tornare ad una progressiva futura concentrazione del reddito nelle mani di soggetti scarsamente propensi all'investimento e più inclini al lusso.

La ripartizione delle eccedenze tra capitale e fondi improduttivi è determinata dal tasso di rendimento del capitale.

E' opinione largamente prevalente, anche se non unanime, quella secondo cui chi investe in beni capitale vuol avere una resa economica dal proprio investimento.

In mancanza di un rendimento adeguato il risparmiatore si tiene le proprie eccedenze di ricchezza in forma monetaria o compra beni belli e di valore o, comunque, utilizza in altro modo la propria ricchezza.

Un'opinione in parte diversa è stata espressa da **Luigi Einaudi**.

Per lui *"Migliaia, milioni di individui lavorano, producono e risparmiano nonostante tutto quello che noi possiamo inventare per molestarli, incepparli, scoraggiarli. È la vocazione naturale che li spinge; non soltanto la sete di guadagno. Il gusto, l'orgoglio di vedere la propria azienda prosperare, acquistare credito, ispirare fiducia a clientele sempre più vaste, ampliare gli impianti, costituiscono una molla di progresso altrettanto potente che il guadagno. Se così non fosse, non si spiegherebbe come ci siano imprenditori che nella propria azienda prodigano tutte le loro energie ed investono tutti i loro capitali per ritirare spesso utili di gran lunga più modesti di quelli che potrebbero sicuramente e comodamente ottenere con altri impieghi."* (da "Dedica all'impresa dei Fratelli Guerrino di Dogliani ", 1960).

Se pensiamo che il capitale sia sempre e di per se stesso produttivo di un guadagno, facciamo lo stesso errore che faceva Pinocchio quando credeva che seminando zecchini d'oro spuntassero piante di zecchini e si moltiplicassero.

In una situazione di abbondanza di beni capitale non è detto che questi beni procurino un rientro superiore al loro costo di produzione.

Se consideriamo il capitale in forma monetaria, cioè una somma di denaro liquido da dare in prestito o da utilizzare direttamente per essere investito nella produzione, non è detto che alla fine ci ritroveremo con una somma maggiore di quella di partenza.

A parte la possibilità di perdite per l'insolvenza del debitore o di cattivo andamento del nostro investimento, il tasso di rendimento può benissimo essere negativo.

Può anche essere positivo ma inferiore al tasso d'inflazione, così il rendimento reale dell'investimento, cioè depurato dagli effetti dell'inflazione, può comunque essere negativo.

Se quello che chiamiamo capitale è costituito da beni produttivi riproducibili e non ci sono situazioni di controllo del mercato, non c'è motivo per pagare il capitale più di quanto sia costato produrlo.

Se per produrre una macchina occorrono 1.000 ore di lavoro, per il suo utilizzo posso pretendere solo l'equivalente di 1.000 ore di lavoro, altrimenti chi ha bisogno della macchina se la costruisce o se la compra da un'altra parte.

Oltretutto, in presenza di un progresso tecnologico consistente e di un conseguente aumento della produttività del lavoro, i nuovi beni capitale saranno prodotti con un costo inferiore o con un rendimento superiore rispetto a quelli già esistenti.

È probabile che il tasso di rendimento del capitale sia molto alto in una fase iniziale dello sviluppo industriale, quando il capitale è ancora scarso e concentrato nelle mani di pochi.

Quando però il capitale comincia ad essere abbondante il suo rendimento ed il suo prezzo tendono a normalizzarsi.

Normalmente capitale e beni capitale non sono beni naturali limitati, la loro produzione può benissimo salire fino a diventare anche eccessiva.

30.10.20 La propensione al risparmio e la distribuzione del reddito.

Oltre al livello medio del reddito, un altro fattore che determina la formazione della domanda e la formazione di eccedenze è la sua distribuzione.

In un Paese molto povero, se il reddito è distribuito in modo uniforme, sarà interamente consumato e non si formeranno eccedenze.

Se nello stesso Paese una parte del reddito è concentrata nelle mani di poche persone, i pochi ricchi hanno la possibilità di non utilizzare tutto il reddito per i consumi e possono quindi formarsi delle eccedenze di ricchezza da destinare all'accumulazione di capitale o alla produzione di fondi di valore improduttivi.

In generale, data una certa distribuzione del reddito, trasferendo reddito dai più ricchi, che lo consumerebbero in parte minore, ai più poveri, che lo consumerebbero in parte maggiore o completamente, i consumi aumentano e diminuisce il risparmio.

Trasferendo reddito dai poveri ai ricchi aumenta invece la formazione di eccedenze e diminuiscono i consumi.

30.10.30 La propensione al risparmio e la dimensione del bilancio pubblico.

Anche le dimensioni del bilancio pubblico hanno un effetto sulla formazione del risparmio.

Se una frazione maggiore del reddito viene gestita direttamente dallo Stato si ha lo stesso effetto di una redistribuzione del reddito a favore dei più poveri.

Lo Stato riscuote le somme sotto forma di tributi e in genere le spende completamente.

Consumando tutto il reddito di cui dispone, lo Stato si comporta come il più povero dei soggetti. Aumentando la parte di prodotto interno lordo gestita dallo Stato, aumentano quindi i consumi e diminuisce la formazione di eccedenze.

In pratica le eccedenze di reddito rispetto ai consumi si formano solo nella porzione di sistema economico lasciato alla gestione dei privati. Nella parte di sistema economico gestita dallo Stato non si formano eccedenze.

Aumentando le dimensioni del settore pubblico, e diminuendo quelle del settore privato, si forma quindi meno risparmio ed aumenta la domanda aggregata.

Lo Stato può anche intervenire più pesantemente sulla struttura della domanda con spese "in deficit di bilancio", cioè facendo debiti oltre gli importi riscossi tramite i tributi.

Per far ciò vende "titoli del debito pubblico" a chi dispone di eccedenze sottratte ai consumi. Col ricavato sostiene poi spese sostanzialmente di consumo.

In questo modo trasforma domanda di fondi di valore (titoli del debito pubblico) in domanda di beni di consumo.

30.10.40 La propensione al risparmio e le abitudini di consumo.

L'ultimo fattore che determina nel tempo le variazioni nella composizione della domanda è costituito dalla modifica delle abitudini di consumo della popolazione.

A seguito del progressivo aumento del livello medio di ricchezza, ci si abitua a comprare beni che un tempo non si compravano, a comprarne in maggiore quantità o di una qualità presunta migliore.

La modifica delle abitudini può essere spontanea, infatti, aumentando il reddito, ci si abitua ad un più alto tenore di vita.

Si dice comunemente che mentre è difficile passare dalla ricchezza alla povertà, abituarsi alla ricchezza è estremamente facile.

La modifica può anche derivare dalla nascita di nuovi prodotti che prima non esistevano, come l'automobile, la televisione o il telefono cellulare, e che sono gradualmente entrati a far parte dei consumi di tutte le famiglie incrementandoli.

L'incremento dei consumi può anche essere dovuto alla pubblicità o, più in generale, agli sforzi compiuti dalle imprese per vendere i propri prodotti.

L'intervento pubblico e la modifica delle abitudini di consumo dei privati possono essere complementari nel mantenere alto il livello della domanda nonostante l'aumento progressivo della ricchezza.

In assenza di questi interventi, l'aumento del reddito medio tenderebbe a far diminuire la cosiddetta "propensione media al consumo", cioè la percentuale di reddito mediamente destinata ai consumi.

In realtà l'intervento pubblico e la modifica delle abitudini al consumo possono essere anche alternative dando origine a due diversi schemi estremi di sviluppo. Il primo caratterizzato da un forte intervento pubblico, l'altro dal più sfrenato consumismo privato.

La scelta tra le due strade è politica, anche se i rischi che comportano sono economici e concreti.

La via dell'intervento pubblico contiene un secondo rischio oltre a quello ovvio della sopravvalutazione dei bisogni collettivi rispetto a quelli privati.

Infatti l'intervento pubblico a sostegno della domanda di beni di consumo può impedire che il settore privato modifichi autonomamente le proprie abitudini di consumo e le adeguai solo parzialmente alle mutate condizioni di reddito.

In questo modo, se un eccessivo livello di intervento pubblico dura a lungo, ci si ritrova dopo anni con una struttura della domanda arcaica, buona anni o decenni prima, con una propensione al consumo decisamente inadeguata e, probabilmente, anche con inadeguate strutture distributive e di finanziamento del credito al consumo.

Anche in un'economia di mercato, non socialista, quando l'intervento pubblico diventa strutturale, diventa cioè necessario per il normale funzionamento del sistema economico, cessa di essere uno strumento ulteriormente utilizzabile in caso di vera necessità.

Risulta infatti difficile aumentare ancora in modo consistente una dose di intervento di mantenimento già più che sostanziosa e che già crea problemi.

La seconda via, quella basata sull'intervento spontaneo delle imprese, comporta il rischio di una sopravvalutazione dei consumi privati spinti dalla pubblicità, anche dei più futili, a scapito dei bisogni più essenziali.

Questa problematica è stata già approfondita alla fine degli anni cinquanta da J. K. Galbraith in "La società opulenta".

30.20.00 LA LEGGE DI SAY (LEGGE DEGLI SBOCCHI)

La formulazione della legge di Say è sostanzialmente questa. Ogni produzione genera un reddito che, nel momento in cui viene speso, si traduce in una domanda dello stesso importo. Se quindi il valore della domanda di ogni singolo operatore è uguale alla sua offerta, la domanda aggregata, cioè la somma di tutte le domande individuali, sarà sempre uguale all'offerta aggregata, cioè alla somma di tutte le offerte individuali.

In un libero mercato, chi produce e vende il bene prodotto ottiene un reddito col quale può comprare una quantità di beni dello stesso valore monetario. Naturalmente il reddito prodotto da un'impresa si ripartisce tra tutti quei soggetti che hanno partecipato alla produzione: imprenditore, dipendenti, finanziatori ed eventualmente titolari di rendite. Naturalmente sia la domanda sia l'offerta possono essere costituite da beni di consumo e da beni d'investimento.
La domanda in termini monetari, intesa come capacità concreta di acquistare, deriva dal reddito acquisito vendendo la produzione, la domanda di ogni singolo operatore non può superare il valore di quanto ha offerto e venduto.
A livello aggregato la somma delle domande non può superare la somma delle offerte, cioè il valore della produzione.

Il passaggio successivo, quello per cui la somma delle domande individuali generate dalla produzione, oltre a non poter essere superiore alla produzione, non può neppure essere inferiore ed è quindi uguale, non è altrettanto ovvio. Implica che tutti quelli che ottengono un reddito lo spendano sempre tutto per acquistare beni di consumo o beni d'investimento.

Se la legge di Say è verificata, il valore della domanda aggregata è uguale a quello dell'offerta aggregata. Non possono quindi esistere squilibri a livello aggregato.

Possono invece esistere squilibri di carattere strutturale. In questo caso la domanda di uno o più beni può essere superiore alla produzione mentre quella di altri sarà inferiore.

Per risolvere le crisi strutturali, sarà sufficiente non fare niente. Attraverso i meccanismi del libero mercato, le risorse si sposteranno dalla produzione dei beni prodotti in eccedenza a quella dei beni scarsi.

In una società preindustriale, la domanda è composta quasi esclusivamente da domanda di beni di consumo.

Con lo sviluppo economico, una componente sempre maggiore della domanda è costituita da domanda di beni d'investimento come macchinari e impianti.

La domanda di beni d'investimento è a tutti gli effetti domanda di beni che qualcuno ha prodotto. Né più né meno che la domanda di beni di consumo.

In un sistema economico agricolo e poco sviluppato dove si produce quasi esclusivamente per il consumo, se si produce di più si consuma di più, se si produce di meno si consuma di meno, molto spesso si mangia di meno.

Però la collocazione della produzione non è ancora un problema e tutto ciò che viene prodotto viene anche consumato.

Ci può anche essere una quota consistente della produzione che non va nelle mani dei lavoratori, che la consumerebbero direttamente, ma finisce nelle mani di nobili, clero e soggetti in genere che detengono il potere. Però le eccedenze rispetto ai propri consumi diretti di cui queste classi sociali si appropriano servono a pagare servi, costruttori ed artisti e si trasformano quindi in consumi diretti di questi ultimi soggetti.

La ricchezza eventualmente utilizzata per acquistare terreni o beni preesistenti si risolve in un trasferimento di potere d'acquisto da chi compra a chi vende senza effetti sull'ammontare complessivo della domanda.

La possibilità di tesoreggiare la ricchezza sotto forma d'oro o argento o altro bene ritenuto prezioso sarà anche limitata dalla scarsa disponibilità di tali beni.

30.20.10 La Legge di Say. La critica ottocentesca.

Fino alla grande crisi del 1929 le voci di dissenso verso l'ortodossia economica rappresentata dalla legge degli sbocchi sono state rare.

Le più importanti sono probabilmente state quella di Thomas Robert Malthus (1766 - 1834) e quella di Karl Marx (1818 – 1886).

Malthus riteneva possibile l'esistenza di squilibri a livello aggregato e non solo strutturale.

Secondo Malthus l'eccedenza d'offerta poteva essere compensata attraverso le spese improduttive dei più ricchi per il mantenimento di di servi, artisti, insegnanti, soldati e burocrati.

In questo modo si poteva assicurare una domanda adeguata alla produzione.

Probabilmente neppure ai suoi tempi la sua soluzione poteva essere definita progressista.

Malthus si poneva il problema dell'insufficienza della domanda aggregata. Questo significa che già ai suoi tempi esisteva già il problema dell'equilibrio complessivo del sistema economico.

L'altra posizione ottocentesca critica rispetto all'esistenza di un costante equilibrio tra domanda ed offerta aggregate è stata quella di Karl Marx.

Secondo Marx, il modo di produzione capitalista contiene una contraddizione che porta inevitabilmente a far divergere i valori aggregati di domanda ed offerta.

Lo sviluppo capitalista determina un forte aumento della produzione ma nello stesso tempo determina anche la concentrazione della ricchezza nelle mani di un numero sempre minore di soggetti.

In questo modo la produzione che aumenta continuamente non può essere acquistata né dalla maggioranza di poveri, che continua ad avere un basso livello di reddito ed a comprare la stessa quantità di cose che comprava prima, né dai pochi ricchi, sempre meno numerosi, che essendo pochi compreranno anche poco.

Marx credeva che si sarebbero verificate crisi di sovrapproduzione sempre più ampie e devastanti che avrebbero alla fine travolto il sistema economico capitalista, cioè l'economia basata sul libero mercato.

Partendo dalla realtà di allora l'analisi era anche giusta, la grande crisi nel 1929 è effettivamente arrivata e avrebbe anche potuto distruggere il sistema.

Marx ha però sottovalutato le capacità di adattamento e trasformazione del sistema.

La capacità di sopravvivenza del sistema capitalista si è fortificata attraverso la diminuzione dell'orario di lavoro, l'aumento del livello dei salari, il ricorso massiccio delle imprese alla pubblicità ed alla promozione dei prodotti e, soprattutto, attraverso l'intervento sempre più consistente dello Stato a sostegno della domanda e della produzione.

30.20.20 La legge di Say. La critica Keynesiana.

La qualità più importante per un economista è la capacità di arrendesi di fronte all'evidenza.

A seguito della grande crisi del "29, occorreva trovare una spiegazione al fatto che la sovraproduzione in realtà c'era nonostante la fede nel fatto che la domanda aggregata fosse sempre pari all'offerta aggregata.

Durante la crisi, la domanda effettiva era sensibilmente inferiore all'offerta e molte imprese non riuscendo a vendere fallivano.

Il processo non si arrestava da solo. La disoccupazione aumentava e il meccanismo di crescita economica si invertiva portando il sistema verso l'implosione.

Dapprima la spiegazione e la soluzione che furono trovate furono le stesse di sempre.

In base alla legge di Say, il totale della domanda aggregata è sempre uguale al totale dell'offerta aggregata, può essere diversa solo la sua composizione.

Il problema sta solo nel fatto che si produce una certa quantità di beni che la gente non vuol comprare invece di quelli che desidera.

In questo modo ciò che è prodotto ma non richiesto rimane invenduto e ciò che è richiesto ma non prodotto, non esistendo, non può essere venduto.

La domanda aggregata sarà però sempre uguale all'offerta aggregata e si potranno avere solo squilibri settoriali che il sistema sarà in grado di risolvere autonomamente.

In questo modo la crisi si risolverà da sola, basterà aspettare che attraverso il meccanismo dei prezzi il mercato sposti le risorse dalla produzione dei beni prodotti in abbondanza, il cui prezzo sarà diminuito, a quella dei beni prodotti in quantità insufficiente, il cui prezzo sarà aumentato.

Basta che lo Stato non intervenga e permetta al libero mercato di trovare da solo un nuovo equilibrio ad un livello di produzione più basso da cui ripartire.

Intendiamoci, anche lo squilibrio strutturale genererà recessione e disoccupazione, ma in una quantità gestibile dal sistema e per un tempo limitato.

La grande crisi del 1929 fu inizialmente affrontata in questo modo, cioè aspettando che passasse da sola come un raffreddore. Economisti famosi sostenevano la necessità di questo tipo di non intervento. La resa di fronte all'evidenza stentò ad arrivare.

Attualmente questa tesi non viene più espressa esplicitamente.

Implicitamente continua a circolare ed è sostanzialmente implicita in quasi tutto ciò che dicono gli esperti che vediamo in televisione.

L'analisi critica di John Maynard Keynes (1883 - 1946) è arrivata in un momento in cui la realtà era ormai diventata evidente.

Dopo aver aspettato troppo a lungo che la crisi si risolvesse da sola attraverso i naturali meccanismi del mercato, era ormai chiaro che da sola non si sarebbe assolutamente risolta. Quanto meno non si sarebbe risolta in tempo per salvare il sistema economico dalla catastrofe.

La critica keynesiana viene condotta su diversi piani.

Innanzitutto, partendo da una crisi di sovrapproduzione non è poi così facile diminuire la produzione fino ad arrivare ad un punto di equilibrio da cui ripartire. Magari si arriva anche ad un punto di equilibrio, ma a livelli di produzione e di occupazione tanto bassi da provocare l'implosione sistema.

Se la produzione è pari a 100 e la domanda è pari a 90, non basta diminuire la produzione da 100 a 90 per trovare un punto di equilibrio.

Quando la produzione sarà scesa da 100 a 90, anche il reddito sarà sceso a 90.

Se la popolazione continua a spendere il 90% del reddito, la domanda scenderà al 90% di 90, cioè a 81.

In questo modo si formerà un nuovo squilibrio pari a 9 che determinerà un nuovo calo della produzione.

Il processo andrà avanti per lungo tempo, con cali di domanda e produzione sempre minori ma cumulativi.

Un punto di equilibrio sarà raggiunto solo quando l'eccedenza iniziale di risparmio, cioè la differenza iniziale tra produzione e consumi, sarà compensata da una pari contrazione nella formazione di risparmio.

Il calo cumulativo di produzione ed occupazione non saranno sostenibili.

Non riuscendo il mercato a risolvere lo squilibrio, può intervenire lo Stato spendendo in deficit di bilancio. In questo modo farà aumentare la domanda aggregata insufficiente utilizzando la propria domanda.

Il meccanismo è simile ma inverso rispetto a quello che ha generato la crisi.

Anche l'effetto espansivo della spesa pubblica non si esaurisce in un pari aumento della produzione e del reddito.

Quelli che hanno percepito il maggior reddito aumenteranno a loro volta la propria domanda.

Il meccanismo si esaurirà quando la maggior domanda pubblica sarà compensata da un pari aumento del risparmio.

Da queste considerazioni possiamo trarre due conclusioni.

La prima è che squilibri anche lievi determinano effetti multipli mentre squilibri consistenti sono fatali per il sistema lasciato a se stesso.

La seconda è che il punto di equilibrio tra domanda ed offerta aggregate può variare e può anche essere variato dallo Stato.

Se può variare, questo significa che ci possono essere più punti di equilibrio e uno solo di questi può coincidere col punto di piena occupazione.

Significa anche che, se siamo poveri e ci troviamo in una situazione di equilibrio, restiamo poveri.

Secondo Say, o almeno secondo la versione tramandata della sua legge, chi riceve un reddito in cambio di ciò che ha prodotto, può consumarlo, dando origine a domanda di beni di consumo. In parte può anche risparmiarlo dando origine a domanda di beni d'investimento.

Risparmiatori ed investitori non sono, però, le stesse persone e il risparmio, per essere speso, deve essere trasferito dai risparmiatori agli investitori.

Il trasferimento funziona attraverso il meccanismo del tasso d'interesse che sostanzialmente è il prezzo per l'uso del risparmio.

Come accade per un bene scarso, anche per l'uso del risparmio gli investitori pagano un prezzo che aumenta quando si forma meno risparmio di quello richiesto.

Come accade per un bene troppo abbondante, il prezzo invece diminuisce quando se ne forma troppo.

È improbabile che i risparmiatori decidano di risparmiare di più se il tasso d'interesse sale e di meno se il tasso scende, questa tesi, un tempo sostenuta, è ormai abbandonata in favore del concetto keynesiano di "propensione al risparmio" intesa come rapporto costante nel breve periodo tra risparmio e reddito.

Generalmente la propensione al risparmio non viene considerata sostanzialmente sensibile al tasso d'interesse.

Solo per avere un riferimento numerico, possiamo pensare a dei valori della propensione al risparmio compresi tra 0 e 20% circa.

La propensione al consumo, cioè la restante parte del reddito che viene utilizzata per l'acquisto di beni di consumo, varierà quindi tra il 100% e l'80%.

È invece probabile che la domanda di risparmio da parte delle imprese sia sensibile al tasso d'interesse.

Per le imprese l'interesse è un costo da detrarre dai loro utili calcolati al lordo degli interessi stessi.

Con un tasso d'interesse del 10% le imprese sono disposte a fare tutti quegli investimenti che rendono più del 10% al lordo degli interessi, cioè quelli che rendono l'11% ed oltre.

Se il tasso d'interesse scende al 9 diventeranno convenienti anche gli investimenti che rendono il 10, se scende al 2 anche quelli che rendono il 3, il 4, il 5, il 6, il 7, l'8 e il 9. Più il tasso d'interesse scende, più gli investimenti finanziabili salgono e sale la richiesta di risparmio da parte delle imprese.

Per non cadere in sovrapproduzione, occorre trasferire tutto il risparmio che si è formato dai risparmiatori alle imprese che lo trasformeranno in domanda di beni d'investimento.

Il risparmio non è altro che la differenza tra produzione e

consumi, cioè rappresenta la merce che non è stata venduta ai consumatori e che quindi deve essere venduta a qualcun altro, concretamente alle imprese come beni d'investimento.

Il risparmio dovrà quindi essere ceduto tutto dai risparmiatori alle imprese per poter acquistare tutti quei beni che non sono stati consumati.

30.20.30 La trappola della liquidità.

Via via che la ricchezza del sistema economico aumenta, aumenta anche la propensione al risparmio perché chi è più ricco può risparmiare di più. A livello individuale ci possono essere casi di soggetti particolarmente tirchi o prodighi, ma tali casi estremi si compensano tra loro.

In questo modo il risparmio complessivo cresce più rapidamente del reddito complessivo.

Al contrario il capitale diventa sempre più abbondante e probabilmente meno produttivo. Per collocare tutto il risparmio che si sta formando, bisognerà ricorrere a investimenti sempre meno redditizi che pagano interessi sempre più bassi.

Nella figura 1 sull'asse delle ascisse sono indicati gli anni, in quello delle ordinate la produzione (PIL) che cresce con un andamento costante. La curva punteggiata rappresenta la formazione del risparmio che cresce più rapidamente del PIL a causa dell'aumento della propensione al risparmio.

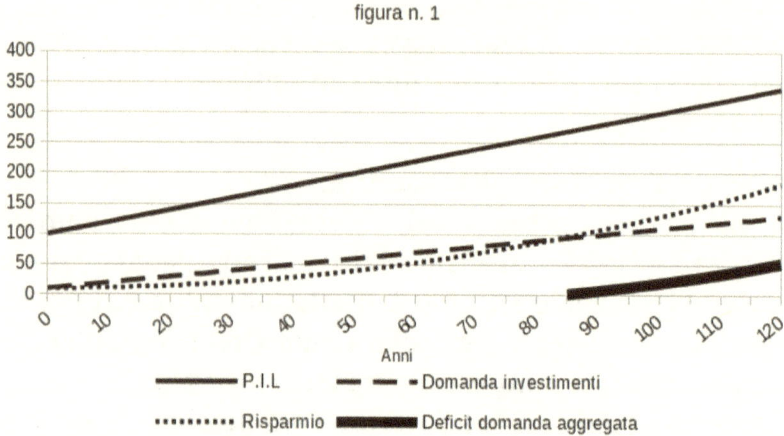

La curva tratteggiata (Domanda investimenti) rappresenta un valore che va spiegato con una certa precisione.

Esiste un valore minimo del tasso d'interesse sotto il quale i risparmiatori preferiscono tenersi il loro risparmio in forma liquida, immediatamente e direttamente utilizzabile, piuttosto che prestarlo. Mettiamo che tale tasso d'interesse sia del 2%.

La linea tratteggiata rappresenta quanto risparmio può essere collocato al 2%. All'inizio, quando il risparmio è scarso e i consumi sono abbondanti, al 2% potrebbe essere collocato molto più risparmio di quello esistente.

Concretamente non si può trasferire più risparmio di quello esistente. Potrà quindi essere impiegata solo una parte del risparmio richiesto dalle imprese ad un tasso anche molto superiore al 2%.

Col passare degli anni, diminuisce il divario tra risparmio collocabile al tasso minimo e risparmio esistente, il tasso d'interesse deve quindi progressivamente diminuire.

Arrivati all'anno 87 è possibile collocare tutto il risparmio ma solo al tasso minimo del 2%. Da quel momento in poi non è più possibile collocare tutto il risparmio e il sistema non riesce più a gestire tutta la produzione.

Questa situazione coincide con quella che Keynes ha chiamato "trappola della liquidità". Il nuovo risparmio che viene a formarsi rimane in forma liquida nelle mani dei risparmiatori e non dà più origine a domanda di beni d'investimento.

L'analisi keynesiana si limita a fotografare una situazione complessiva: la crisi nasce perché la propensione al risparmio e il risparmio che si forma sono eccessivi rispetto alla concreta possibilità d'investimento.

Concretamente la produzione crea sbocchi insufficienti in termini di somma di domanda di beni di consumo più beni di investimento.

L'aumento progressivo del reddito fa aumentare più che proporzionalmente i risparmi e quindi i consumi diminuiscono in termini di percentuale sul reddito.

La diminuzione dei consumi farà diminuire anche gli investimenti per il semplice fatto che si produce per vendere, quindi, se si vende di meno, si produce anche di meno e per produrre di meno si investe di meno.

La domanda aggregata è destinata a diminuire rispetto alla produzione perché diminuiscono entrambe le sue componenti: domanda di beni di consumo e domanda di beni d'investimento. La crisi è quindi destinata prima o poi ad arrivare.

Le differenze rispetto all'analisi marxiana sono sostanzialmente due.

La prima è che non si analizzano i motivi di questa tendenza ma si prende così com'è, come un dato di fatto.

La seconda è che Keynes ritiene che il sistema economico, concretamente il sistema capitalista, possa essere salvato e che a salvarlo debba essere lo Stato.

La teoria keynesiana abbandona la "Teoria degli sbocchi" e ammette la concreta possibilità che possa esistere sovraproduzione a livello aggregato.

Se è proprio il totale della domanda ad essere inferiore al totale dell'offerta non c'è nessuna redistribuzione o razionalizzazione possibile che possa ripristinare l'equilibrio.

Keynes ha dimostrato che si forma un nuovo punto d'equilibrio solo attraverso una diminuzione del livello di produzione e di reddito 4, 5 o 6 volte maggiore rispetto allo squilibrio iniziale, cioè pari allo squilibrio moltiplicato per il "moltiplicatore", cioè quel numero che rappresenta il rapporto tra reddito e propensione al risparmio.

Una diminuzione della produzione e dell'occupazione di questo livello sarà insostenibile per il sistema.

Inoltre il nuovo punto di equilibrio sarà un punto di equilibrio a tutti gli effetti e non c'è motivo di credere che da lì si possa ripartire.

Keynes propone quindi un intervento pubblico per ricostituire attraverso la domanda pubblica quegli sbocchi per la produzione che non ci sono più.

In realtà la situazione può andare avanti anche per lungo tempo perché molte produzioni, prese ad una ad una, i loro sbocchi possono anche trovarli.

Almeno inizialmente la situazione di crisi può anche essere limitata ad alcuni settori e non essere generalizzata. Volendo utilizzare un termine diventato di moda, la resilienza di imprese, gruppi sociali o singole persone è spesso superiore a quanto ci si possa aspettare.

30.20.40 Le condizioni di applicabilità della Legge di Say.

Facciamo un passo indietro e torniamo alla Legge di Say.

Il più delle volte le leggi economiche sono valide in un certo contesto, quando cambia il contesto non sono più vere, o lo sono solo parzialmente.

Nel momento in cui è stata formulata, la Legge di Say era probabilmente vera, se non in tutto almeno in gran parte. Ora non è più così.

Invece che una legge economica di carattere generale, possiamo considerare la legge di Say come la condizione necessaria per il funzionamento autonomo di un mercato, senza correttivi od interventi esterni. È la condizione in cui le diverse produzioni creano tutte i loro sbocchi.

Al di fuori di questa condizione, il mercato non può funzionare autonomamente ma solo grazie ad interventi esterni o, come si dice normalmente in economia, esogeni. Normalmente attraverso l'intervento dello Stato.

Se consideriamo l'idea che abbiamo del mercato come un modello del sistema economico, il modello di concorrenza perfetta rimane pienamente valido finché risulta applicabile la legge di Say. Una volta che il mercato non riesce più a trovare da solo i propri sbocchi tende a implodere. (Tesi prevalente: questo aspetto non viene normalmente considerato. Si sostiene semplicemente il superamento della Teoria degli sbocchi da parte di Keynes e della Scuola keynesiana. Come precursori ottocenteschi della critica keynesiana si citano Marx o Malthus a seconda dell'orientamento ideologico di chi scrive).

È passato molto tempo da quando Keynes ha scritto la sua Teoria generale e sono successe tante cose.

A forza di interventi a sostegno della domanda, *spesso a forza di interventi di altro tipo passati per interventi a sostegno della domanda,* gli Stati hanno accumulato un debito pubblico enorme che concretamente non potrà mai essere restituito.

Da questo punto di vista, non cambia molto se il debito pubblico ha raggiunto l'80% del PIL o il 200%. La possibilità concreta di restituirlo non esiste più né in un caso né nell'altro se non attraverso un processo inflazionistico lungo e sostenuto.

(Tesi prevalente: si sostiene normalmente che gli interventi fatti dagli Stati siano effettivamente di ispirazione keynesiana e siano fatti al fine di sostenere domanda e sviluppo economico.

Si sostiene anche l'importanza in assoluto del livello dell'indebitamento pubblico).

Concretamente l'esigenza di continuare ad espandere il debito pubblico deriva da due diverse esigenze, quella di garantire una quantità sufficiente di servizi e di trasferimenti pubblici e quella di alimentare la domanda aggregata troppo bassa per assicurare una condizione di equilibrio economico.

Chiaramente non è che le due esigenze non siano legate tra loro. È probabile che sia il bisogno sempre maggiore di servizi sociali, sia la scarsa domanda aggregata operino congiuntamente nella stessa direzione.

Entrambi i problemi possono derivare da una distribuzione del reddito inadeguata, caratterizzata da un'eccessiva concentrazione.

Inizialmente la regola per cui aumentando il reddito medio all'interno di una società aumenta anche la propensione al risparmio è certamente vera.

Via via che fasce di residenti escono dal puro livello di sopravvivenza possono concretamente iniziare a risparmiare, quindi la loro propensione al risparmio e la propensione media del sistema crescono certamente.

In un secondo momento, però, la gente si abitua ai maggiori consumi e la propensione media al risparmio non continua a crescere indefinitamente, anzi, ad un certo punto è probabile che inizi a calare quando la gente comincia ad abituarsi ai nuovi consumi.

Se questo non succede e la propensione al risparmio continua comunque a crescere occorre verificare che il problema non sia quello di una sempre maggiore concentrazione del reddito. In questo caso chi sarebbe disposto ad ampliare i propri consumi non ha la possibilità di spendere. (Tesi prevalente: normalmente non si insiste sul fatto che l'insufficiente propensione al consumo possa derivare da una inadeguata distribuzione del reddito).

A livello aggregato il risparmio che si forma può essere troppo anche perché il rendimento degli investimenti è basso e la domanda di beni d'investimento è ugualmente bassa.

Si forma troppo risparmio perché la distribuzione del reddito non è adeguata, perché il reddito è troppo concentrato nelle mani di chi non lo spende ed è troppo poco disponibile per chi invece lo spenderebbe.

Può anche esistere un problema di mancato adeguamento delle abitudini al nuovo assetto economico. Via via che il livello medio di reddito medio aumenta, i residenti dovrebbero aumentare i loro consumi, sia quantitativamente, sia qualitativamente.

Il problema può risiedere anche nelle reti distributive, nell'organizzazione pubblicitaria o nel credito al consumo.

Anche se la propensione al risparmio non aumenta, anche se addirittura diminuisce, si possono creare mancati sbocchi in termini di formazione di domanda di beni di consumo e d'investimento in singoli settori, per singole imprese o particolari situazioni.

I mancati sbocchi non possono essere compensati da maggiori sbocchi in altri settori, quelli in cui tutta la produzione origina un'uguale quantità di domanda. Chiaramente, in quei settori la formazione di domanda è completa, è già del 100% suo limite massimo, e non può aumentare.

A livello aggregato può quindi formarsi una domanda insufficiente a coprire l'offerta.

La quantità di risparmio, pari alla differenza tra reddito e consumi, risulta superiore a quella che può essere trasformata in domanda di beni d'investimento.

Possono anche formarsi sacche di risparmio comunque non trasformabili in domanda. Possono anche succedere entrambe la cose.

Il primo caso di creazione di sbocchi insufficienti è quello di imprese che operano con economie di scala consistenti, che cioè possono aumentare produzione e ricavi senza aumentare i costi in proporzione e, crescendo, possono far propri gran parte dei ricavi aggiuntivi.

Non è un caso che le persone che hanno accumulato patrimoni enormi negli ultimi decenni abbiano operato in settori caratterizzati da enormi economie di scala come software, servizi Internet, vendite on line.

Aumentando la produzione, il reddito non verrà più distribuito a fornitori e dipendenti che lo spenderebbero per vivere, ma rimarrà nelle mani di uno o pochi soggetti che non avranno alcun bisogno di spenderlo.

Un caso simile è quello di chi vende un servizio di tipo personale ad una quantità enorme di persone come cantanti, attori e sportivi.

Anche in questo caso somme sempre più consistenti finiscono nelle mani di un numero ridotto di soggetti. Questo anche a causa della globalizzazione che rende sempre più grande il numero degli acquirenti dei loro servizi.

Non c'è motivo di credere che questi soggetti consumino o investano tutti i propri guadagni.

Una situazione oggi molto diffusa, per cui si origina una produzione che non crea sbocchi adeguati, è quella in cui si importa merce ad un prezzo bassissimo. Si rivende poi la merce ad un prezzo enormemente superiore con un marchio particolare o attraverso un particolare sistema distributivo.

Se l'impresa A produce il filato, l'impresa B lo compra per fare tessuto, l'impresa C compra il tessuto per fare camicie e l'impresa D le vende, i dipendenti e i proprietari di A, B, C e D ottengono un reddito che consumano per vivere.

Se io importo camicie a 5 euro e le rivendo a 100, mi intasco 95 euro che non devo spendere per vivere.

Anche un tempo si importava la lana o il cotone per arrivare al prodotto finito ma non è questa la cosa importante, l'importante è che mentre un tempo la differenza tra il prezzo finale ed il costo di quanto importato veniva ripartita lungo tutta una filiera produttiva, oggi resta nelle mani di un unico soggetto.

Anche l'esistenza di soggetti che producono e vendono in uno Stato ma poi evidenziano i loro utili in un altro, fa si che non si formi uno sbocco in termini di domanda pari all'ammontare degli utili.

C'è inoltre da considerare che anche in caso di evasione fiscale, se le tasse le evade uno che sta a Trento, a Bologna o a Bari, i soldi delle tasse non pagate li spende comunque all'interno del sistema. Se le evade una società con sede in un paradiso fiscale non si forma alcuna domanda interna.

L'intervento dello Stato impedisce al sistema di implodere ma gli permette anche di gestire le sue contraddizioni che così vengono mantenute.

In particolare, si finanzia il mantenimento di una concentrazione del reddito troppo alta rispetto a quanto il sistema economico sarebbe in grado di sostenere. Se gli squilibri vengono gestiti dallo Stato, è probabile che si conservino e si sommino.

Senza l'intervento dello Stato, la legge di Say non sarebbe soddisfatta e il sistema economico non sarebbe più in grado di sostenersi. L'intervento pubblico diventa strutturale ed il sistema ritrova l'equilibrio solo nell'insieme di pubblico e privato.

L'ammontare degli squilibri da gestire determina il livello di incremento del debito pubblico necessario per compensarli.

Se non si riducono gli squilibri in termini di insufficiente creazione di sbocchi alla produzione, è impossibile ridurre l'incremento del debito pubblico senza determinare la crisi del sistema.

In realtà il sistema può reggere per un certo tempo anche con una progressiva diminuzione del deficit pubblico.

L'insufficienza di sbocchi alla produzione colpirà settori più o meno ampi della produzione e quelli che non producono sbocchi adeguati saranno probabilmente colpiti meno degli altri.

Infatti tali settori producono scarsa domanda perché concentrano una parte consistente del reddito prodotto nelle mani di uno o pochi soggetti. Il calo della domanda può quindi essere assorbito diminuendo temporaneamente l'alto reddito di questi soggetti.

Concretamente è possibile che il contenimento del deficit di bilancio, invece di far diminuire gli squilibri, li mantenga o li incrementi in quanto vengono probabilmente selezionate le imprese che producono i minori sbocchi in termini di domanda. (Tesi prevalente: generalmente non si considerano gli interventi pubblici a sostegno della domanda aggregata come elementi di conservazione rispetto alla distribuzione del reddito. Forse non ci si pone neppure il problema).

Una parte degli squilibri tra offerta aggregata e domanda aggregata può essere eliminata autonomamente dal mercato attraverso la pubblicità e la modifica delle abitudini di vita e di consumo.

Questo riesce in genere a limitare la necessità di intervento statale. Per alcuni sistemi economici riesce quasi ad eliminarla, per altri riesce solo a ridurla. Questo finché non succedono fatti eccezionali che fanno precipitare la situazione e rendono necessari interventi massicci.

Un rischio normalmente sottovalutato dell'aumento progressivo dell'intervento pubblico è quello dell'involuzione verso un sistema corporativo in cui lo Stato regola tutto, sostiene i costi e decide chi deve lavorare e chi no. Solo i profitti restano privati e lo Stato decide chi può realizzarli.

(Tesi prevalente: lo Stato deve regolare il mercato al fine di preservare la libera concorrenza).

Se il deficit di bilancio diventa cronico, se cioè ogni anno lo Stato deve fare nuovi debiti per sostenere la domanda aggregata, il debito totale dello Stato cresce continuamente fino a raggiungere livelli difficilmente sostenibili.

La situazione può essere mitigata da due fattori.

Il primo è l'inflazione, che svaluta il debito pubblico pregresso.

Il secondo e l'abbondanza di risparmio che si forma nel settore privato a causa dei bassi consumi e che contiene i tassi d'interesse.

Ad ogni modo il debito pubblico continua ad aumentare ed aumentano quindi gli interessi che lo Stato deve pagare.

Gli interessi pagati costituiscono un'ulteriore spesa per lo Stato che va finanziata con nuovi debiti.

Questa spesa non creerà però nuova domanda, andrà nelle tasche dei risparmiatori che possiedono titoli del debito pubblico e si trasformerà in gran parte in ulteriore risparmio.

A questo punto il deficit complessivo di bilancio sarà composto dal deficit primario, cioè dall'eccedenza della spesa pubblica rispetto alle entrate pubbliche, aumentato poi a causa del pagamento degli interessi.

Naturalmente è solo il deficit primario a creare domanda, il pagamento d'interessi va per lo più ad alimentare la formazione di risparmio.

Via via che gli interessi da pagare aumentano, diventa sempre più difficile mantenere lo stesso deficit primario e non diminuirlo. Bisognerebbe incrementare ogni anno il deficit complessivo di un importo pari al deficit primario aumentato degli interessi pagati.

Questo renderebbe sempre più difficile collocare il debito pubblico sul mercato e solo a tassi d'interesse sempre più alti.

Inoltre ci possono essere accordi o trattati internazionali che pongono un limite al deficit di bilancio, generalmente a quello complessivo e non a quello primario.

L'aumento della componente interessi nel deficit complessivo obbliga il Governo a diminuire il deficit primario e quindi fa diminuire la creazione di domanda aggregata da parte dello Stato.

Quando il deficit deriverà esclusivamente dal pagamento degli interessi, ogni effetto positivo dell'intervento pubblico sulla domanda aggregata sarà finito.

Si potrà anche andare oltre, con una spesa per interessi addirittura superiore al deficit, pagando gli interessi, oltre che col deficit, anche con l'avanzo primario.

A questo punto l'intervento pubblico, invece di avere un effetto espansivo sulla domanda aggregata, la farà diminuire. La produzione perderà di nuovo la capacità di creare i propri sbocchi.

Oltre che con le tasse e col debito pubblico, gli Stati si sono sempre finanziati con l'emissione di moneta. Chi stampa una banconota da 100 euro e la mette in circolazione spendendola ha guadagnato 100 euro, questo sia se l'abbia stampata lo Stato, un banchiere o un falsario.

In passato non era possibile espandere più di tanto la quantità di moneta in circolazione. Usando come moneta i metalli preziosi più che abbassare la percentuale d'oro o d'argento contenuta nelle monete coniate non si poteva fare.

Con l'uso delle banconote convertibili è diventato possibile aumentare la base monetaria diminuendo la percentuale di riserva obbligatoria ma, anche in questo caso, più di tanto non poteva essere diminuita senza compromettere la stabilità del sistema.

In tempo di guerra o di rivoluzione gli Stati hanno stampavano comunque moneta in quantità enorme per finanziare le spese militari. Finita la guerra, occorreva però ripristinare i vecchi rapporti.

La quantità di banconote non convertibili, o di analoghi strumenti di pagamento, può invece essere aumentata teoricamente all'infinito.

Resta però un problema, o un limite: aumentandone la quantità di moneta ne diminuisce il valore, cioè si genera inflazione.

La quantità di moneta che si può emettere senza creare enormi problemi rimane quindi limitata.

30.20.50 Il Quantitative Easing.

Nel momento in cui si raggiunge la "trappola della liquidità", il risparmio che si forma non si trasforma più in domanda di beni d'investimento ma rimane in forma monetaria nelle tasche dei risparmiatori. Crea quindi una domanda di moneta come fondo di valore.

La quantità di reddito che non si trasforma più in domanda aggregata è pari alla nuova richiesta di moneta da impiegare come riserva.

Se il deficit di bilancio è già utilizzato per coprire gli interessi sul debito pubblico, o se comunque non può essere ulteriormente aumentato, occorre una diversa soluzione.

Direttamente, o indirettamente attraverso la Banca Centrale, lo Stato può emettere un'uguale quantità di moneta e spenderla per incrementare la domanda aggregata fino al livello di equilibrio (Quantitative Easing). La maggior moneta messa in circolazione sarà assorbita dai risparmiatori che hanno deciso di detenere il nuovo risparmio in forma monetaria.

Tutto è di nuovo in equilibrio, domanda privata di beni di consumo e d'investimento, domanda pubblica preesistente e domanda pubblica derivante dalla spesa della moneta emessa creano sbocchi pari alla produzione.

Nel mercato dei beni circola la stessa quantità di moneta di prima, quella immessa dallo Stato fa pari con quella sottratta dai risparmiatori e tesorizzata come fondo di valore.

In questo modo non si crea né inflazione né deflazione. Nel mercato della moneta come fondo di valore, l'aumento di domanda da parte dei risparmiatori è pari alla quantità della nuova moneta emessa.

Abbiamo sostituito il debito pubblico non più concretamente rimborsabile con la moneta non concretamente spendibile.

La possibilità di proseguire così per un tempo indefinito non appare convincente.

Si crea una quantità enorme di moneta formalmente spendibile che si può riversare da qualsiasi parte.

Il mercato è sostanzialmente drogato, si sono probabilmente confusi i contorni tra domanda pubblica e privata e la domanda complessiva segue logiche contorte.

Concretamente a far precipitare le cose può essere un nuovo aumento del tasso d'interesse che fa esplodere il costo dell'indebitamento pubblico.

30.30.00 IL SISTEMA FISCALE

In tutte le società e in tutti i sistemi economici, esiste un nucleo centrale di beni pubblici puri che il mercato non è in grado di gestire: ordine pubblico, giustizia, difesa nazionale ed un minimo di opere pubbliche.

Questi beni sono indispensabili per la convivenza ma per essi non si forma una domanda privata adeguata, non c'è sostanzialmente un modo di farli pagare spontaneamente alla popolazione.

La loro produzione diventa quindi compito dello Stato.

La loro produzione va finanziata e per finanziarla lo Stato impone dei prelievi obbligatori di ricchezza.

Con lo sviluppo economico e sociale la quantità di beni prodotta o finanziata dallo Stato aumenta per due diversi motivi.

Si ritiene che lo Stato debba garantire una quantità sempre maggiore di servizi anche a chi non ha la possibilità economica di acquistarli nel mercato. Ad esempio scuola e sanità.

Si ritiene che il sistema economico in generale o alcuni settori non siano in grado di funzionare da soli. Deve quindi intervenire il finanziamento pubblico.

In questi casi i costi per lo Stato aumentano considerevolmente ed anche il prelievo forzato deve aumentare in proporzione.

Per sistema fiscale si può intendere solamente l'insieme dei prelievi che lo Stato attua oppure l'insieme di prelievi e spese pubbliche.

In un sistema fiscale è presente un insieme più o meno grande di tributi diversi che, tutti insieme, determinano la parte della propria ricchezza che il cittadino, o più spesso il residente, deve consegnare allo Stato per finanziare i bisogni comuni.

Anche i criteri con cui si ripartiscono i tributi necessari possono essere molto vari e, ogni Popolo, in ogni epoca, può avere preferenze diverse.

Quello che distingue lo Stato in cui vogliamo vivere da quello in cui non vorremmo vivere non è l'esistenza di questa o quell'imposta o di questa o quella spesa pubblica. La differenza vera consiste invece nella comprensione e nell'accettazione da parte dei cittadini della logica e delle relazioni che legano prelievo e spesa.

Qualsiasi tributo può essere accettabile, così come pure ogni spesa, se tutti noi sentiamo come nostre le ragioni che li hanno determinati.

Quando non sentiamo più queste ragioni, o semplicemente non riusciamo più a comprenderle, lo Stato diventa soltanto un'entità che ci è nemica e che ci sfrutta.

Il concetto viene comunemente espresso con la frase "Nessuna tassazione senza rappresentanza" (No taxation without representation) che risale ai tempi della Rivoluzione americana.

Se la logica dell'intervento statale diventa confusa ed irrazionale, può addirittura succedere che tutti si sentano sfruttati in quanto ognuno si rende soltanto pienamente conto di ciò che gli è chiesto e sottovaluta ciò che gli è dato.

Il prelievo fiscale può attuarsi in base a due criteri diversi, quello proporzionale e quello progressivo. Teoricamente esiste anche un terzo criterio, detto capitario, per cui tutti pagano lo stesso importo indipendentemente dal reddito di ognuno. Tale criterio non è concretamente applicabile in un sistema economico sviluppato.

Con un sistema fiscale proporzionale tutti pagano una stessa percentuale d'imposta rispetto al reddito. Chi guadagna il doppio paga il doppio, chi guadagna dieci volte di più paga dieci volte di più.

In un sistema fiscale progressivo, invece, la differenza fra quanto pagano i più poveri e quanto pagano i più ricchi è maggiore.

Crescendo il reddito, il prelievo fiscale cresce più che in proporzione, con un reddito doppio non si paga il doppio, ma più del doppio.

All'articolo 53 la Costituzione della Repubblica Italiana fissa come unico criterio valido quello progressivo. Naturalmente quello che deve essere progressivo è il sistema fiscale nel suo complesso comprensivo di tutti i tributi e di tutte le spese, non la struttura di ogni singola imposta.

In particolare, il fatto che ci sia un'imposta progressiva sul reddito non è sufficiente per rendere progressivo tutto il sistema che potrebbe non esserlo affatto per l'esistenza di altre imposte con diverse caratteristiche.

Occorre poi che il sistema sia progressivo per tutti e non solo per alcune categorie.

Se, ad esempio, è fortemente progressivo per i lavoratori dipendenti, magari più numerosi, e proporzionale per i lavoratori autonomi, possiamo anche dire che il sistema fiscale sia complessivamente progressivo, ma non che il principio costituzionale sia soddisfatto.

La scelta tra sistema proporzionale e progressivo può essere dettata da considerazioni di carattere politico e sociale.

Se riteniamo prevalente il principio del merito personale, possiamo decidere che tutti debbano dare la stessa parte del proprio reddito non penalizzando chi ha un reddito maggiore in modo da non scoraggiarlo dal lavorare. In questo modo ognuno sarà incoraggiato a produrre di più nell'interesse di tutti.

Se invece riteniamo prevalente quello della solidarietà,

possiamo credere che i ricchi debbano dare molto di più, anche in percentuale, perché per loro il sacrificio legato al prelievo fiscale è minore. Per il povero pagare anche cifre modeste può costituire un grosso sacrificio.

Anche la parabola evangelica dell'obolo della povera vedova va in questa direzione.

"E sedutosi di fronte al tesoro, osservava come la folla gettava monete nel tesoro. E tanti ricchi ne gettavano molte. Ma venuta una povera vedova vi gettò due spiccioli , cioè un quattrino. Allora, chiamati a sé i discepoli, disse loro: "In verità vi dico: questa vedova ha gettato nel tesoro più di tutti gli altri . Poiché tutti hanno dato del loro superfluo, essa invece, nella sua povertà, vi ha messo tutto quello che aveva, tutto quanto aveva per vivere". Marco 12, 38-44."

E` probabile che passando da una società a basso reddito, con pochi ricchi che costituiscono la classe dirigente, ad una società ad alto reddito, in cui la maggior parte dei cittadini vive in condizioni relativamente agiate, entrambe le tesi finiscano per perdere parte della loro importanza e dell'interesse dei loro sostenitori.

Da un lato, quelli che non devono essere dissuasi dal produrre e dal darsi da fare finiscono per non essere più i pochi ricchi ma una fascia molto consistente della popolazione. La fascia della popolazione che non ha più il problema della sopravvivenza e può concretamente scegliere se lavorare di più o lavorare di meno diventa sempre più larga.

Dall'altra parte, quando il livello medio di reddito comincia ad essere alto, se si escludono gli emarginati dal benessere che pure esistono, anche i relativamente poveri godono di un discreto tenore di vita e per pagare i tributi non devono rinunciare a consumi essenziali. La loro condizione è quindi più simile a quella dei ricchi di una volta che a quella dei poveri di una volta, viene a mancare l'aspetto odioso di una loro tassazione.

Le differenze tra un sistema fiscale proporzionale ed

uno progressivo hanno ripercussioni molto pesanti sulla formazione di eccedenze di reddito, cioè sulla variabile più importante e delicata del sistema economico.

In un sistema economico la formazione di eccedenze è determinata principalmente dal livello medio di reddito raggiunto.

A bassi livelli di reddito non si risparmia o si risparmia troppo poco in quanto tutta la ricchezza serve per sopravvivere, o, comunque, per bisogni essenziali.

A livelli di reddito via via più alti il risparmio cresce più che proporzionalmente fino a diventare eccessivo.

In effetti, mentre il problema della scarsità del risparmio è caratteristico dei Paesi poveri, quello della troppa abbondanza è caratteristico dei Paesi ricchi.

Generalmente i poveri spendono quasi tutto il loro reddito, hanno, cioè, una forte propensione al consumo.

I ricchi ne risparmiano una parte consistente, hanno, cioè, una forte propensione al risparmio.

Non è quindi indifferente spostare la pressione fiscale dai poveri ai ricchi o viceversa. Tassando i poveri si comprimono i consumi, tassando i ricchi si comprime il risparmio.

30.30.10 Il sistema fiscale proporzionale.

Un sistema fiscale proporzionale è in grado di dare un gettito piuttosto ridotto. In assenza di cospicue entrate extra fiscali, ad esempio royalties petrolifere, può risultare insufficiente per coprire le spese pubbliche di un moderno sistema economico.

In effetti la percentuale d'imposta deve essere fissata ad un livello tale da poter essere pagata anche dal contribuente più povero mentre tutti gli altri pagano meno di quanto potrebbero pagare. Praticamente i contribuenti più poveri pagano più o meno la stessa percentuale di tasse nei due sistemi. Quelli più ricchi col sistema progressivo pagano di più mentre col proporzionale continuano a pagare la stessa percentuale.

Col sistema proporzionale oltre che dal reddito globale e

medio, il gettito fiscale dipende dall'aliquota fiscale applicata.

Tale aliquota risulta in pratica più elevata quanto più elevata è la fascia di reddito minimo non imponibile, cioè esentata dal pagamento dell'imposta.

Se l'imposta viene fatta pagare anche a chi ha un livello di reddito molto basso, dovrà essere necessariamente utilizzata una percentuale molto ridotta, altrimenti i contribuenti più poveri non potranno di fatto pagare.

Se invece si esentano i redditi più bassi, si potrà applicare ai primi contribuenti, già relativamente ricchi, una percentuale d'imposta abbastanza alta.

L'imposizione proporzionale non incide in particolar modo sui contribuenti più ricchi, dotati di una maggior propensione al risparmio, e permette quindi una maggiore formazione di eccedenze e quindi di capitale.

Finché reddito medio, minimo imponibile, aliquota e gettito rimangono bassi, il sistema fiscale tende sostanzialmente a penalizzare i consumi privati, soprattutto delle classi meno abbienti, e li sostituisce con consumi di beni pubblici puri finanziati attraverso il prelievo, (difesa nazionale, ordine pubblico, giustizia ed un minimo di opere pubbliche).

E' infatti probabile che, finché prelievo fiscale e spesa pubblica sono relativamente bassi, lo Stato si limiti a sostenere solo le spese essenziali.

Gli effetti sull'ammontare complessivo della domanda aggregata saranno minimi perché la domanda pubblica andrà a sostituire la minor domanda privata.

E` pur vero che l'imposta pagata dai ricchi andrà ad incidere sulla formazione di risparmio, ma, finché i ricchi saranno pochi e le aliquote basse, l'effetto sarà limitato.

Anche l'influenza dell'attività finanziaria sui meccanismi del settore privato sarà in genere limitata.

La domanda pubblica sarà sostanzialmente indirizzata verso certi beni (pubblici) venduti in un mercato separato da quello dei beni privati.

Il prelievo, anche a causa delle sue limitate dimensioni, sarà difficilmente distorsivo nei confronti della composizione della domanda privata e, comunque, lo Stato potrà facilmente limitare al minimo le distorsioni.

Il settore privato potrà quindi pienamente funzionare in base ai meccanismi di mercato, anzi, l'esistenza dello Stato e la garanzia di un ordine interno ed esterno saranno i presupposti per un corretto funzionamento del mercato privato.

La figura 1 mostra l'andamento di un'imposta sul reddito proporzionale (**flat tax**).

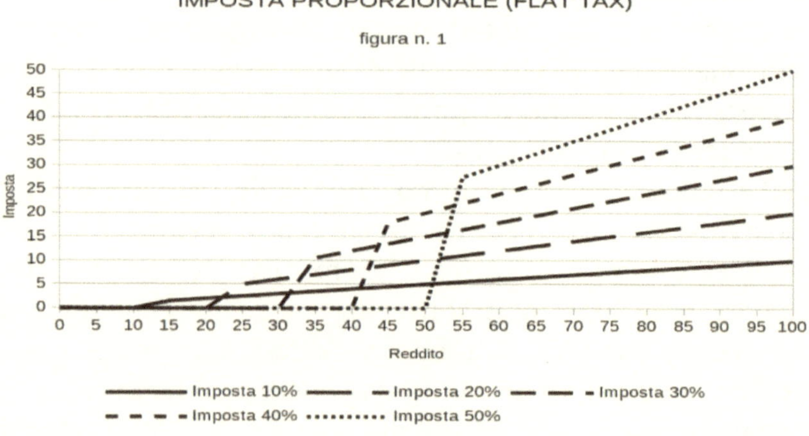

Se vogliamo far pagare la stessa percentuale d'imposta (aliquota) a tutti, anche a soggetti con reddito basso, dobbiamo far pagare una percentuale d'imposta molto bassa che dà origine ad un gettito altrettanto basso.

Se vogliamo applicare un'aliquota più alta, dobbiamo partire da livelli sempre più alti di reddito lasciando indenni da tassazione i livelli di reddito che quell'aliquota d'imposta non sono in grado di pagare.

Nella figura 1 i numeri sono solo indicativi. Se fosse possibile far pagare a tutti il 10% d'imposta a partire da 10, il gettito sarebbe quello indicato dalla linea più bassa.

Se vogliamo elevare l'aliquota al 20, al 30, al 40 o al 50% bisogna esentare i contribuenti con redditi più bassi che non possono essere assoggettati a ad un livello così alto di tassazione. Nella nostra figura si esentano redditi fino a 10, 20, 30, 40 e 50.

L'area sotto la linea continua ad essete indicativa del gettito complessivo. L'aumento dell'altezza dell'area è in parte compensato dalla perdita di tutta quella parte che sta a sinistra del limite di esenzione.

Il limite d'esenzione può essere fissato uguale per tutti (**no tax area**), oppure può variare ed essere calcolata per ciascun contribuente in base a parametri diversi come tipo di reddito o carico di famiglia.

30.30.20 Il sistema fiscale progressivo.

Con lo sviluppo economico e l'aumento del reddito medio, il sistema può cadere in crisi per motivi di ordine sociale.

Allo Stato saranno richieste maggiori prestazioni e quindi ci sarà la necessità di un maggior prelievo fiscale.

Nascerà anche un problema di carattere strettamente economico. Nel momento in cui il settore privato non riuscirà più ad esprimere una domanda sufficiente, un sistema fiscale proporzionale non riuscirà a contribuire positivamente alla domanda aggregata.

Quello che era stato un pregio in una prima fase di sviluppo economico, la sostanziale mancanza di effetti negativi sulla formazione del risparmio, ne diventa il limite.

La coincidenza fra interesse sociale e interesse economico rende inevitabile l'abbandono del sistema proporzionale ed il passaggio ad un sistema fiscale progressivo che permetta un aumento del gettito fiscale.

In realtà resta normalmente ferma l'aliquota impositiva a carico dei contribuenti meno abbienti mentre si innalza l'aliquota di tutti gli altri contribuenti più ricchi.

IMPOSTA PROGRESSIVA

figura n. 2

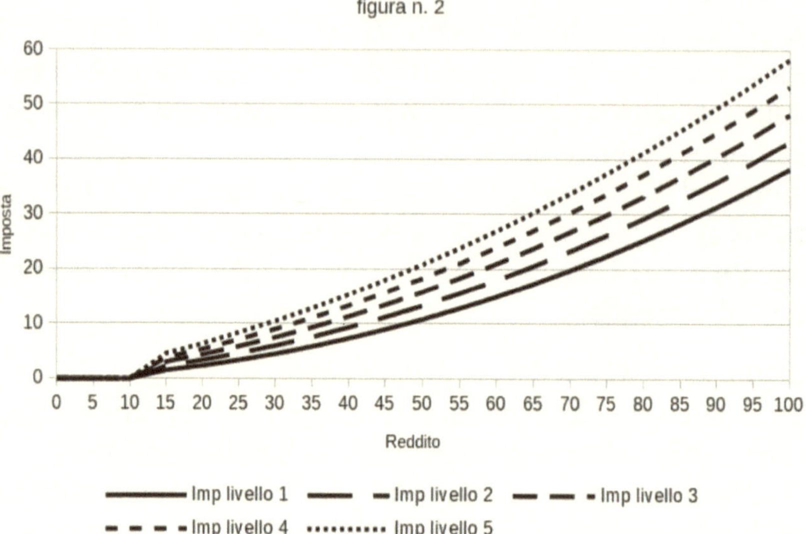

A parità di gettito, gli effetti sulla domanda aggregata sono senz'altro positivi, e negativi quelli sulla formazione di eccedenze.

L'imposizione progressiva va ad incidere in misura crescente sui contribuenti più ricchi, e quindi con maggior propensione al risparmio.

Il prelievo ha quindi effetti solamente parziali sulla domanda privata, una buona parte va invece ad incidere sulla formazione di risparmio.

L'impiego di quanto prelevato si trasforma in domanda pubblica, non più solamente di beni strettamente pubblici.

Si trasforma anche in trasferimenti verso classi sociali meno abbienti e quindi con alta propensione al consumo e bassa propensione al risparmio.

In questo modo, l'impiego di quanto prelevato si trasforma quasi interamente domanda di beni di consumo pubblici o privati.

L'effetto congiunto di prelievo e impiego fa diminuire la

formazione di eccedenze ed ha effetti espansivi nei confronti della domanda aggregata di beni di consumo.

In pratica un sistema fiscale progressivo assorbe in parte domanda privata di beni di consumo ed in parte eccedenze di reddito dalle classi a reddito medio e alto e le trasforma in domanda pubblica e in domanda privata di consumo delle classi sociali beneficiarie dei trasferimenti. L'incremento dei consumi è dato dalla trasformazione delle eccedenze di reddito.

In un sistema economico caratterizzato da un reddito medio elevato, la formazione di eccedenze di reddito rispetto ai consumi può essere eccessiva rispetto alla necessità di investimenti.

In tale situazione, la domanda aggregata destinata ai consumi diventa insufficiente e l'imposizione progressiva non solo è utile ma addirittura può risultare indispensabile.

Un prelievo progressivo di grossa entità ed il relativo impiego non possono essere neutrali rispetto agli equilibri che si formano sul mercato privato.

Le dimensioni stesse del prelievo e della spesa sono tali per cui il settore privato ne rimane necessariamente condizionato.

Ampliando la propria sfera d'intervento, lo Stato comincia ad inserirsi anche nei mercati d'acquisto non tipici del settore pubblico (beni pubblici puri), e ad affiancare la propria domanda a quella dei privati sugli stessi beni. Si perde quindi la distinzione netta tra beni e consumi pubblici e beni e consumi privati.

Siccome la domanda pubblica ha caratteristiche spesso del tutto diverse da quella privata, la domanda complessiva assume caratteristiche sue proprie, largamente distorsive rispetto alle regole di funzionamento del mercato privato.

30.30.30 Il sistema fiscale parzialmente progressivo.

Se non esistesse un'aliquota massima applicabile anche per i contribuenti più ricchi, il sistema progressivo darebbe il maggior gettito possibile e costituirebbe, probabilmente, il sistema fiscale definitivo per uno Stato che tenda ad espandere sempre più il proprio intervento.

In realtà esiste invece per tutti i contribuenti, anche per i più ricchi, una percentuale massima applicabile, oltre la quale non si può andare.

Di fatto la situazione sarebbe ingovernabile, dando origine a enormi fenomeni di evasione fiscale ed elusione fiscale ed a forte opposizione in campo politico.

In questo modo si uscirebbe da un regime di proprietà privata, e non solo dei mezzi di produzione.

Se fissiamo un tasso di prelievo massimo, la progressività è assicurata solo se il tasso medio di prelievo è sensibilmente inferiore al tasso massimo.

Il sistema è progressivo solo se c'è chi paga percentualmente di più rispetto al proprio reddito e chi paga di meno. Se il tasso medio si avvicina al tasso massimo vuol dire che tutti pagano un tasso d'imposta vicino al massimo, cioè tutti pagano praticamente la stessa percentuale, cioè il sistema fiscale non è progressivo ma è proporzionale.

Se, ad esempio, il tasso massimo fosse il 50%, in un sistema progressivo ci dovrebbe essere anche una buona fascia di contribuenti che paga solamente il 20, il 30 o il 40% e la media dovrebbe quindi essere molto inferiore al 50%.

Anche il sistema progressivo implica quindi un prelievo fiscale massimo, se occorre un prelievo complessivo maggiore bisogna abbandonare anche il sistema progressivo.

In un sistema economico in cui gran parte della popolazione è relativamente ricca, esiste in realtà la possibilità di espandere ulteriormente il gettito fiscale, al di là dei limiti propri di un sistema progressivo, attraverso il ritorno ad un sistema in parte progressivo ed in parte proporzionale. Figura 3.

IMPOSTA PARZIALMENTE PROGRESSIVA

figura n. 3

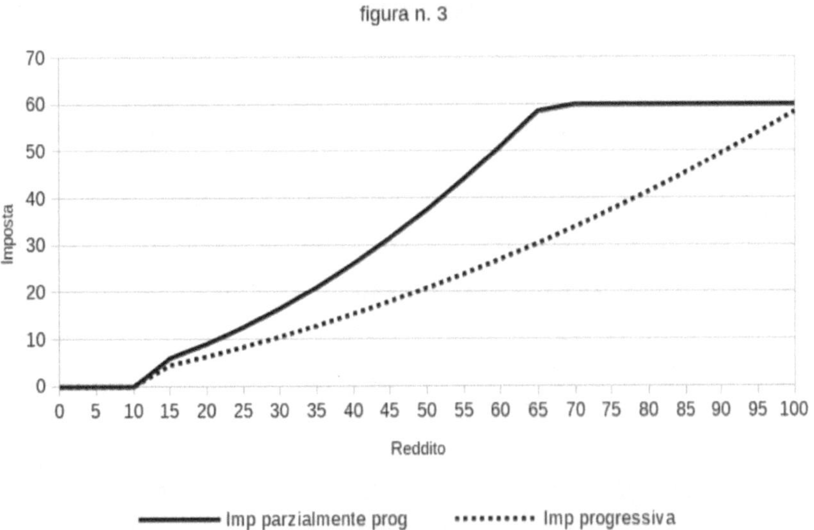

Se è vero che l'aliquota fiscale massima non può essere aumentata oltre un certo limite, è anche vero che è pur sempre possibile avvicinare a tale aliquota fasce sempre più ampie di contribuenti partendo da quelle a reddito più elevato per giungere alla fine ad un avvicinamento a tale aliquota massima anche di classi di reddito relativamente modeste.

La progressività rimane quindi riservata ad una fascia sempre più ristretta di contribuenti. Oltre tale fascia scatta una sostanziale proporzionalità.

Quando il limite massimo della fascia di progressività diventa inferiore ai valori modali del reddito, cioè a quel livello di reddito che è percepito dalla maggior parte dei contribuenti, il sistema cessa di essere progressivo e torna di nuovo ad essere sostanzialmente proporzionale.

La vera differenza rispetto al sistema progressivo non consiste nel fissare un'aliquota massima che, di diritto o di fatto, esisteva anche prima. La differenza sta nel fatto che a quella aliquota è assoggettata una parte sempre più ampia di contribuenti, specialmente a livelli medi.

Per chi ha un reddito inferiore a tale limite, cresce poi in modo abnorme la progressività, cioè l'aumento dell'imposta all'aumentare del reddito.

La struttura dell'Imposta sul reddito delle persone fisiche italiana (I.R.PE.F.) è sostanzialmente oggi (ottobre 2023) di questo tipo.

Gli effetti macroeconomici del prelievo e della spesa sono probabilmente inferiori rispetto ad un sistema progressivo.

Il gettito non proviene più principalmente dai contribuenti più ricchi, anzi, proviene per lo più da classi di reddito medio e medio-basso che sono le più numerose e che hanno probabilmente una propensione al consumo piuttosto alta.

Anche se il reddito medio del sistema economico è cresciuto, le abitudini di consumo si dovrebbero essere adeguate progressivamente per cui chi ha oggi un reddito medio avrà la stessa propensione al consumo di chi aveva un reddito medio anni fa, anche se nel frattempo il reddito medio è aumentato.

La differenza maggiore consiste nel diverso effetto macroeconomico della redistribuzione del reddito e delle spese a carattere redistributivo.

Sul piano sociale una redistribuzione che non tragga le sue risorse da un prelievo effettivamente progressivo è difficilmente giustificabile.

Togliere ai ricchi per dare ai poveri può essere considerata una cosa giusta, ma togliere a tutti per dare a qualcuno, a meno che non si dia solamente ai molto poveri, dà origine ad un sistema quanto meno parassitario.

Sul piano macroeconomico una tale redistribuzione ha effetti casuali.

È difficile prevedere se il denaro sarà trasferito da soggetti con minor propensione al consumo a soggetti con maggior propensione, oppure se succederà il contrario.

Passando quindi da un sistema progressivo ad un sistema misto progressivo / proporzionale, gli effetti dell'attività finanziaria sulla domanda aggregata diminuiranno a parità di prelievo.

Siccome l'effetto dell'intervento pubblico sarà minore rispetto ad un sistema progressivo, per avere lo stesso effetto espansivo sarà necessario un sempre maggior intervento dello Stato, sia in termini di aumento del prelievo sia in termini di spesa in deficit di bilancio. Tutto questo in una spirale che si autoalimenta.

Aumentando il prelievo, il settore privato subirà un aumento della pressione fiscale in una situazione di calo o comunque di mancato aumento della domanda.

La necessità di finanziare il settore produttivo privato, almeno quelle parti di tale settore che entrano in crisi, determinerà nuove spese per trasferimenti che determineranno nuova pressione fiscale e, probabilmente, nuovo debito pubblico.

I meccanismi del mercato privato potranno risultare fortemente compromessi. La domanda pubblica e quella privata si confonderanno sugli stessi mercati, ognuna con la propria logica.

Se il prelievo non sarà utilizzato solo per finanziare spese ma si diffonderà la redistribuzione a favore di vari settori produttivi, anche l'offerta privata cesserà di seguire le regole di mercato e assumerà una logica sempre più politica. In settori sempre più ampi non sarà più possibile ottenere profitti secondo regole di mercato ma solo secondo regole politiche.

Interi settori economici passeranno di fatto sotto la gestione dello Stato che riuscirà a sostenerne la domanda e l'offerta solo grazie a trasferimenti di ricchezza sempre più cospicui da altri settori, o ricorrendo ad ulteriore indebitamento.

Prima o poi si uscirà necessariamente da una simile situazione.

Quando la pressione fiscale raggiungerà il suo nuovo massimo, quando cioè tutti i contribuenti avranno raggiunto l'aliquota fiscale massima.

Quando l'incapacità di seguire le regole di mercato sarà diffusa a tutti i settori economici.

Quando non si troverà più nessuno disposto a sottoscrivere titoli del debito pubblico.

(Tesi prevalente: un simile scenario non viene preso in considerazione).

30.30.40 La progressività delle imposte indirette.

Occorre distinguere tra progressività dell'imposta sul reddito e progressività del sistema fiscale.

Le imposte diverse da quella sul reddito (imposte indirette) sono normalmente proporzionali o addirittura regressive.

In particolare le imposte sui consumi (I.V.A.) e quelle di fabbricazione (accise su carburanti, alcool ecc) si pagano sui consumi, quindi si pagano solo sulla parte di reddito consumata.

I più poveri consumano tutto il reddito o gran parte pagandoci imposte formalmente proporzionali.

I più ricchi consumano una frazione del proprio reddito che può anche essere piuttosto bassa e solo su quella pagano l'imposta.

Se un contribuente povero paga il 20% su tutto il proprio reddito che consuma integralmente paga un'imposta rapportata al reddito del 20%.

Se un contribuente ricco consuma solo la metà del proprio reddito, paga il 20% solo sulla parte di reddito consumata. L'imposta pagata rapportata al reddito sarà solo del 10%.

Molte imposte sono poi i misura fissa o comunque non sono rapportate al reddito. Bollo, registro, canoni televisivi ecc.. Sono quindi regressive rispetto al reddito, cioè chi ha un reddito più alto paga un importo proporzionalmente minore.

Se l'imposta sul reddito è scarsamente progressiva, la sua progressività sarà compensata dalle restanti imposte.

Il sistema fiscale nel suo complesso risulterà quindi sostanzialmente proporzionale o addirittura regressivo.

30.30.50 Il debito pubblico.

La trasformazione del risparmio eccessivo in domanda può avvenire anche senza ricorrere al prelievo fiscale.

Lo Stato può prelevare risparmio attraverso la vendita di titoli del debito pubblico e trasformarlo poi in domanda pubblica e in trasferimenti.

Naturalmente i trasferimenti dovrebbero essere fatti a favore di soggetti a basso reddito, o comunque ad alta propensione al consumo, altrimenti l'operazione, oltre che socialmente discutibile, sarebbe anche economicamente confusa e contraddittoria.

La manovra diretta sul risparmio può essere molto efficace, rapida e coerente, basta essere disposti a pagarne il prezzo.

Quando la produzione di debito pubblico non è più qualcosa di limitato ed occasionale, col tempo si può accumulare una quantità enorme di debito che determina la necessità per lo Stato di pagare un altissimo importo a titolo d'interesse.

Gli interessi pagati finiscono nelle tasche di risparmiatori con scarsa propensione al consumo facendo così aumentare la formazione di eccedenze.

La tassazione del debito pubblico, o degli interessi sul debito pubblico, in teoria sarebbe un atto economicamente inutile.

Tassarlo significa diminuirne il rendimento netto e sarebbe la stessa cosa collocare i titoli ad un tasso inferiore.

Se il tasso d'interesse che lo Stato sta pagando è eccessivo ai fini del collocamento del debito, può semplicemente essere diminuito senza tassarlo.

Se invece è quello minimo necessario, dopo aver introdotto l'imposta, per continuare a collocare i titoli del debito pubblico occorrerà aumentare il tasso pagato di un'entità pari all'imposta.

In pratica non è proprio così. Non è mai tutto perfettamente trasparente, non tutti sanno fare i conti giusti e la tassazione può non essere effettivamente percepita da tutti.

Un modo concreto di restituire i prestiti contratti con l'emissione dei titoli del debito pubblico è attraverso il meccanismo inflazionistico. I titoli di stato hanno un valore espresso in moneta, con la svalutazione della moneta anche loro perdono valore.

La perdita di valore del debito costituisce un guadagno per lo Stato che va a compensare, in tutto o in parte, gli interessi pagati.

L'analisi di questo meccanismo può essere approfondita leggendo "Come pagare il costo della guerra" (How to pay for the war) di J. M. Keynes.

L'idea di finanziare la restituzione dei soldi ai risparmiatori attraverso il prelievo fiscale è difficilmente attuabile perché il prelievo avrebbe effetti troppo pesanti sulla domanda aggregata di beni di consumo.

Se prima era stato necessario fare debiti, in tempi normali appare difficile pensare di poter compiere l'operazione opposta, cioè in pratica comprimere la domanda e ritrasformarla in risparmio.

Pensare di restituire tutto in una fase ciclica successiva, in cui la domanda sarà più abbondante e il risparmio scarso, è possibile solo se il debito contratto è molto modesto.

Un ciclo economico ha dimensioni limitate ed anche le possibilità di rientro del debito pubblico che può permettere sono molto limitate.

30.40.00
L'INTERVENTO DELLO STATO

La spesa pubblica altera la curva di domanda dei vari beni. Infatti la domanda pubblica si somma a quella privata ma non in modo uniforme.

Oltre che nella quantità, la domanda complessiva risulta alterata nella composizione rispetto alla sola domanda privata.

Anche la diminuzione della domanda che deriva dal minor potere d'acquisto dei privati a seguito del prelievo fiscale non si ripartisce in modo uniforme tra i diversi beni. Alcuni beni subiscono una forte diminuzione della domanda, altri una diminuzione minore o addirittura nulla.

Alcuni beni hanno poi una domanda totalmente pubblica o prevalentemente pubblica.

L'alterazione della curva di domanda a seguito dell'intervento pubblico può rendere tale curva meno adatta di prima ad esprimere i bisogni della comunità o, al contrario, renderla più adatta.

La prima tesi si basa sulla convinzione che nessuno può valutare i propri bisogni come se stesso.

La seconda tesi si basa invece sulla convinzione che per molti beni non si formi una domanda privata adeguata.

Concretamente la scelta tra pubblico e privato contiene precisi limiti.

Se ci affidiamo esclusivamente al privato ci troveremmo senza strade perché nessuno sarebbe disposto a pagarne il prezzo di tasca propria.

Non possiamo neppure lasciare che lo Stato scelga tutto per nostro conto.

La scelta tra le possibili vie di mezzo è una scelta essenzialmente politica. Farla passare per scelta tecnica ed economica può essere mistificante.

30.40.10 La domanda pubblica.

Se i beni verso cui la domanda pubblica si rivolge sono beni utili non rari l'alterazione della curva di domanda non modifica di per se stessa i prezzi ed i rapporti di scambio.

Il prezzo di vendita dei beni liberamente riproducibili è dato dal costo di produzione. L'aumento o la diminuzione della domanda possono determinare solo momentaneamente variazioni dei prezzi. In seguito le modifiche delle quantità prodotte ristabiliranno i rapporti di scambio iniziali.

Dei beni la cui domanda complessiva è aumentata se ne produrrà semplicemente di più, con gli stessi costi unitari di produzione e lo stesso prezzo di vendita.

Al di fuori di periodi particolari, come i periodi bellici, in via di principio è da evitare una domanda pubblica consistente di beni rari.

Infatti per il bene è raro la domanda privata è già abbondante, almeno in confronto alla disponibilità, e lo Stato non dovrebbe sostenerla ulteriormente.

Il fatto che un comportamento sia irragionevole per la comunità non significa però che non venga seguito, o per ignoranza o perché a chi detiene il potere conviene che il prezzo di questi beni aumenti e che aumenti quindi la ricchezza dei loro possessori.

Anche la domanda pubblica rivolta a fondi di valore non ha un gran senso. Anche senza comprarne, lo Stato può comunque modificare gli equilibri di mercato, ad esempio tassando diversamente i vari cespiti o il reddito che da essi deriva.

Esistono anche beni prodotti dell'attività dello Stato come moneta o titoli del debito pubblico.

La domanda di moneta dipende dalle esigenze del mercato relative agli scambi ma dipende anche da quanta ricchezza la gente vuol tenere in forma liquida.

Il fondo complessivo investito nel debito pubblico non dipende soltanto dal tasso di rendimento del debito stesso rispetto ad altri fondi, ma anche dall'esigenza che hanno le banche di disporne per costituire riserva obbligatoria a garanzia dei depositi in conto corrente o di altre forme di attività bancarie od economiche.

Gli interessi reali sul debito pubblico rappresentano un travaso di ricchezza dai contribuenti ai possessori di quel fondo di valore.

Il passaggio di ricchezza costituisce il presupposto per il collocamento sul mercato del debito. Il collocamento diventa necessario in quanto l'attività finanziaria pubblica ha prodotto il bene stesso.

30.40.20 Il prelievo pubblico.

L'alterazione degli equilibri di mercato non avviene solamente attraverso la spesa pubblica ma anche attraverso il prelievo.

E' un fatto conosciuto e a lungo discusso quello che il prelievo pubblico sul reddito altera direttamente la distribuzione della ricchezza quando non colpisce tutti i redditi in modo proporzionale.

Anche il prelievo indiretto sui consumi altera pesantemente i rapporti di scambio quando non incide in modo proporzionale su tutti i beni. La domanda del bene più tassato diminuisce, quella del bene meno tassato aumenta o diminuisce di meno.

In realtà il problema non è così semplice, anche una tassazione proporzionale uguale su tutti i beni può infatti alterare gli equilibri di mercato.

Esistono infatti beni con domanda rigida, che varia poco al variare del prezzo comprensivo d'imposta, e beni con domanda elastica, che varia molto al variare del prezzo.

Aumenti proporzionali dei prezzi, dovuti ad un'imposta anche proporzionale sui consumi, determinano un effetto minore sui beni del primo tipo e maggiore su quelli del secondo.

Anche un'imposta proporzionale può quindi determinare una redistribuzione della domanda tra i vari beni.

In ogni caso determina certamente una diminuzione della domanda di gran parte dei beni in quanto la domanda complessiva risulta diminuita.

30.40.30 L'attività finanziaria complessiva.

L'attività finanziaria complessiva dello Stato, prelievo e spesa, ha direttamente effetti redistributivi sul reddito dei residenti.

Lo Stato non preleva la stessa quantità di ricchezza da tutti i cittadini e non spende la stessa somma a favore di ognuno.

In questo modo chi ha pagato di più e ha avuto di meno sarà svantaggiato e chi ha pagato di meno sarà avvantaggiato o, secondo i più critici, meno svantaggiato.

Solitamente gli effetti redistribuiti sono anche voluti per decisione politica di chi detiene il potere.

I poveri comprano soprattutto beni di consumo per le loro esigenze di vita, mentre i ricchi comprano anche grosse quantità di fondi di valore in quanto possono permetterselo.

In questo modo una redistribuzione a favore dei più poveri fa aumentare la domanda di beni direttamente utili, una redistribuzione a favore dei ricchi, che più di un governo ha praticato, fa aumentare la domanda di fondi di valore e di beni d'investimento.

Nel Regno d'Italia la redistribuzione a favore dei ricchi è stata largamente praticata dal 1869 al 1884 attraverso l'introduzione della "**tassa sul macinato**".

La tassa colpiva la macinazione di cereali e altri prodotti, come le castagne, da cui si ricavavano comunque farine alimentari.

La tassa colpiva decisamente i poveri, anche in valore assoluto in quanto i poveri con questi alimenti ci campavano mentre i ricchi li utilizzavano solo in parte per la loro alimentazione.

Secondo l'analisi ricardiana, una simile tassa ha effetti

economici controproducenti per quello che riguarda la formazione di utili e, in ultima analisi, sullo sviluppo del sistema.

La tassa sul macinato colpisce i consumi di base dei lavoratori e fa quindi aumentare il costo di sostentamento dei lavoratori. Determina quindi un aumento del prezzo normale del lavoro. In questo modo aumentano i prezzi e diminuiscono gli utili delle imprese che accumuleranno quindi meno capitale.

30.50.00 L'INTERVENTO PUBBLICO SUL MERCATO

Dalla rivoluzione Industriale ad oggi si sono susseguite diverse teorie che hanno costruito diversi modelli di funzionamento del sistema economico.

Una teoria economica non è valida in tutte le epoche e in tutte le società, tanto meno un modello economico di funzionamento.

Ad esempio la teoria liberista è valida finché vale la legge di Say, cioè finché la produzione riesce a creare degli sbocchi adeguati in termini di domanda.

Nel momento in cui la legge di Say cessa di essere verificata, si creano situazione di carenza della domanda aggregata che possono condurre alla crisi del sistema.

A questo punto il sistema economico non è più inquadrabile in un modello liberista e la teoria liberista non ci può più indicare soluzioni valide per uscire dalla crisi.

Qui di seguito ho cercato di individuare alcune linee di tendenza che caratterizzano i diversi modi di vedere i rapporti tra Stato e Sistema Economico.

In particolar modo quale deve essere il ruolo attivo dello Stato e quale tipo d'intervento debba attuare.

Chiaramente non è un'esposizione delle singole innumerevoli teorie. Al massimo potrebbe essere considerato un elenco di alcune scuole di pensiero circa il ruolo dello Stato nel sistema economico.

30.50.10 Il livello d'intervento 0. Il liberismo.
La Rivoluzione industriale ha segnato l'affermazione e talvolta il culto del libero mercato.

La teoria liberista è stata la teoria economica dominante.

La teoria liberista ritiene che il mercato lasciato a se stesso determini le condizioni ottimali di allocazione delle risorse e di sviluppo economico.

La concorrenza dei produttori tra loro e dei consumatori tra loro rende minimi costi e prezzi e rende massimi sviluppo, produzione ed occupazione.

Qualcuno ha ritenuto che tanto favore fosse dovuto al fatto che questa teoria fosse favorevole alla nuova classe sociale dei ricchi industriali. Almeno per quel che riguarda i primi grandi economisti classici, credo invece che la buona fede debba essere loro riconosciuta.

Alla nascita, il liberismo si opponeva ai regimi precedenti, tutti caratterizzati da una forte intromissione dello Stato nel sistema economico e da regole e controlli eccessivi.

In un secondo momento, guadagnato il predominio nella società, si è invece scontrato con le nuove teorie economiche più interventiste in economia.

Per i liberisti lo Stato deve intervenire il meno possibile sulla produzione, sulla distribuzione del reddito e sulla composizione dei consumi.

Lo Stato deve occuparsi solo dei beni pubblici puri, cioè ordine pubblico, difesa nazionale e amministrare della giustizia.

Infatti tutti noi siamo disposti a pagare solo per acquistare beni che col pagamento del loro prezzo diventano nostri e che possiamo utilizzare solo noi.

I beni pubblici puri, invece, una volta prodotti sono di tutti e tutti possono usarli.

Non si forma quindi una domanda adeguata di questi beni. Occorre l'intervento dello Stato che li produce finanziandosi attraverso le tasse.

Lo Stato liberista deve procurarsi le risorse necessarie per l'acquisto dei beni pubblici puri attraverso un'imposizione che modifichi il meno possibile gli equilibri che si sono formati spontaneamente nel mercato.

Le imposte sui consumi devono quindi essere proporzionalmente uguali per tutti i beni in modo da non alterare la composizione della domanda a favore dei beni meno tassati.

L'imposta sul reddito deve essere proporzionale in modo da non modificare la distribuzione del reddito.

In base alla teoria liberista lo Stato dovrebbe intervenire solamente per produrre i beni pubblici puri (difesa nazionale, ordine pubblico, giustizia e un minimo di opere pubbliche).

30.50.20 Il livello d'intervento 1. La politica keynesiana.
Una volta che ci si è resi conto del fatto che la domanda aggregata può essere insufficiente a coprire l'offerta, si è cominciato ad invocare l'intervento dello Stato per scongiurare lo squilibrio tra domanda e offerta evitando le crisi di sovraproduzione.

L'intervento, però, non deve comunque interferire sui meccanismi di mercato che vanno salvaguardati.

Il libero mercato rimane centrale nel sistema e continua a regolare l'allocazione delle risorse. Lo Stato si deve limitare a sommare la propria domanda aggiuntiva a quella privata già esistente nel mercato anche se scarsa.

La proposta più estrema, forse un po' pittoresca ma aderente allo spirito della teoria, è stata quella di pagare alcune persone per scavar buche e altre persone per riempirle di nuovo.

Sostanzialmente questa è la proposta più coerente nell'ambito della teoria keynesiana.

Si distribuisce reddito a dei disoccupati che lo spenderanno tutto

incrementando la domanda aggregata. Nello stesso tempo non si modifica la struttura del mercato e se ne preservano i meccanismi.
(Tesi prevalente: una simile proposta viene considerata puramente provocatoria e si dubita che provenga effettivamente da Keynes).

In base alla teoria keynesiana lo Stato dovrebbe intervenire in questi casi.
Produzione di beni beni pubblici puri.
Sostegno della domanda aggregata.

30.50.30 Il livello d'intervento 2. Le teorie del fallimento del mercato.

Oltre che ritenere che il mercato non raggiunga sempre spontaneamente una posizione di equilibrio di piena occupazione, possiamo anche ritenere che l'equilibrio a livello macroeconomico non sia sufficiente.
In molte ed importanti situazioni, il mercato non riesce comunque a garantire un'ottimale impiego delle risorse.
In questo caso all'intervento pubblico per incrementare la domanda aggregata bisogna aggiungere quello per realizzare una migliore distribuzione (allocazione) delle risorse. L'intervento pubblico diventa così più pervasivo.

La prima situazione in cui il mercato non riesce a garantire un'allocazione delle risorse ottimale continua ad essere quello dei beni pubblici.
Per quel che riguarda i beni pubblici puri il problema non si pone.
Per questi beni, esplicitamente od esplicitamente, si è sempre pensato che non potesse formarsi una domanda sufficiente per garantirne una produzione adeguata ai bisogni.
Il problema è che nelle società moderne sempre più beni sono considerati pubblici anche se appropriabili o godibili singolarmente.
Gli esempi più importanti sono la sanità e l'istruzione. Senza l'intervento dello Stato studierebbe e si curerebbe solo chi

potrebbe permetterselo.

La seconda situazione è quella del monopolio o comunque dei casi in cui qualcuno ha una posizione di controllo sul mercato. Anche qui il problema è vecchio ma nella nostra società si è ampliato ed aggravato.

Oltre i monopoli veri e propri ci sono gli accordi tra imprese per limitare la concorrenza, **trust**. Tali accordi sono generalmente vietati, ma il fatto che siano vietati ci fa capire che esistono, che sono diffusi e sono pericolosi per il sistema.

In un mondo globalizzato, attuare una politica antitrust diventa difficile da portare avanti. Si rischia di limitare solamente le imprese nazionali impedendo loro di competere con imprese che fanno quello che vogliono nei Paesi d'origine o in tutto il Mondo.

La terza situazione è invece nuova, o almeno è nuova la sua formalizzazione.

La produzione o il consumo di un bene può creare vantaggi o svantaggi in soggetti diversi da quelli che lo producono o lo consumano (**esternalità**).

Naturalmente chi decide di produrre o di acquistare per consumare tiene conto solo dei propri costi e dei propri benefici e non di quelli di altri soggetti coinvolti indirettamente.

Esistono la esternalità positive. Se il mio vicino di casa coltiva delle splendide rose, io avrò la possibilità di guardarle gratis. Naturalmente il mio vicino, nel comprare le piante e coltivarle, non terrà conto della mia utilità ma solo della propria.

Anche questa è un'esternalità ma nessun governo pagherà mai un contributo al mio vicino per comprare più piante di rosa in modo da tener conto anche della mia utilità.

Le esternalità positive che contano sono altre. Costruendo una fabbrica o un albergo si creano direttamente posti di lavoro e un indotto che darà origine a nuovi investimenti e altri posti di lavoro.

Chi costruisce non quantifica questi vantaggi per la comunità ed investe solo sulla base della propria possibilità di conseguire degli utili.

Lo Stato può invece quantificare queste utilità esterne e finanziare in parte l'impresa in modo da indurla ad investire di più o a compiere investimenti che di per se stessi non avrebbero un rendimento sufficiente.

Anche l'istruzione genera esternalità positive.

In un libero mercato, chi deve decidere se impiegare tempo e denaro suoi o della sua famiglia per studiare valuta solamente i propri vantaggi diretti.

In realtà un maggior livello medio di istruzione determina per le imprese una maggior produttività del lavoro. determina una miglior gestione della cosa pubblica e una riduzione di molti problemi sociali che hanno un costo anche economico per lo Stato.

L'utilizzo di tecnologie meno inquinanti, o con minor impatto ambientale, determina vantaggi per la collettività che l'impresa investitrice non considera.

Concretamente, in presenza di esternalità positive e senza l'intervento pubblico, il mercato tende a produrre una quantità insufficiente del bene. Lo Stato può ripristinare la giusta allocazione delle risorse economiche intervenendo con sussidi o agevolazioni fiscali.

Esternalità negative. Il caso più importante è forse quello delle imprese che producono inquinamento.

L'inquinamento è un danno per la società ed è anche un costo economico ma l'impresa non lo mette tra i suoi costi.

Anche l'eccessiva urbanizzazione ha un costo e produce danni sociali.

Generalmente gli enti locali fanno l'inverso di quello che dovrebbero fare, privatizzano i vantaggi dell'urbanizzazione e socializzano i costi.

Azioni tipo quella di assicurare il parcheggio gratis ai residenti sono economicamente assurde.

In presenza di esternalità negative e senza l'intervento pubblico, il mercato tende a produrre una quantità eccessiva del bene. Lo Stato può ripristinare la giusta allocazione delle risorse economiche intervenendo con disincentivi fiscali o con una regolamentazione che renda più difficile o più costosa la produzione.

In base alle teorie del fallimento del mercato lo Stato interviene in questi casi.
Produzione di beni pubblici puri.
Sostegno della domanda aggregata.
Esternalità positive e negative.

30.60.00 IL SISTEMA CORPORATIVO

È difficile farsi un'idea oggettiva di cosa sia l'economia corporativa perché l'argomento è viziato dall'uso del termine fatto dal regime fascista a fini soprattutto propagandisti.

Nel linguaggio corrente i termini corporativo e corporativismo hanno così assunto un'accezione negativa non giustificata. Si tende da una parte ad identificare il corporativismo col fascismo ed a confondere il giudizio sul corporativismo con quello sul fascismo.

Si tende anche a non voler usare il termine corporativo per sistemi non fascisti che invece potrebbero benissimo essere definiti corporativi.

Finora abbiamo visto l'intervento dello Stato giustificato dal cattivo funzionamento del mercato che non è in grado di produrre beni pubblici puri, che non riesce ad esprimere una domanda sufficiente o che non riesce a considerare e quantificare esternalità positive o negative.

In un sistema corporativo l'intervento va oltre. Lo Stato interviene anche quando il mercato funziona perfettamente e, comunque, oltre quanto sia necessario per correggerne il cattivo funzionamento.

Le modifiche al sistema non sono apportate per migliorarne l'efficienza, che probabilmente invece diminuisce, ma per perseguire fini che vanno oltre.

In alcuni casi si suppone anche che il perseguimento di obiettivi di carattere sociale possa contribuire ad una maggior collaborazione tra gli individui e le classi sociali e, in prospettiva, possa determinare maggiori tassi di crescita futuri.

I rapporti e i meccanismi che condizionano il mercato vengono determinati attraverso la contrattazione politica.

La contrattazione deve comunque essere portata avanti da soggetti che rappresentino centri d'interesse economici o sociali. *Per ottenere ciò abbiamo bisogno di compiere due verifiche.*

La prima riguarda la rappresentatività di chi agisce a nome e per conto delle corporazioni o comunque dei centri di interessi in qualsiasi modo denominati.

Un minimo di decenza democratica vorrebbe che queste persone fossero elette e, se non elette, che non avessero poteri sostanzialmente legislativi o esecutivi diretti.

Sul piano strettamente economico ciò non è necessario per la connotazione del sistema, basta un qualche tipo di rappresentatività di fatto comunque esercitata.

La seconda verifica riguarda la rilevanza dei centri di interesse individuati rispetto alle decisioni da prendere.

Noi possiamo dar vita alla corporazione dei biondi, a quella dei mori e a quella dei calvi. Possiamo anche creare degli organi delegati a rappresentarle ma queste corporazioni non avranno alcuna legittimazione a discutere di prezzi, di tasse o di lavoro. Quella che manca è la loro rilevanza ai fini della materia da trattare.

Questa condizione può sembrare scontata ma, storicamente, non lo è affatto stata. Le corporazioni del regime fascista italiano erano concepite così, completamente slegate dalla realtà che avrebbero dovuto rappresentare.

Senza queste due condizioni non avremmo un sistema economico corporativo ma una dittatura alogica e autoreferenziale oppure una democrazia corrotta ed inefficiente.

(Tesi prevalente: il corporativismo viene considerato la teoria economica del fascismo e di sistemi autoritari analoghi.

I più ritengono il nostro sistema economico ed i sistemi simili al nostro esenti da corporativismo).

In base alla teoria corporativa, lo Stato interviene in tutti quei casi in cui ci sia da garantire l'interesse economico delle corporazioni o quello dello Stato inteso come sintesi mediata degli interessi comuni.

È probabile che in un sistema corporativo gli interessi pubblici siano perseguiti anche nei modi previsti negli altri tipi di sistema.

La produzione di beni pubblici puri costituisce l'intervento minimo in tutti i tempi, quindi anche in sistemi corporativi.

Il sostegno della domanda aggregata può essere utile o indispensabile anche in un sistema corporativo. In questo caso la spesa pubblica sarà verosimilmente orientata verso gli interessi delle corporazioni.

È probabile che un sistema corporativo sia particolarmente indirizzato verso l'evidenziazione di esternalità positive e negative.

Oltre questi tipi d'intervento, però, possono essere fatti anche interventi che prescindono dai casi di inefficienza del mercato.

Si può benissimo ritenere che un simile sistema possa essere anche più efficiente del libero mercato, bisogna capire cosa intendiamo per efficienza.

Il Nex Generation EU europeo e il Piano Nazionale di Ripresa e Resilienza italiano contengono obiettivi non realizzabili attraverso meccanismi di mercato, sostanzialmente sono obiettivi e strumenti corporativi estranei al mercato.

(Tesi prevalente: si ritiene che NG e PNRR siano completamente privi di ogni contenuto corporativo).

In un sistema corporativo lo Stato interviene in questi casi.

Produzione di beni pubblici puri.

Sostegno della domanda aggregata.

Esternalità positive e negative.

Raggiungimento di interessi corporativi al di fuori delle regole di mercato.

30.60.10 Il corporativismo e la democrazia.
Bisogna distinguere due tipi di Stato corporativo.
Il primo tipo è quello in cui esistono degli organi istituzionalizzati, le corporazioni appunto, che sono dotate di una rappresentatività politica che può essere o no democratica.
Le corporazioni intervengono sugli aspetti economici della vita comune direttamente, con atti legislativi o comunque direttamente esecutivi.
Il secondo tipo è quello in cui tali organi non esistono ma l'attività pubblica è indirizzata a perseguire gli interessi di gruppi o l'interesse generale con provvedimenti che alterano volutamente le normali regole del mercato.
Questo può essere reso possibile attraverso norme costituzionali o situazioni di fatto consolidate. La cosa deve essere sostanziale e continua e l'effetto sul mercato e sull'allocazione delle risorse deve essere previsto e voluto.

Le corporazioni sono centri d'interesse che condizionano la vita di un Stato, soprattutto quella economica. I sindacati dei lavoratori e dei datori di lavoro, la cosiddetta società civile, le associazioni e le consorterie sono sostanzialmente delle corporazioni.
In uno Stato democratico questi centri di interesse non hanno un potere legislativo od esecutivo diretto. Cioè, se sei un sindacalista od un membro di un'associazione riservata, per andare in Parlamento o per fare il Sindaco ti devono votare.
Questo non significa che queste strutture non abbiano un peso concreto sulle decisioni di Governo e Parlamento e nel determinare la struttura ed il funzionamento del mercato.

30.60.20 La collocazione storica delle corporazioni.
Nel Medioevo le corporazioni raggruppavano le persone che esercitavano uno stesso mestiere. C'era in genere la corporazione dei dei mercanti, quella dei calzolai, quella dei fabbri ecc..
Nelle società posteriori al Medioevo i sistemi corporativi di

questo tipo generalmente non hanno più funzionato.

Gli Stati moderni sono troppo grandi per la concreta istituzione di corporazioni di mestiere, bisognerebbe dar vita a strutture mastodontiche, costose e poco funzionali.

Concretamente avrebbero poi scarsa utilità perché il conflitto sociale ha assunto dinamiche diverse, largamente trasversali rispetto ai diversi mestieri esercitati.

Attraverso questo tipo di corporazioni i problemi sociali non verrebbero risolti ma portati all'interno delle corporazioni e moltiplicati.

Poi si creerebbero anche i contrasti da risolvere tra ogni singola corporazione e le altre. Concretamente, invece di semplificare le cose, si complicherebbero.

30.60.30 Il modello corporativo.

Dal lato della domanda il sistema corporativo non si differenzia apparentemente dal libero mercato.

Concretamente, però, la differenza esiste, non solo per le dimensioni della spesa sostanzialmente pubblica che tende ad aumentare, ma anche per i criteri con cui la spesa viene decisa. La differenza maggiore sta comunque dal lato della produzione e quindi dell'offerta.

Sulla base di esigenze esterne al mercato, lo Stato decide cosa si può produrre e chi può produrlo.

Decide chi può lavorare ed avere un lavoro ben pagato e pienamente tutelato e chi non può lavorare o, quanto meno, può accedere solo ai lavori meno pagati e meno garantiti.

Decide l'assegnazione degli appalti pubblici. I settori economici considerati strategici possono essere nazionalizzati e gestiti direttamente dallo Stato.

Il condizionamento pubblico persegue degli obiettivi diretti che si presume che possano essere meglio perseguiti al di fuori delle normali regole del mercato.

Si presume, cioè, di poter fare meglio di quello che può fare il mercato. Questo è possibile ma non è né semplice né probabile. Gli interessi direttamente tutelati possono poi essere diversi da quelli certamente condivisibili come sviluppo economico e occupazione fino ad arrivare alla potenza militare o alla supremazia della razza.

30.60.40 I modelli parzialmente corporativi.

In un sistema parzialmente corporativo, solo alcuni settori sono sottratti alle normali regole di mercato.

Questi settori hanno normalmente un'efficienza minore e dei costi medi maggiori rispetto agli altri e vanno quindi in un qualche modo finanziati.

Il finanziamento può avvenire direttamente a carico dello Stato utilizzando tributi pagati dagli altri settori. Forse questa sarebbe la soluzione più onesta.

Il secondo metodo, di antica tradizione, è quello dei dazi doganali. È sempre stato usato per sostenere, al di fuori del mercato, industrie e settori nascenti.

Anche qui a pagare sono gli altri settori economici. In parte in termini di maggior prezzo pagato per i beni nazionali rispetto a quello che pagherebbero per i prodotti importati. In parte in termini di minori esportazioni dei loro prodotti a causa delle ritorsioni degli altri Stati.

Il terzo metodo è quello di far gestire i settori considerati strategici da imprese che operano in regime di monopolio. Operando in regime di monopolio si impongono prezzi più alti che sono sempre gli altri settori a pagare.

I settori economici protetti possono anche essere finanziati col debito pubblico o con l'emissione di moneta. Sono comunque soldi di tutti che vengono dati a loro e non vengono dati ad altri.

Comunque si operi, le cose non cambiano molto. Si finanziano alcuni settori economici tenendoli al di fuori dal mercato a spese degli altri settori.

La spiegazione più ovvia di un simile comportamento è che si suppone che in questo modo si possa spingere lo sviluppo dell'intera economia nazionale o di zone geografiche depresse.

L'espansione drogata di questi settori dovrebbe prima di tutto creare un indotto in termini di commesse.

Dovrebbero poi crearsi i presupposti per lo sviluppo di tecnologie da applicarsi anche agli altri settori. L'aumento della produzione e del reddito in questi settori dovrebbe indurre un aumento dei consumi con effetti moltiplicativi.

Quando la cosa non funziona, per indicare imprese e strutture create con fondi pubblici che non hanno creato nessun indotto, si usa l'espressione "**cattedrali nel deserto**".

Solo nel caso di finanziamento pubblico in deficit di bilancio il meccanismo è simile a quello keynesiano anche se presenta comunque delle differenze notevoli.

Un intervento keynesiano è fatto all'interno delle regole del mercato. In questo caso, agendo sulla domanda aggregata, si esce volutamente da queste regole.

30.60.50 I modelli completamente corporativi.

In ogni sistema economico un certo spazio al mercato non può comunque essere evitato, specialmente per quel che riguarda la distribuzione.

Finché la porzione di sistema economico sottratta al mercato mantiene dimensioni limitate rispetto alla parte restante, il costo in termini di minor efficienza potrà essere scaricato sui settori che seguono ancora le regole di mercato.

Nei settori protetti la produzione sarà maggiore di quella che si avrebbe in un libero mercato, negli altri settori sarà minore.

Nel complesso, continueremo comunque ad avere un sistema che opera all'interno di regole di mercato.

Se i settori che operano fuori dalle regole di mercato aumentano, ad un certo punto non potremo più compensare i loro squilibri a spese degli altri settori.

Il sistema economico uscirà dalla logica di mercato. Si cercherà allora di evitare il crollo d'efficienza attraverso complessi meccanismi e strutture.

30.60.60 La Rerum Novarum.

Già prima dell'avvento del fascismo, il corporativismo era

parte integrante della dottrina sociale della Chiesa Cattolica.
Nel 1891 il corporativismo è stato inserito da papa Leone XIII nell'enciclica Rerum Novarum come strumento per superare le tensioni sociali ed assicurare progresso e giustizia sociale.
Dalla Rerum Novarum lettere enciclica di S.S. Leone XIII.
"C) L'opera delle associazioni.
1 - Necessità della collaborazione di tutti.
36. Finalmente, a dirimere la questione operaia possono contribuire molto i capitalisti e gli operai medesimi con istituzioni ordinate a porgere opportuni soccorsi ai bisognosi e ad avvicinare e udire le due classi tra loro. Tali sono le società di mutuo soccorso; le molteplici assicurazioni private destinate a prendersi cura dell'operaio, della vedova, dei figli orfani, nei casi d'improvvisi infortuni, d'infermità, o di altro umano accidente; i patronati per i fanciulli d'ambo i sessi, per la gioventù e per gli adulti. **Tengono però il primo posto le corporazioni di arti e mestieri che nel loro complesso contengono quasi tutte le altre istituzioni. Evidentissimi furono presso i nostri antenati i vantaggi di tali corporazioni, e non solo a pro degli artieri, ma come attestano documenti in gran numero, ad onore e perfezionamento delle arti medesime. <u>I progressi della cultura, le nuove abitudini e i cresciuti bisogni della vita esigono che queste corporazioni si adattino alle condizioni attuali.</u> Vediamo con piacere formarsi ovunque associazioni di questo genere, sia di soli operai sia miste di operai e padroni, ed è desiderabile che crescano di numero e di operosità.** Sebbene ne abbiamo parlato più volte, ci piace ritornarvi sopra per mostrarne l'opportunità, la legittimità, la forma del loro ordinamento e la loro azione."

30.60.70 La Carta del Quarnaro.

Una proposta interessante di sistema sociale corporativo è stata quella contenuta nella "**Carta del Quarnaro**" scritta nel 1920 da Alceste de Ambris quale costituzione, mai applicata, della Reggenza di Fiume. La proposta è quella di un sistema corporativo esplicito e democratico.

Il testo integrale è facilmente reperibile su Internet.

Le corporazioni della Carta del Quarnaro non erano quelle medioevali non più corrispondenti alla realtà sociale e alle dinamiche economiche già presenti.

Tutti i lavoratori erano divisi in sette "corporazioni", operai, personale tecnico ed amministrativo, addetti alle imprese commerciali, imprenditori, impiegati pubblici, insegnanti e professionisti.

Questa divisione cercava di riprodurre la nuova stratificazione sociale ed i nuovi centri d'interesse economico abbandonando il vecchio concetto di corporazione di mestiere.

La Carta prevedeva due assemblee legislative, la Camera dei rappresentanti e il Consiglio Economico, competenti per materie diverse.

Le competenze del Consiglio Economico riguardavano il codice commerciale e marittimo, la disciplina del lavoro, i trasporti, i lavori pubblici, i trattati di commercio e le dogane, l'istruzione tecnica e professionale, la legislazione sulle banche, sulle industrie e sull'esercizio delle professioni e mestieri.

I suoi membri avrebbero dovuto essere eletti dai lavoratori delle diverse corporazioni.

L'attività del Consiglio non era comunque volta a sostituire e sopprimere l'attività sindacale che rimaneva comunque libera.

Le corporazioni previste dalla Carta rappresentavano le classi economiche produttive ed erano una cosa completamente diversa da quelle che sarebbero state le corporazioni fasciste, cioè delle istituzioni anacronistiche, di stampo medioevale, che avrebbero dovuto dividere lo Stato in fasce merceologiche.

Vi era anche un'altra differenza oltre quella strettamente formale. Le corporazioni della Carta non negavano l'esistenza della lotta di classe mentre le corporazioni fasciste erano un tentativo di negarla o, quanto meno, di superarla.

Altri punti erano.

Art. 6 La Repubblica considera la proprietà come una funzione sociale, non come un assoluto diritto privilegio individuale.

Art. 7 Il porto e le ferrovie … sono proprietà perpetua ed inalienabile dello Stato

art. 8 Una Banca della Repubblica controllata dallo Stato avrà l'incarico dell'emissione della carta-moneta e di tutte le altre operazioni bancarie.

Art. 9 L'esercizio delle industrie, delle professioni e dei mestieri è libero per tutti i cittadini della Repubblica.

Alceste de Ambris rifiutò di aderire al fascismo e morì esule in Francia.

Il suo è stato un modello politico ed economico di Stato corporativo democratico che non ha mai visto un'attuazione concreta.

Invece i sistemi che in seguito si sono apertamente dichiarati corporativi in genere non sono stati democratici.

30.60.80 Il corporativismo fascista.

Il primo motivo per cui lo Stato fascista non può essere considerato veramente corporativo è che è difficile concepire un sistema economico corporativo in un regime che non sia democratico.

È quindi difficile credere che un regime dittatoriale come quello fascista possa veramente essere stato corporativo.

Un sistema liberista può benissimo coesistere con un sistema politico non democratico.

In realtà chi governa in un regime dittatoriale tende a fare gli interessi propri e dei propri amici ma non è detto che tali interessi confliggano col libero mercato, anzi il mercato lasciato a se stesso ha spesso favorito lo sfruttamento e l'ingiustizia sociale.

Per quel che riguarda la teoria keynesiana c'è chi ha sostenuto che Hitler sia stato di fatto un keynesino.

Digitando su un motore di ricerca "Hitler Keynes" si trovano articoli, discussioni e commenti.

Si arriva normalmente alla conclusione che non era proprio così, ma il fatto che se ne discuta dimostra che la cosa non è poi così assurda.

Che esistano casi di fallimento del mercato lo può pensare tanto un governante democratico quanto un dittatore.

In realtà tutte queste teorie si presentano come oggettive, tecniche. Magari poi nelle loro formulazioni concrete non lo sono fino in fondo ma si presentano comunque in questo modo.

Una teoria tecnica che si presenta come oggettiva è come la "Scienza delle costruzioni" che serve per fare i ponti e i ponti si fanno allo stesso modo in tutti i generi di regime.

Il sistema corporativo si basa invece sulla rappresentanza d'interessi e la rappresentanza può essere solo democratica altrimenti abbiamo solo un soggetto, o un gruppo, che d'interessi rappresenta soltanto i propri, mistificando poi la realtà.

Concretamente i rappresentanti della corporazione del vetro e della ceramica devono essere scelti dai lavoratori e dagli imprenditori delle imprese che producono vetro e ceramica. La possibilità di scelta deve essere sostanziale.

Possiamo anche ritenere che il meccanismo di scelta di chi rappresentava le corporazioni fasciste riuscisse veramente a selezionare qualcuno capace di rappresentarne gli interessi.

Possiamo anche ritenere che le corporazioni avessero effettivamente il potere di decidere qualcosa. Resta però il secondo motivo, il più importante, per non considerare corporativo il regime fascista.

Le corporazioni devono rappresentare un concreto centro d'interessi presente nella società.

Le corporazioni della "Carta del Quarnaro" corrispondevano a precisi gruppi d'interesse effettivamente presenti nella società industriale di quel tempo.

La Rerum novarum parlava delle corporazioni medievali ma per confrontarne il valore e l'efficacia con le istituzioni attualmente presenti nella società, non per riproporre tali e quali delle istituzioni vecchie di secoli che non avevano più alcun riscontro nella realtà sociale.

(Tesi prevalente: il corporativismo viene visto come una teoria economica legata a regimi totalitari).

Nella Rerum novarum era espresso chiaramente che "I progressi della cultura, le nuove abitudini e i cresciuti bisogni della vita esigono che queste corporazioni si adattino alle condizioni attuali".

Le corporazioni medioevali erano strutture che raggruppavano tutti coloro che in una città esercitavano lo stesso mestiere. Attualmente non abbiamo una corporazione dei fabbri o dei calzolai né ci potrebbe essere.

Le corporazioni fasciste erano 22 e ricalcavano la logica di quelle medioevali. 8 appartenevano al ciclo produttivo agricolo-industriale-commerciale, 8 al ciclo produttivo industriale-commerciale e 6 per le attività produttrici di servizi.

Questo è l'elenco completo.

Cereali; Mare e aria; Orto–floro-frutticoltura; Zootecnia e pesca; Industrie estrattive; Vitivinicola e olearia; Combustibili liquidi e carburanti; Prodotti tessili; Legno; Vetro e ceramica; Abbigliamento; Acqua, gas ed elettricità; Chimica; Meccanica; Siderurgia e metallurgia; Costruzioni edili; Carta e stampa; Ospitalità; Previdenza e credito; Comunicazioni interne; Professioni e arti; Spettacolo.

Come si vede, l'elenco è fatto con criteri puramente merceologici, con una logica improvvisata più formale che sostanziale.

La classificazione risulta forse addirittura peggiore di quella degli attuali codici At.eco.

Sostanzialmente il fascismo ha usato il corporativismo medioevale come uno slogan ricco di suggestioni senza un contenuto veramente qualificante.

30.60.90 Il corporativismo nella Repubblica Italiana.

Molti articoli della Costituzione della Repubblica italiana richiamano principi corporativi sostanzialmente di matrice cattolica.

Le corporazioni non sono previste esplicitamente, sono invece previsti centri d'interesse economico anche di rilevanza costituzionale.

Sono espressamente previsti interessi tutelabili esercitabili attraverso il superamento di strutture e meccanismi di mercato.

Art. 3 ... partecipazione di tutti i lavoratori all'organizzazione politica, economica e sociale del Paese.

Art. 39 ... I sindacati registrati ... Possono ... stipulare contratti collettivi di lavoro con efficacia obbligatoria per tutti gli appartenenti alle categorie alle quali il contratto si riferisce.

Art. 41 L'iniziativa economica ... Non può svolgersi in contrasto con l'utilità sociale ... La legge determina i programmi e i controlli perché l'attività economica pubblica e privata possa essere indirizzata e coordinata a fini sociali.

Art. 43 A fini di utilità generale la legge può riservare originariamente o trasferire mediante espropriazione e salvo indennizzo, allo Stato, ad enti pubblici o a comunità di lavoratori o di utenti determinate imprese o categorie di imprese, che si riferiscano a servizi pubblici essenziali o a fonti di energia o a situazioni di monopolio ed abbiano carattere di preminente interesse generale.

Art. 46 ... diritto dei lavoratori a collaborare ... alla gestione delle aziende.

Rileggendo questi articoli, il compromesso tra le diverse ideologie che caratterizza la nostra Costituzione appare sostanzialmente favorire la tradizione cattolica e delineare un sistema ispirato alla dottrina della Chiesa secondo la sua tradizione anche corporativa.

L'articolo più significativo è il 39 che prevede che i sindacati registrati possono stipulare contratti collettivi di lavoro con efficacia obbligatoria per tutti gli appartenenti alle categorie alle quali il contratto si riferisce.

Queste "categorie" non sono una cosa molto diversa dalle corporazioni fasciste. Questo è forse il motivo per cui l'articolo non è stato attuato.

(Tesi prevalente: la Costituzione Italiana viene considerata la sintesi d'arrivo delle diverse ideologie e teorie economiche senza la prevalenza di nessuna in particolare).

Concretamente il corporativismo italiano è Stato utilizzato con successo negli anni '50 e '60.

L'intervento dello Stato ha sottratto al mercato e ai suoi meccanismi larghi settori dell'economia: siderurgia, armamenti, autostrade, trasporti ferroviari, aerei e navali, banche, telefoni, industria petrolifera.

In altri settori, come industria automobilistica e assicurativa, è intervenuto affiancando le imprese private.

L'intervento pubblico è avvenuto solitamente in regime di monopolio e questo ha permesso di sottrarre molte imprese alle regole del mercato senza dover negare espressamente tali regole.

Giustamente non si sono confusi gli spazi dell'economia pubblica con quelli lasciati al mercato, sostanzialmente distribuzione, piccola impresa, professioni, moda, industria tessile e dell'abbigliamento, mobili, alberghi e ristoranti e, tendenzialmente, l'industria alimentare.

Lo schema è Stato sostanzialmente questo. L'intervento pubblico genera un primo grosso impulso allo sviluppo. Il settore privato trova in questo modo le condizione di partenza per un processo di sviluppo moltiplicativo che altrimenti non si sarebbero create.

Come esempio, supponiamo che lo Stato spenda una certa somma per costruire un'acciaieria.

Attraverso il pagamento di dipendenti e fornitori dell'acciaieria, verrà messa in circolazione nuova moneta che nel momento che verrà spesa creerà nuova domanda e quindi nuova produzione di beni diversi.

La nuova produzione creerà nuovo reddito e quindi nuova domanda. Il processo si dovrebbe ripetere in modo circolare creando sviluppo economico.

C'è differenza, però, rispetto ad uno schema keynesiano.

Nel sistema keynesiano lo Stato distribuisce sussidi o costruisce opere pubbliche, una strada ad esempio, che una volta costruita viene utilizzata e basta.

Nel nostro caso, invece, lo Stato costruisce un'acciaieria che rimarrà pubblica e continuerà a produrre e a mettere sul mercato beni prodotti seguendo regole non completamente di mercato.

È probabile che in questo modo si formi un'industria pubblica poco capace di entrare in quel mercato con cui non ha mai dovuto confrontarsi.

Può essere un caso, ma il corporativismo italiano è entrato in crisi quando ha dovuto aprirsi con il mercato europeo e ha dovuto condividerne le regole.

Forse, però, è solo stato sostituito da un nuovo corporativismo europeo.

(Tesi prevalente: non si considera corporativo il sistema economico italiano di quegli anni).

30.60.100 Il corporativismo europeo.

Gran parte dei Paesi dell'Unione Europea ha una moneta unica e questo sta trasformando i diversi mercati in un unico mercato.

All'interno di questo mercato le regole ed i condizionamenti imposti dall'autorità di governo sono invasivi e vanno ben oltre la correzione delle inefficienze.

Gli interessi diretti e gli obiettivi diretti sono perseguiti attraverso l'imposizione di regole pesanti e attraverso trasferimenti cospicui.

La sospensione delle regole comunitarie a seguito della pandemia ha poi evidenziato una insospettata capacità di recupero e di espansione delle diverse economie nazionali in assenza di tali regole.

Il fatto che si sia pensato di poter superare il momento di crisi e incoraggiare la ripresa sospendendo le regole comunitarie tradisce il giudizio che si ha su queste regole. Questo al di là della retorica e dei proclami ufficiali.

Il motivo per cui il corporativismo italiano ha funzionato tra gli anni '50 e '70 mentre quello fascista non ha mai funzionato e quello europeo sta funzionando male credo che sia da ricercare nella diversa percentuale del mercato totale sottratto alle proprie regole e assoggettata alle regole e agli obiettivi corporativi.

Nell'Italia degli anni "50 e 60", solo una parte limitata dell'economia era gestita al di fuori del mercato in base a regole corporative.

Inoltre molte imprese di proprietà pubblica erano comunque gestite in modo economico e concretamente operavano secondo le regole del mercato.

La parte "corporativa" del sistema aveva un'efficienza certamente inferiore che veniva compensata da prelievi sostanzialmente fiscali sulla parte restante del sistema.

Era poi possibile ricomprendere le altre forme di intervento pubblico ritenute necessarie, come sostegno della domanda e casi di fallimento del mercato, all'interno dell'intervento diretto a favore di interessi corporativi senza dover ricorrere ad ulteriori interventi pubblici.

La domanda poteva essere sostenuta attraverso l'immissione di risorse nei settori gestiti. Le esternalità coincidevano con gli interessi protetti corporativamente.

(Tesi prevalente: il sistema europeo non viene considerato corporativo).

30.70.00 LE NAZIONALIZZAZIONI E LE PRIVATIZZAZIONI

Si può ritenere che i meccanismi di mercato non assicurino il massimo dell'efficienza a causa di monopoli, cartelli, economie o diseconomie esterne.

Oppure si può ritenere politicamente necessario modificare la distribuzione del reddito o dei consumi.

In questi casi lo Stato può intervenire per modificare i risultati dei meccanismi di mercato.

Può introdurre un'imposizione progressiva che sottragga ricchezza soprattutto ai più ricchi ed attraverso la spesa pubblica la ridistribuisca a tutti in parti uguali.

Può tassare le imprese che inquinano e sovvenzionare quelle che inquinano di meno.

Può vietare i monopoli o vietare gli accordi tra imprese per limitare la concorrenza.

Il tipo d'intervento più estremo è comunque quello dell'assunzione diretta da parte dello Stato della produzione di beni o di servizi.

30.70.10 Le nazionalizzazioni.

Nel XX secolo, l'assunzione totale della produzione da parte dello Stato era caratteristica dei sistemi economici comunisti.

Era esclusa la proprietà privata degli strumenti di produzione.
Potevano essere tollerate solamente attività economiche private assolutamente marginali soprattutto nel settore agricolo.
Era ammessa la proprietà privata dei beni d'uso.
Attualmente nella maggior parte degli Stati rimasti comunisti la proprietà privata dei mezzi di produzione è ampiamente ammessa.

Anche nelle economie capitaliste, o di mercato, si è ricorso alla nazionalizzazione di imprese o di interi settori produttivi, cioè alla costituzione di imprese da parte dello Stato o al loro acquisto.
La nazionalizzazione è stata spesso dovuta al salvataggio mediante l'acquisto di imprese o interi settori produttivi in crisi.
In alcuni casi, però, si sono nazionalizzati interi settori ritenuti strategici con l'obbligo di vendita da parte dei privati prevedendo un equo indennizzo.
Le nazionalizzazioni hanno in genere riguardato il settore energetico, dei trasporti e situazioni di monopolio naturale.
Di fatto, in Italia, ci si è trovati ad avere una predominanza di imprese pubbliche in diversi settori, tra cui banche, siderurgia, cantieristica e autostrade.
Questo tipo d'intervento trasforma il "libero mercato" in una "economia mista", in un sistema, cioè, in parte gestito direttamente dallo Stato per ottenere una maggiore efficienza e una maggiore giustizia sociale.
Attraverso i correttivi pubblici la legge di Say può continuare ad essere valida anche se la distribuzione del reddito è stata modificata. Ci pensa lo Stato a prelevare risorse dal sistema e a trasformarle in investimenti.
Un'economia mista tollera in genere un certo livello di nazionalizzazioni.
Se non esiste una netta separazione tra iniziativa economica pubblica e privata le possibilità di convivenza è probabile che si

riducano.

Trovandosi a operare nello stesso settore produttivo, l'impresa pubblica si ritrova a confrontarsi con quella privata normalmente più efficiente. Quella privata si ritrova a concorrere con un'impresa pubblica che gode di maggiori aiuti e privilegi.

30.70.20 Le privatizzazioni.

Una visione opposta a quella della nazionalizzazione è quella che porta alla privatizzazione di imprese o industrie pubbliche, talvolta di imprese precedentemente nazionalizzate.

In base ad una presunta superiorità del libero mercato valida in ogni situazione, l'operazione viene ritenuta economica anche nel caso di servizi pubblici essenziali, fonti d'energia o situazioni di monopolio.

Tra la fine del XX secolo e l'inizio del XXI sono state attuate nel Mondo privatizzazioni secondo uno schema comune a molti Stati. Più o meno si è agito in questo modo.

Lo Stato ha ceduto ad un privato, ad un prezzo generalmente basso, un'impresa statale titolare della concessione su di un servizio pubblico essenziale gestito in regime di monopolio.

Una volta privatizzata, la società A ha poi venduto la concessione alla società B capitalizzando ed incassando gli utili futuri.

A questo punto B avrebbe dovuto lavorare parecchi anni senza guadagnare perché gli utili erano già stati incassati in anticipo da A. Cosa che normalmente non ha fatto.

Quello che invece hanno fatto le imprese subentranti è fallire lasciando debiti oppure abbattere drasticamente la qualità del servizio.

Se poi lo Stato ha revocato la concessione per inadempimento, tanto meglio. Così si è potuto ricominciare tutto da capo con ulteriori guadagni.

(Tesi prevalente: è difficile sostenere che le privatizzazioni abbiano funzionato in Italia. È ancor più difficile sostenere che abbiano funzionato all'estero.

Si preferisce non discutere dell'esito delle privatizzazioni

passate come se non fossero mai avvenute.
Si propongono poi nuove privatizzazioni utilizzando le stesse motivazioni già utilizzate in passato).

Per chi voglia approfondire la conoscenza del fenomeno delle privatizzazioni di quel periodo, non solo in Italia ma ancor più all'estero, consiglio il testo di Mariana Mazzucato "Il valore di tutto. Chi lo produce e chi lo sottrae nell'economia globale."

40.10.00 GLI SCAMBI CON L'ESTERO

Attualmente la quasi totalità degli Stati è aperta agli scambi internazionali. Si ritiene generalmente che gli scambi siano sempre convenienti per le parti.

Anche se uno Stato produce praticamente tutto a costi più alti di un altro, può avere convenienza a scambiare quei beni che sono più facilmente producibili all'interno con quelli più difficilmente producibili (David Ricardo, Teoria dei costi comparati).

In realtà non è proprio sempre così. Possono esserci problemi che inducano gli Stati a bloccare le importazioni, in via generale o in singoli settori.

La protezione di settori industriali nascenti non ancora in grado di competere con le imprese straniere.

La protezione di un settore agricolo che presenta costi superiori a quelli dei Paesi concorrenti.

La necessità di controllo di alcuni settori produttivi come, ad esempio quello degli armamenti.

L'equilibrio della bilancia dei pagamenti che non si riesce a perseguire a causa delle troppe importazioni.

Il calo dell'occupazione a seguito della minore produzione dovuta alle importazioni.

Per ridurre le importazioni, gli strumenti utilizzati sono principalmente due.

I dazi doganali o, più drasticamente, i divieti d'importazione o i contingentamenti alle importazioni. I dazi sono imposte che paga chi introduce beni sul territorio nazionale. Il dazio si somma al costo del bene rendendolo più caro e meno competitivo. Il problema è che gli altri Stati reagiscono aumentando i loro di dazi in modo da impedire le nostre esportazioni.

Il secondo strumento è la svalutazione della moneta nazionale che rende più care le nostre importazioni in quanto, per ottenere la moneta straniera necessaria per importare, bisogna darne di più della nostra. Anche qui ci può essere una reazione simmetrica degli altri Stati.

Esiste poi un problema più generale relativo allo strumento monetario. In economica il numero degli strumenti deve essere uguale al numero degli obiettivi (Regola di Tinbergen). Manovre sulla moneta possono quindi essere utilizzate solo per perseguire un obiettivo alla volta. Se col solo strumento monetario voglio scoraggiare le importazioni, contrastare l'inflazione ed attirare capitali esteri, i conti non tornano e ogni volta che agirò per raggiungere un obiettivo danneggerò tutti gli altri.

40.10.10 Il riequilibrio della bilancia dei pagamenti.

Ai tempi del sistema monetario aureo, quando cioè come moneta si usava l'oro, si riteneva che il livello dei prezzi in un Paese dipendesse della quantità d'oro che circolava nel Paese stesso.

Se un Paese importava più beni di quanto esportasse, le sue riserve d'oro diminuivano, le importazioni andavano infatti pagate in oro. Diminuivano quindi anche i prezzi dei beni nazionali in quanto scambiati con una minor quantità d'oro. Le esportazioni venivano facilitate e le importazioni rese più difficili.

L'inverso succedeva per quei Paesi che esportavano troppo.

La diminuzione dei prezzi nel Paese con un surplus di importazioni rendeva i suoi beni più convenienti e faceva aumentare le sue esportazioni.

L'aumento dei prezzi nel Paese con surplus di esportazioni faceva invece diminuire le sue esportazioni.

Questo principio era alla base di quello che veniva definito "riequilibrio automatico della bilancia dei pagamenti" legato al sistema aureo.

È probabile che il meccanismo concretamente non fosse in grado di funzionare. I tempi necessari per il riequilibrio automatico sarebbero stati troppo lunghi.

Gli Stati potevano però abbreviare i tempi attraverso provvedimenti sul tasso ufficiale di sconto e sui dazi doganali.

Prescindendo dal concreto effetto sul riequilibrio delle importazioni e delle esportazioni, tutto ciò poteva spiegare i diversi livelli di prezzi esistenti nei Paesi poveri, dove circolava pochissimo oro e quindi i prezzi erano bassissimi, e nei Paesi ricchi, dove circolava più oro ed i prezzi erano quindi più alti.

Dal diverso livello dei prezzi discendeva un corrispondente rapporto di scambio tra i beni dei diversi Paesi per cui i Paesi ricchi potevano cedere poche merci carissime in cambio di molte merci a buon mercato dei Paesi più poveri.

Quando le monete hanno cessato di essere convertibili in oro non è cambiato molto, i prezzi dei Paesi poveri hanno continuato ad essere bassi, quelli dei Paesi ricchi alti.

La convertibilità con l'oro non è essenziale per assicurare rapporti di scambi favorevoli ai Paesi ricchi, non lo era probabilmente neppure in passato in quanto le monete dei Paesi poveri erano di fatto inconvertibili in oro, e non lo è adesso che nessuna moneta è convertibile.

La spiegazione non è quindi questa, o, quanto meno, questa non è l'unica spiegazione possibile.

Non si può in realtà prescindere dal modo in cui gli scambi vengono concretamente effettuati e quindi dal modo in cui i prezzi realmente si formano.

Fissare semplicemente delle relazioni più o meno rigide tra grandezze come prodotto interno lordo, quantità di moneta in circolazione, livello dei prezzi ed altro, non serve se non riusciamo anche ad individuare un preciso meccanismo del mercato, effettivamente funzionante, che garantisca la costanza di tali rapporti.

40.10.20 Il mercato interno e il mercato internazionale.

In effetti gli scambi non avvengono tutti allo stesso modo, e nello nello stesso mercato.

Ci sono beni che vengono scambiati sul mercato internazionale, cioè possono essere e sono venduti indifferentemente nei vari Paesi senza consistenti limitazioni. In questo caso il venditore può scegliere di vendere dove il prezzo è maggiore. Non possono quindi formarsi condizioni di vendita molto diverse nei diversi Stati, in caso contrario i beni verrebbero indirizzati verso i Paesi in cui i prezzi effettivi sono maggiori a scapito di quei Paesi che offrono prezzi minori.

In realtà, però, molti beni che a prima vista potrebbero sembrare scambiati in un mercato internazionale di fatto non lo sono o lo sono con limiti sostanziali.

Molte imprese multinazionali operano in Paesi diversi ma vendono prodotti differenziati che, di fatto, si vanno a collocare nei singoli mercati interni anche a prezzi notevolmente diversi.

Ci sono poi beni che di fatto vengono scambiati solo nei mercati interni, in questo caso si formano nei vari Paesi prezzi del tutto indipendenti, anche enormemente diversi.

40.10.30 La moneta negli scambi internazionali.

Il rapporto di scambio tra le monete si forma invece nel mercato degli scambi internazionali assieme a quello dei beni venduti su questo mercato.

Le monete dei Paesi ricchi sono generalmente richiesta sia per gli scambi sia come fondo di valore.

Le monete dei Paesi più poveri non sono richieste per niente.

Gli abitanti dei Paesi ricchi investono infatti nella loro moneta le loro molte eccedenze.

Gli abitanti dei Paesi poveri hanno ben poco da investire nella loro moneta. Ammesso poi che anche quel poco non lo vogliano investire in una moneta più forte della loro.

Le transazioni internazionali si effettuano normalmente con le monete dei Paesi ricchi e ciò fa ulteriormente aumentare la richiesta della loro moneta necessaria per effettuare gli scambi.

L'appetibilità delle diverse monete come riserva di valore è influenzata da diversi fattori che generalmente convergono tutti nella stessa direzione a favore delle monete dei Paesi più ricchi.

Anche il tasso d'inflazione interno è poi generalmente più alto nei Paesi più poveri. Se una moneta è più soggetta a svalutare sarà anche meno ambita in quanto meno capace di conservare il proprio valore.

Il tasso d'interesse reale ottenibile sul mercato monetario dei diversi Paesi è molto differente.

Chiaramente, anche in questo caso, i Paesi ricchi sono normalmente in grado di pagare interessi reali, cioè al netto dell'inflazione, maggiori.

Gli interessi lordi vanno poi depurati, oltre che del tasso d'inflazione, anche del rischio di perdite che nei Paesi più poveri è solitamente maggiore.

Per tutti questi motivi, è quindi chiaro che il rapporto di cambio tra le varie monete tende ad alterarsi a favore di quelle dei Paesi più ricchi.

Per migliorare il rapporto di cambio della propria moneta molti governi usano effettuare correntemente manovre sul tasso d'interesse.

Anzi, sembra che questo sia il sistema migliore, o quanto meno il più efficace, perché si basa su di un meccanismo diretto e sicuramente funzionante.

Se i prestiti fatti in una determinata moneta rendono di più, è chiaro che più persone, dal Paese e da fuori, investiranno in quella moneta le proprie eccedenze di ricchezza.

Quello di cui sembra che a volte non ci si accorga è che in questo modo si rischia di mettere parte del sistema economico nelle mani degli usurai. Anche in senso letterale e proprio.

Alla moneta usata per gli scambi internazionali sembra che non si applichi la legge di Gresham. Si usano contemporaneamente più monete e non si usa la moneta cattiva ma quella buona.

Probabilmente la spiegazione sta nel fatto che per i pagamenti internazionali occorre una moneta che sia moneta anche sul mercato internazionale, abbia, cioè, un effettivo rapporto di scambio con le merci vendute sul mercato internazionale.

Ciò è vero solo se la moneta è convertibile con le altre che circolano in tale mercato.

Le monete di molti Paesi del Mondo non sono convertibili tra loro neppure ai rapporti di cambio dichiarati, lo sarebbero forse a tassi assurdamente sconvenienti. Di fatto tali monete sono utilizzabili solo nei mercati interni, su quello internazionale non ci si compra niente.

È probabile che la legge di Gresham non valga inizialmente e la moneta che si impone non sia né quella buona né quella cattiva ma sia quella del Paese, o dei Paesi, che effettua la maggior parte degli scambi sul mercato internazionale.

In un secondo momento la legge di Gresham si applica e in un qualche modo consolida la posizione della moneta che si è diffusa per prima, nel mondo attuale, concretamente il dollaro. Se questo accade, i tentativi da parte di altri Paesi di sostituire la moneta in uso rischiano di assere controproducenti se tendono a rafforzare la propria moneta.

È difficile sostituire la moneta in uso sul mercato internazionale. Non può essere sostituita con monete peggiori perché nessuno le accetta. Non può essere sostituita con quelle migliori perché verrebbero tesorizzate e sparirebbero dalla circolazione proprio in base alla legge di Gresham.

40.10.40 I fattori produttivi interni e i fattori acquistati su mercati internazionali.

Il rapporto di cambio che si forma tra le monete determina una differenza del livello generale dei prezzi interni nei vari Paesi se espresso nella stessa moneta.

In particolare il costo del lavoro in due Paesi, se espresso nella stessa moneta, ad esempio se espresso in dollari, può divergere anche enormemente.

La divergenza dovuta all'alterazione dei rapporti di cambio a favore dei Paesi più ricchi si somma alla divergenza tra i salari reali, espressi in prodotti dei rispettivi mercati interni, anche questa a favore dei Paesi più ricchi.

Proviamo adesso a considerare anche gli effetti degli scambi con l'estero nella nostra analisi del mercato.

La nostra è solo un'analisi di tipo teorico, che cerca di chiarire quelli che sono i meccanismi del mercato, non ha quindi nessuna pretesa di analisi di sistemi economici concreti, né di dare dirette indicazioni.

Nel nostro ipotetico sistema economico si forma un rapporto medio in base al quale sono scambiate le risorse interne con quelle degli altri sistemi economici.

In realtà non esiste un unico rapporto medio, ma tanti diversi rapporti quanti sono i sistemi economici con cui si hanno degli scambi. Ognuno di questi rapporti ha un suo peso nel determinare la media dato dall'importanza degli scambi con quel sistema.

Il rapporto tra i prezzi di due Paesi dipende solo in parte dal diverso costo che i fattori produttivi nei rispettivi mercati interni, in particolare da differenze di salario reale, dipende anche dal rapporto tra i valori delle monete in cui tali costi sono espressi.

Ipotizziamo che la bilancia dei pagamenti sia in equilibrio, che cioè il valore delle importazioni sia pari a quello delle esportazioni.

Se il rapporto di scambio tra risorse interne ed esterne del nostro sistema è 1/1 le risorse impiegate per la produzione dei beni esportati sono pari alle risorse impiegate nella produzione dei beni importati.

In pratica il sistema consuma e accumula esattamente quanto produce utilizzando esattamente la quantità di manodopera necessaria per produrre ciò che consuma ed accumula.

Se il rapporto di cambio varia a favore delle risorse interne, lasciando inalterato il saldo della bilancia commerciale, passando ad esempio a 1/2, per ogni unità di risorse interne se ne otterranno 2 di risorse esterne, le esportazioni necessarie per pagare le importazioni avranno un contenuto di risorse pari alla metà delle risorse contenute nelle importazioni.

Il sistema potrà quindi consumare ed accumulare più di quanto produce, utilizzando, però, una quantità di manodopera inferiore a quella che sarebbe necessaria per soddisfare da solo il fabbisogno interno.

Ci sarà quindi maggior ricchezza ma minore occupazione.

Aumentando ancora il rapporto, cresce ulteriormente la ricchezza del sistema, a scapito di quella degli altri sistemi, ma diminuisce il livello di occupazione, a vantaggio degli altri sistemi.

Uno Stato ricco può anche attuare una politica tendente a rivalutare la propria moneta nei confronti delle altre in modo da aumentare la ricchezza disponibile al proprio interno. Trova, però, un limite nella necessità di assicurare comunque un adeguato livello di occupazione interna.

Dal punto di vista dei Paesi più poveri, la produzione per i Paesi più ricchi può essere un trampolino di lancio per lo sviluppo economico. Sempre però che le esportazioni siano fatte a prezzi svantaggiosi ma non miseri.

Se il rapporto è superiore all'unità, ad esempio 2/1 cioè due unità interne per una esterna, vuol dire che il nostro è un sistema economico povero che è costretto a produrre per l'esportazione più di quanto riceve dagli altri sistemi economici attraverso le importazioni.

In cambio possiamo godere di un livello di occupazione superiore a quello giustificato dalla scarsa domanda interna.

40.10.50 L'incremento della domanda aggregata attraverso

l'esportazione.

Un sistema economico che non riesce a vendere al proprio interno tutto ciò che produce può esportarlo.

Nella misura in cui si riesce a piazzare le eccedenze al di fuori del sistema, si può colmare lo squilibrio tra produzione e domanda permettendo una crescita più consistente e duratura.

Ci sono almeno due modi per esportare più di quanto si importi in modo da avere effetti positivi sulla domanda di beni nazionali.

Il primo è quello delle donazioni o aiuti internazionali.

Gli aiuti ai Paesi stranieri sono normalmente costituiti da forniture gratuite di merci nazionali.

Costituiscono una domanda aggiuntiva netta di beni di produzione nazionale non bilanciata da nessun effetto espansivo sulle importazioni. In questo modo le importazioni non assorbono domanda interna distogliendola dai prodotti nazionali.

Il secondo metodo è quello di compensare le importazioni con investimenti all'estero.

La moneta corrispondente al valore dei beni esportati non è usata per acquistare beni da importare ma rimane nel Paese importatore sotto forma di investimenti di soggetti appartenenti al sistema esportatore.

Tali investimenti possono essere costituiti dall'acquisto di immobili, terreni, giacimenti minerari, impianti o, più semplicemente da prestiti a soggetti appartenenti al sistema economico importatore.

Il primo metodo trova generalmente un limite nel fatto che gli aiuti vanno sostanzialmente finanziati con denaro pubblico.

Un sistema economico ai limiti delle proprie possibilità di espansione ha già grossi problemi per quanto riguarda il bilancio statale e difficilmente può sostenere il costo per aiuti consistenti.

Il secondo può durare a lungo solo se il tasso di rendimento degli investimenti nel Paese colonizzato si mantiene elevato.

Ma se il rendimento è elevato, il flusso di profitti ed interessi dal Paese importatore potrà superare il flusso di investimenti dal Paese esportatore ribaltando completamente la situazione.

40.10.60 L'incremento del rapporto di cambio nel commercio estero.

In passato si riteneva che il modo migliore per rendere ricco un Paese fosse quello di aumentare la quantità d'oro in circolazione.

L'aumento della circolazione aurea avrebbe fatto aumentare i prezzi all'interno e quello dei beni esportati.

In questo modo si credeva di rendere il Paese sempre più ricco, esportando sempre meno beni a prezzi sempre più alti e importando sempre più beni a basso prezzo.

Non siamo più nel sistema aureo e le cose sono diventate più complesse.

In realtà molti paesi ricchi pensano di poter ancora seguire questa politica pur non affermandolo esplicitamente in quanto politicamente scorretto.

Supponiamo pari a 100 il fabbisogno di risorse per il mercato interno figura n. 1.

Aumentando il rapporto tra prezzo delle risorse interne e prezzo delle risorse esterne al sistema, diminuisce la quantità di risorse interne destinate al mercato interno (Produzione per l'interno) ed aumenta l'utilizzo di risorse esterne.

Contemporaneamente diminuiscono anche la quantità di risorse interne destinate all'esportazione (Produzione per l'estero) e la quantità globale di risorse interne utilizzate (Produzione totale).

Nel punto X=1 la quantità di risorse contenuta nelle importazioni è pari alla quantità di risorse contenuta nelle esportazioni.

Se la bilancia commerciale con l'estero è in pareggio, il rapporto in base al quale vengono scambiate risorse interne contro risorse esterne è di 1/1.

A destra del punto X=1 le risorse contenute nelle importazioni sono superiori a quelle contenute nelle esportazioni.

Se la bilancia commerciale è in pareggio, le risorse interne sono cedute ad un prezzo superiore a quello a cui sono acquistate le risorse contenute nelle importazioni.

Nel nostro esempio, nella situazione in cui il rapporto tra prezzo delle risorse interne ed esterne è di 5/1 basta impiegare nelle esportazioni risorse pari al'8% del fabbisogno interno per ottenere un contenuto di risorse pari al 40% attraverso le importazioni. L'altro 60% del fabbisogno interno, non coperto dalle importazioni, continua ad essere coperto dalla produzione nazionale. In questo modo basta utilizzare il 68% delle risorse che sarebbero necessarie per soddisfare il fabbisogno interno di beni e servizi, il 60% direttamente, l'8% per pagare le importazioni.

La produzione interna sarà scesa al 68% e anche l'occupazione sarà scesa.

Chiaramente se il livello degli scambi con l'estero è inferiore anche gli effetti saranno inferiori mentre se è superiore si avranno effetti maggiori.

Invece che puntare ad avere gli stessi beni a disposizione lavorando di meno, figura n. 1, si può utilizzare il rapporto di cambio favorevole per avere più beni producendo le stesse quantità, figura n. 2.

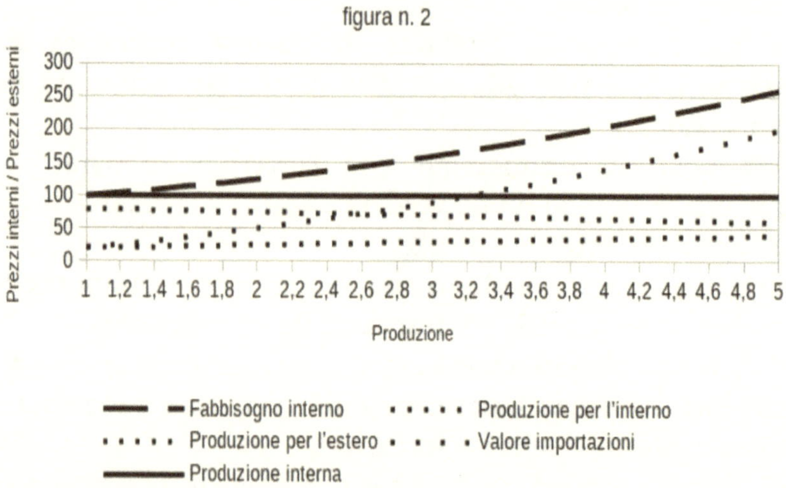

Le risorse liberate dalla produzione interna vengono utilizzate per produrre per l'esportazione, i beni venduti a caro prezzo sul mercato estero finanziano l'importazione di una quantità multipla di beni.

In questo modo si ottiene una maggior disponibilità di beni utili e non si genera disoccupazione.

Concretamente sarà difficile raggiungere un obiettivo simile. È probabile che ci si dovrà accontentare di una posizione intermedia.

40.10.70 L'occupazione e la bilancia dei pagamenti.

In un sistema economico aperto, la collocazione internazionale riguardo agli scambi interagisce con le variabili interne, soprattutto produzione ed occupazione.

In questi appunti non si indicano i meccanismi attraverso

i quali sia possibile arrivare ai risultati voluti al fine di raggiungere punti di equilibrio od ottimizzare certi valori.

Concretamente è anche possibile che tali meccanismi non esistano o siano politicamente inutilizzabili e che quindi i risultati voluti siano concretamente irraggiungibili.

Si cerca solo di fornire uno schema utile a riconoscere ciò che è possibile fare da ciò che non è possibile fare e ciò che una volta realizzato può funzionare per lungo tempo da ciò che non è possibile che funzioni.

Le scelte politiche portano a determinate azioni economiche che normalmente modificano alcuni valori del sistema, a volte ne modificano anche struttura e meccanismi.

Il sistema così modificato può risultare incoerente e ciò può rendere problematico o inefficace ogni ulteriore intervento per il raggiungimento degli obbiettivi voluti.

Ragionare solamente in termini di esame delle condizioni di equilibrio può richiedere un elevato grado di concentrazione e, anche se questi appunti non presuppongono alcuna conoscenza di base, la loro lettura può risultare impegnativa.

40.10.80 Il costo dei fattori.

Abbiamo due sistemi economici, Alfa e Beta.

Alfa ha un PIL pro capite alto e una moneta che viene scambiata con le altre monete ad un valore superiore rispetto al reale potere d'acquisto interno al sistema.

Questo significa che, se prendo 100 monete di Alfa, le cambio in monete di un altro Stato e vado a spendere il ricavato in quello Stato, posso comprare più cose rispetto a quelle che avrei comprato in Alfa.

Detta in altro modo, quando cambio la moneta con quella di un altro Paese me ne danno di più di quella che sarebbe sufficiente per comprare le stesse cose.

Beta ha un PIL pro capite più basso ed una moneta che viene scambiata ad un valore inferiore rispetto al reale potere d'acquisto interno al sistema.

In entrambi i sistemi la produzione è ottenuta con percentuali variabili di risorse esterne e di risorse interne.

Le risorse esterne sono quei fattori produttivi acquistati sul mercato internazionale ad un prezzo che è uguale per tutti, ad esempio materie prime, fonti energetiche e macchine utensili.

Le risorse interne sono quei fattori produttivi acquistati all'interno dei singoli sistemi ed hanno un prezzo diverso, più alto in Alfa e più basso in Beta.

Tale diversità di prezzo dipende principalmente dal costo del lavoro nei due sistemi e dal rapporto di cambio tra le loro monete.

Poniamo, ad esempio che nel sistema Beta il costo del lavoro sia 1 / 2,5 di quello di Alfa e la moneta di Beta sia scambiata con quella di Alfa a metà di quello che è il reale rapporto tra i poteri d'acquisto delle due monete all'interno dei due Paesi.

In questo caso i fattori interni costeranno in Beta 1/5 di quello che costano in Alfa (1 / 2,5*1/2).

I fattori esterni, comprati sul mercato internazionale, costeranno lo stesso prezzo in entrambi i sistemi.

Un bene prodotto in Beta utilizzando per metà fattori esterni, per esempio petrolio che costa quanto in Alfa, e per metà fattori interni, ad esempio lavoro, che nello scambio vanno ad incidere per 1/5, costerà il 60% rispetto allo stesso bene prodotto in Alfa (50% + 50%*1/5) e potrà essere scambiato ad un prezzo proporzionalmente più basso.

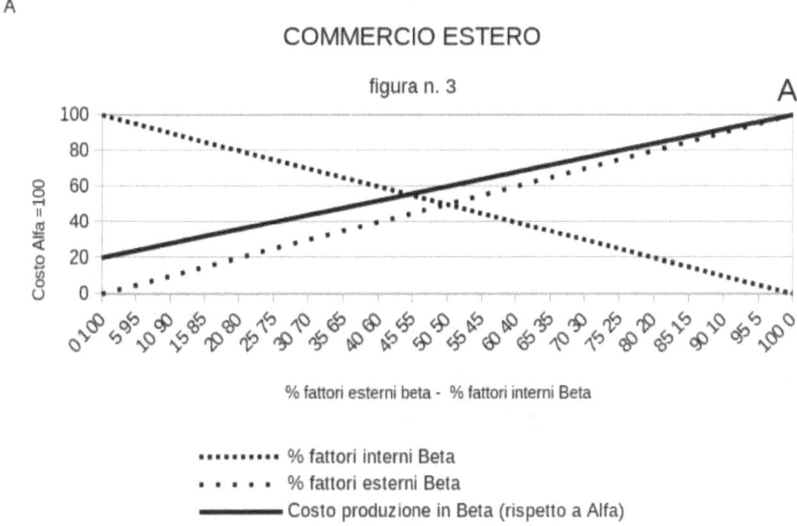

Nel grafico 3 i beni prodotti nel sistema Beta sono rappresentati in ordine crescente di componenti esterne.

Al punto 0 tutti i beni sono prodotti con fattori interni, la differenza di prezzo tra beni prodotti in Alfa e beni prodotti in Beta sarà massima, i beni prodotti in Beta costeranno 1/5 di quelli prodotti in Alfa. Nel punto A i beni sono prodotti solo con fattori esterni che costano in Alfa quanto in Beta, i beni avranno quindi lo stesso prezzo.

40.10.90 L'equilibrio della bilancia commerciale.

Nel nostro schema un sistema economico è definito da tre elementi: il differenziale competitivo, il livello dei salari ed livello del cambio della moneta.

Nel grafico 4 il segmento GB rappresenta il costo dei beni prodotti in Beta rispetto a quelli prodotti in Alfa, sempre in ordine crescente di componenti esterne.

Consideriamo un costo dei fattori interni in Beta pari a 1/5 di quello di Alfa ($\frac{1}{2},5$ per il costo dei salari, $\frac{1}{2}$ per la sottovalutazione della moneta per cui $\frac{1}{2},5*1/2=1/5$). I beni prodotti esclusivamente con fattori interni costeranno in Beta 1/5 di quello che costano in Alfa (punto G), mentre quelli prodotti esclusivamente con fattori esterni avranno lo stesso prezzo in entrambi i sistemi (punto B).

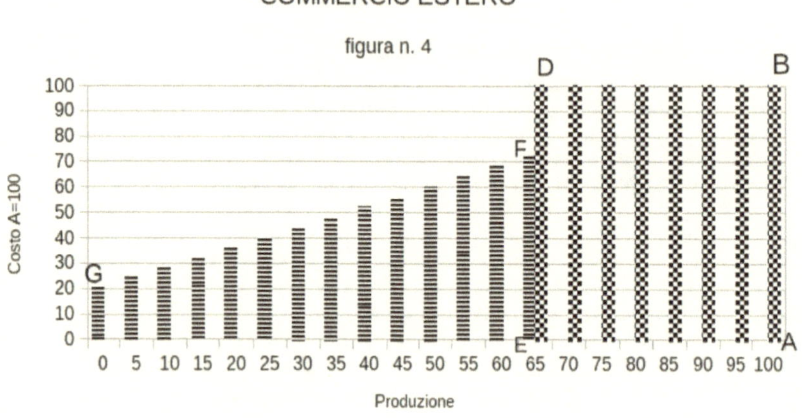

Supponiamo che l'area OEFG rappresenti il valore delle esportazioni di Beta verso Alfa effettuate a prezzi sempre più alti spostandosi verso destra.

L'area EABD rappresenta il valore delle esportazioni da Alfa verso Beta effettuate tutte a prezzo pieno. Quando le due aree si equivalgono, la bilancia commerciale è in pareggio, cioè il costo delle importazioni è uguale al costo delle esportazioni.

Per ottenere questo risultato Alfa deve esportare la quantità EA, importando la quantità OE molto maggiore.

Questo comporta indiscutibilmente una maggior disponibilità di beni per i consumatori di Alfa, minori prezzi d'acquisto e un maggior benessere economico.

Alfa deve, però, essere comunque in grado di esportare i propri prodotti ad un prezzo più alto di quello praticato da Beta, la differenza di prezzo è minore per i beni con maggior componente esterna e maggiore per quelli con componente interna maggiore. Naturalmente, quando la componente interna diventa preminente, vendere i propri prodotti diventa per Alfa praticamente impossibile.

La possibilità per Alfa di arrivare al punto di equilibrio della bilancia commerciale dipende dalla sua maggior capacità competitiva rispetto a Beta che le permette di vendere a prezzi più alti.

La maggiore capacità competitiva deriva da una miglior tecnologia, da mode, abitudini, tradizioni o anche da fattori politici.

Possiamo valutare il differenziale di capacità competitiva di un Paese in base al differenziale di prezzi che riesce a compensare.

Un differenziale competitivo pari a DF garantisce l'equilibrio della bilancia commerciale, un differenziale maggiore determina un avanzo per Alfa mentre un differenziale minore un disavanzo.

Non è detto che esista un meccanismo di riequilibrio della bilancia commerciale. È invece probabile che, dati certi valori, il sistema si trovi in avanzo, in sostanziale parità o in disavanzo e che tenda a mantenersi in quella situazione.

La differenza competitiva è un dato strutturale del sistema che si modifica lentamente, nel breve periodo sostanzialmente è una costante.

Probabilmente tutti i governi e le singole imprese si danno da fare per aumentare la competitività dei sistemi economici e delle singole imprese.

Quello che conta ai nostri fini è però la variazione del differenziale netto a nostro favore, se anche gli altri si danno da fare per migliorare, avere un miglioramento consistente della nostra posizione netta sarà difficile e richiederà tempo.

Anche il livello dei salari non può variare molto velocemente. Mentre può aumentare in caso di condizioni favorevoli, i contratti collettivi di lavoro ed il modo in cui i salari vengono determinati ne rendono difficile una riduzione.

Una riduzione risulta concretamente possibile solo con l'inflazione, anche moderata, attraverso il mancato adeguamento al minor potere d'acquisto della moneta.

In assenza d'inflazione, è possibile la precarizzazione di fasce sempre più ampie di lavoratori con contratti atipici sottratti alla contrattazione collettiva.

Il rapporto di cambio della moneta è probabilmente il parametro che può maggiormente variare nel breve periodo. È improbabile, però, che abbiano efficacia meccanismi automatici di riequilibrio, che cioè si possa contare su di un meccanismo automatico del mercato che determini le variazioni necessarie del livello dei cambi.
In realtà intervengono troppi fattori, anche legati alla speculazione, ad influire sul livello dei cambi.
Può benissimo succedere che la disoccupazione aumenti, il differenziale competitivo si mantenga troppo basso ed il livello dei cambi si mantenga alto e inadeguato.
Tra l'altro, in un mondo dove tutti manovrano ampiamente, lasciando le cose a se stesse non ci si affida al mercato ma alle manovre degli altri.

40.10.100 Il livello sostenibile d'occupazione.
Nel grafico 5 sono rappresentate la quantità prodotta in Alfa per l'esportazione, EABD, e quella prodotta per il mercato interno, AIHB. EIHD rappresenta la produzione totale di Alfa.
In presenza di importazioni che assorbono parte della domanda interna, è probabile che per garantire un adeguato livello di occupazione non basti la produzione per il mercato interno, ma occorra anche produrre una certa quantità di beni per l'esportazione.

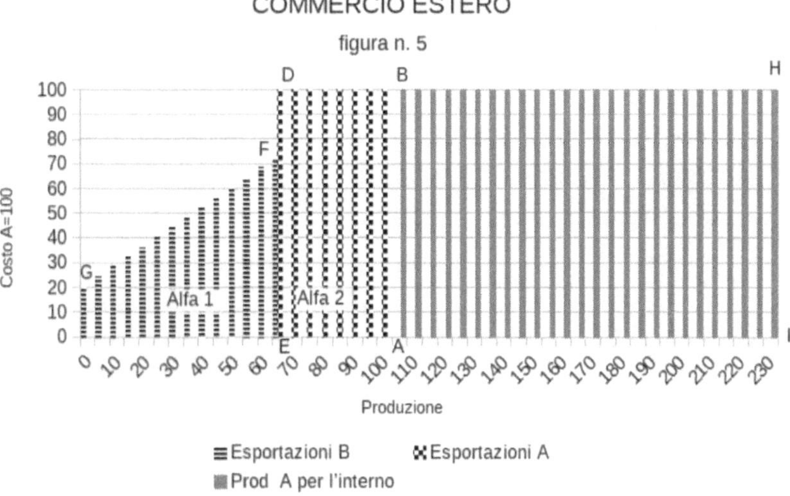

Come per l'obiettivo del pareggio della bilancia commerciale, anche per quello del livello di occupazione la possibilità per Alfa di esportare una quantità adeguata di beni ad un prezzo maggiore di quello praticato da Beta è legato all'esistenza di un differenziale competitivo rispetto a Beta. Se il differenziale è sufficiente, si potrà raggiungere l'obiettivo di un accettabile livello di occupazione, altrimenti non si potrà raggiungere.

Sia l'equilibrio della bilancia dei pagamenti, sia le condizioni di un adeguato livello di occupazione dipendono dalle stesse variabili che agiscono nello stesso modo. Non c'è però nessun motivo per credere che i due punti di equilibrio coincidano, che, cioè, le condizioni che assicurano l'equilibrio della bilancia commerciale garantiscano anche un adeguato livello di occupazione, oppure, viceversa, che il raggiungimento di un adeguato livello di occupazione determini anche il pareggio della bilancia commerciale.

Consideriamo due diversi punti d'equilibrio per l'occupazione: Alfa 1 e Alfa 2. Alfa1 presenta un punto di equilibrio dell'occupazione a sinistra del punto di equilibrio della bilancia commerciale, avrà bisogno di una maggior quantità di esportazioni e potrà raggiungere un adeguato livello di occupazione solo con una bilancia commerciale in attivo.

Alfa2 presenta un punto di equilibrio dell'occupazione a destra del punto di equilibrio della bilancia commerciale, avrà bisogno di una minor quantità di esportazioni e potrà raggiungere un adeguato livello di occupazione con una bilancia commerciale in passivo.

50.10.00 LO SVILUPPO ECONOMICO

Il progresso tecnologico comporta l'utilizzo di nuove scoperte e una migliore organizzazione produttiva che non comportano risparmi sui costi complessivi d'impresa ma comportano invece un aumento dei costi complessivi.

E' chiaro infatti che le ricerche vanno finanziate, che le nuove macchine vanno prodotte e pagate e che la migliore organizzazione ha un costo aggiuntivo.

Per le imprese il maggior guadagno non deriva quindi da un risparmio sui costi ma dai maggiori incassi dovuti alla maggiore produzione.

L'aumento della produzione supera l'aumento dei costi totali. In

questo modo i costi medi diminuiscono.

Alcune imprese riescono ad aumentare la propria produzione adeguandosi ai nuovi sistemi produttivi, le altre vengono espulse dal mercato. L'aumento di produzione delle prime compenserà la mancata produzione delle seconde.

In un primo momento il maggior uso di capitale determinerà un minor uso di manodopera e quindi si avrà un incremento della disoccupazione.

In un secondo momento, però, si creerà nuova domanda a causa dell'aumento della produzione per addetto e della produzione totale. L'aumento del reddito determinerà cioè

un aumento della domanda che assorbirà la disoccupazione che si era precedentemente creata.

Il meccanismo non è istantaneo, occorre tempo perché la domanda aumenti, nel frattempo si sarà provocato un certo livello di disoccupazione. Non è neppure certo che il processo funzioni fino in fondo.

Al termine del processo aumenteranno la produzione e la domanda aggregata mentre diminuirà il numero dei produttori e aumenterà la dimensione delle singole imprese.

Supponiamo che in un sistema economico con una struttura ancora semplice la produzione del bene A sia pari a 100 e costituisca il 10% della produzione globale e del reddito di tutti i produttori. Supponiamo inoltre che ad un certo punto ci sia la possibilità di raddoppiare la produzione del bene A senza aumentare i costi di produzione utilizzando nuovi procedimenti produttivi.

Inizialmente la produzione ed il reddito dei produttori del bene A aumenteranno di 100.

Verosimilmente le nuove 100 unità di reddito verranno spese più o meno nello stesso modo in cui viene speso l'altro reddito, cioè il 10% nell'acquisto di A, il 90% nell'acquisto di altri beni.

Nel mercato di A la produzione sarà pari a 200, la domanda sarà pari a 110.

Nel mercato complessivo di tutti gli altri beni la produzione sarà sempre pari a 900 mentre la domanda sarà salita a 990.

Il prezzo di A tenderà a scendere, quello degli altri beni a salire rispetto ad A.

Ma in un mercato libero non è possibile produrre più di quanto venga domandato, né è possibile che a produrre il bene A si continui per molto tempo a guadagnare il doppio che a produrre un altro bene.

La produzione di A dovrà scendere ad un livello poco superiore a quello di partenza, mentre il suo prezzo unitario dovrà dimezzarsi in proporzione al dimezzato costo di produzione.

L'aumento di ricchezza del sistema sarà pari alla metà del

valore della produzione di A, cioè al valore delle risorse risparmiate nella produzione di A e utilizzabili sia nella produzione di altri beni, sia nella produzione dello stesso bene A.

Naturalmente se la produzione di A aumenterà in proporzione maggiore, aumenterà ancora di più il risparmio di risorse e quindi la ricchezza globale.

Al limite, se fosse possibile riversare tutti i fattori produttivi che si sono liberati nella produzione di A, la produzione ed il reddito aumenterebbero di 100.

Se la produzione di A non aumenta, il numero dei produttori di A si ridurrà alla metà.

Se la produzione di A raddoppia il numero di produttori rimarrà inalterato.

Nella situazione intermedia anche la diminuzione del numero dei produttori sarà intermedia.

In pratica, se il prodotto non ha un peso molto alto nella produzione del sistema economico e l'aumento di produttività non è consistente, succede molto poco, semplicemente alcune risorse si liberano e si ripartiscono tra tutta la produzione con un risultato complessivo minimo.

Non basta che il prodotto sia importante e l'innovazione sia sostanziale, può anche darsi che le risorse liberate non trovino un impegno alternativo e che quindi la produzione globale non aumenti per niente.

Se in un piccolo feudo dove lavorano due maniscalchi si inventa il modo di fare due ferri da cavallo alla volta, non aumenterà il numero di cavalli da ferrare e ci sarà lavoro per un solo maniscalco. Avremmo quindi un maniscalco in meno e un contadino in più.

Ma se la manodopera agricola è già abbondante rispetto al terreno disponibile, il contadino in più non sarà in grado di contribuire ad una maggiore produzione.

L'unica conseguenza dell'evoluzione tecnica sarà quella di diminuire il numero dei maniscalchi ed il valore di scambio dei ferri di cavallo che verranno prodotti con meno lavoro.

Il meccanismo che ripartisce le risorse liberate tra la produzione di alcuni o di molti beni è un meccanismo debole, destinato a funzionare solo in parte o a non funzionare affatto.
La possibilità di espansione del sistema diventa concreta solo quando le risorse si riversano sulla produzione del bene stesso. In questo caso gli effetti saranno maggiori e il meccanismo di sviluppo sarà più forte e sarà in grado di dispiegare effettivamente i suoi effetti.

Non ci saranno risorse liberate che dovranno trovare un impiego ma le risorse rimarranno impiegate nella produzione del prodotto stesso ed il fatto che per un qualche meccanismo si sia creata una domanda crescente del bene A garantirà che ci sia sicuramente una domanda capace di sostenere lo sviluppo degli scambi e della produzione.

Ma a quali condizioni la produzione di A potrà aumentare assorbendo pressoché per intero le risorse rese disponibili?
La prima possibilità è che la maggior produzione venga esportata.
I ricavi derivanti dall'esportazione del bene potranno essere usati per comprare all'estero altri beni la cui produzione è meno conveniente all'interno del sistema.
In questo modo la produzione del bene A potrà crescere indefinitamente sostituendo sempre più altre produzioni meno efficienti.
Via via che il sistema economico si specializzerà nella produzione del bene in cui è aumentata la produttività guadagnerà efficienza e diventerà sempre più ricco.

La seconda possibilità è data dall'intervento dello Stato che acquista in modo massiccio il bene A, o che comunque ne spinge o ne favorisce l'acquisto in modo pesante.
Questo è più semplice da attuare in un sistema pianificato che però non possiede poi i meccanismi di autoregolazione e di ottimizzazione del libero mercato e non garantisce lo stesso livello di efficienza.

Il condizionamento pubblico determina un aumento della produzione quando riesce a mettere in gioco delle risorse notevoli che il mercato lasciato a se stesso non saprebbe utilizzare, in caso contrario l'intervento dello Stato determina solo un calo di efficienza e quindi di produzione.

Nel nostro caso l'industrializzazione forzata di un Paese, od il sostegno a certe industrie o a certi settori considerati strategici o trainanti, può far aumentare la produzione se dirotta le risorse verso produzioni efficienti.

In molti casi il settore verso il quale lo Stato ha dirottato le risorse disponibili è stato quello delle armi. La corsa sfrenata agli armamenti è orientata verso lo sviluppo e l'utilizzo di nuove tecnologie, può quindi determinare un aumento consistente del prodotto interno.

Questo non significa, però, che la qualità della vita migliori. "Le inutili guerre per mare sono dannose al pubblico benessere quanto le inutili guerre per terra." (Da Adam Smith "La ricchezza delle nazioni – Abbozzo").

La terza possibilità è data dall'aumento spontaneo della domanda che può derivare dalla diminuzione del prezzo del bene.

L'effetto può essere minimo in una società agricola povera. Il reddito destinato a consumi non alimentari è modesto, la diminuzione del prezzo dei piatti o degli zoccoli libererà risorse minime da destinare ad altre esigenze.

Con tutta probabilità la gente non comprerà una maggior quantità di piatti o di zoccoli di quella che comprava prima, semplicemente spenderà meno per comprarli e potrà comprare più generi alimentari.

50.10.10 Lo sviluppo di una società agricola.

In un sistema agricolo povero e chiuso l'aumento di produttività e la relativa diminuzione del prezzo di un prodotto non agricolo sono probabilmente destinati ad avere effetti trascurabili.

Anche miglioramenti nella produzione agricola di base avranno poco effetto sullo sviluppo economico.

Le persone dovranno spendere meno per l'acquisto di generi alimentari e potranno quindi spendere di più per altri beni.

La terra necessaria per la produzione agricola è però un fattore scarso, ed un meccanismo di sviluppo non può basarsi su di un fattore scarso. Una volta assorbito l'aumento di produttività non sarà possibile un ulteriore aumento di produzione senza una nuova importante innovazione.

Se si produce 100 e l'invenzione di un nuovo tipo d'aratro permette di produrre il 20% in più, una volta raggiunte le 120 unità la produzione non potrà più aumentare perché per produrre di più occorrerebbe una quantità maggiore di terra che non è disponibile.

Per un ulteriore aumento ci vorrebbe una nuova scoperta o una nuova innovazione e anche in questo caso l'aumento di produzione sarebbe limitato e non porterebbe ad un processo di sviluppo consistente e continuo.

Bisogna poi considerare che in una società agricola povera l'aumento del reddito e delle risorse determina anche un aumento della popolazione.

La produzione aumentata dovrà quindi essere ripartita tra un numero maggiore di persone.

Anche i prezzi aumenteranno a seguito della maggior domanda espressa da un maggior numero di persone fino a tornare più o meno a quelli di partenza.

Alla fine non sarà cambiato molto per quel che riguarda il livello medio di benessere economico , sarà solo aumentato il numero degli abitanti e probabilmente anche il prezzo della terra ed il potere dei suoi possessori.

E' probabile che un sistema economico agricolo chiuso possa difficilmente avere uno sviluppo consistente.

Partiamo da una situazione iniziale in cui il reddito prodotto è destinato quasi esclusivamente all'acquisto di beni di consumo per lo più agricoli. La domanda di beni capitale è limitata sostanzialmente al solo valore degli ammortamenti delle poche attrezzature e quella di fondi di valore al solo valore del deterioramento dei fondi esistenti o sia di poco superiore figura n. 1. In una situazione del genere il sistema è in equilibrio e ogni anno riproduce se stesso.

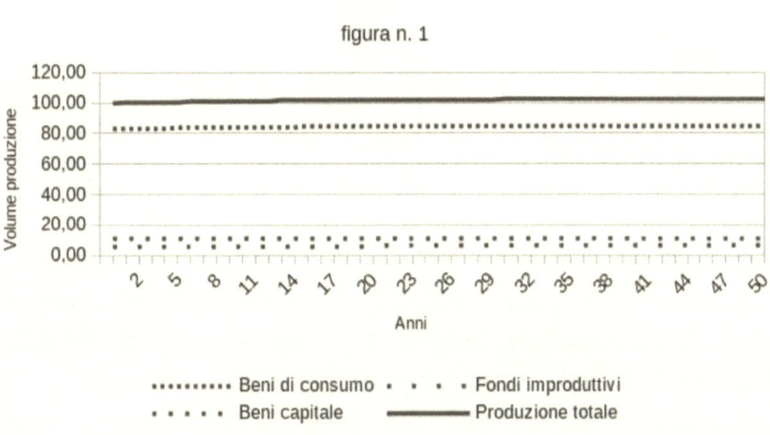

L'accumulazione di capitale e di ricchezza improduttiva (fondi di valore) è modestissima figura n. 2 e la prima crisi, guerra, carestia, calamità naturale o pestilenza, distruggerà fatalmente la ricchezza accumulata in decenni.

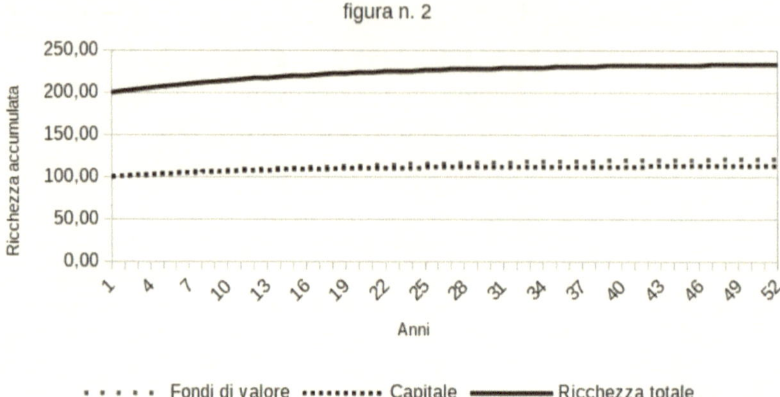

Nel caso di un aumento della produzione, la terra diventa un bene raro ed il suo prezzo è destinato a salire. Assieme al prezzo della terra sale anche il reddito dei proprietari terrieri nelle cui mani sarà destinata a cadere gran parte delle eccedenze.

Le eccedenze di reddito dei proprietari saranno investe nell'unico fondo di valore concretamente disponibile, la terra.

La terra diventerà quindi allo stesso tempo bene raro e fondo di valore, il suo prezzo ed il compenso per il suo uso tenderanno quindi a crescere e nello stesso tempo tenderà a crescere la parte di reddito nelle mani dei proprietari terrieri.

Il reddito degli altri soggetti, sostanzialmente dei contadini, sarà ridotto ai limiti della pura sopravvivenza.

Essendo minima l'accumulazione di capitale, l'aumento della produzione sarà solamente legato all'aumento della popolazione e quindi del numero di lavoratori.

Tale aumento non farà altro che rendere ancora più rara la terra disponibile, e quindi più costosa. In tale modo la parte di reddito destinata ai proprietari terrieri aumenterà ancora di più.

Data la disponibilità limitata di risorse naturali, l'assenza di sviluppo tecnologico e la diminuzione costante della frazione di reddito spettante alla popolazione, la popolazione non potrà più aumentare se non in misura minima.

PRODUZIONE

figura n. 3

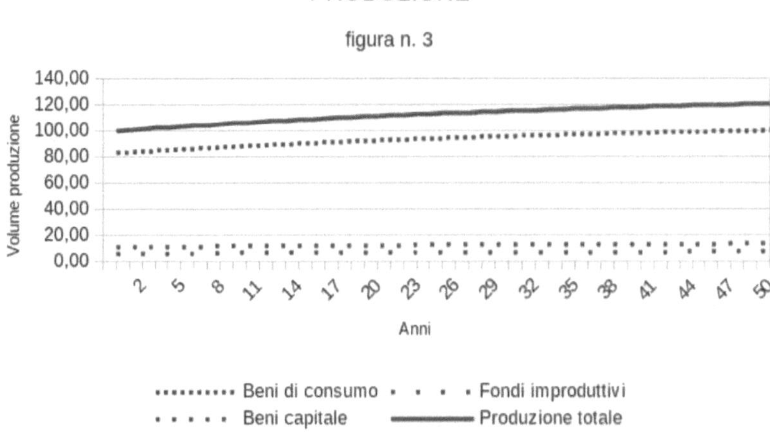

Da quel momento la situazione sarà quella descritta nella figura n.3 con una produzione pressoché costante suddivisa tra beni di consumo e fondi improduttivi che si andranno ad accumulare nelle mani dei proprietari, figura n. 4.

RICCHEZZA ACCUMULATA

figura n. 4

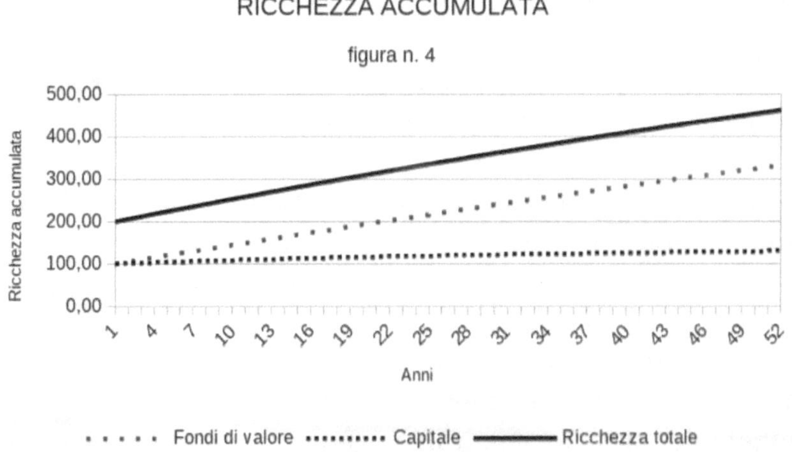

In una situazione del genere la separazione tra i due tipi di soggetti, proprietari e contadini, diventa netta. I due gruppi sono proprietari di due diversi fondi di valore che vengono di fatto ad assumere funzione monetaria.

I proprietari possiederanno terra e in seguito anche moneta vera e propria quando diventano tanto ricchi da potersi permettere di detenere ricchezza anche in una forma meno produttiva ma più utile al fine degli scambi, spesso oro o argento.

I contadini, invece, non avranno a loro disposizione che un fondo improprio costituito dall'alimento base della propria alimentazione, grano, riso, patate o granturco.

Questi beni possono essere usati come fondo di valore e come moneta in via transitoria, dal momento del raccolto a quello del consumo.

Se il bene usato è il grano, viene raccolto a giugno, viene consumato gradualmente, comincia a diventare raro in autunno, al momento della semina, e diventa sempre più raro fino al momento del raccolto successivo.

Se la quantità disponibile di moneta (grano) varia enormemente nel corso dell'anno, anche i prezzi espressi in grano varieranno notevolmente, saranno altissimi subito dopo il raccolto e molto bassi immediatamente prima.

Chi ha mezzi economici per commerciare e speculare non deve far altro che comprare grano in estate dopo il raccolto, quando costa poco, e rivenderlo al momento della semina o in primavera quando il suo prezzo è alto.

Le due monete, oro e grano ad esempio, circoleranno normalmente su mercati separati e saranno usate da distinte classi sociali.

La ricchezza investita temporaneamente nella moneta dei contadini sarà destinata a rimanere pressoché costante nel tempo, in questo modo anche il suo valore rimarrà stabile.

La ricchezza investita nel fondo di valore che costituisce la moneta dei proprietari aumenterà con l'aumentare della loro ricchezza.

Il rapporto di cambio tra le due monete tenderà sempre più a squilibrarsi a favore dei proprietari che, con poca della loro moneta, potranno fare ingenti acquisti sull'altro mercato.

I contadini, con la loro moneta debole, saranno esclusi dal mercato dei ricchi. Questo accentuerà ancor più la differenza tra le due classi sociali.

50.10.20 La fase iniziale dello sviluppo industriale.

È probabile che l'impiego delle prime macchine e le prime innovazioni tecniche determinino uno sviluppo economico molto contenuto. Molte innovazioni avranno un effetto trascurabile e solo alcune daranno un contributo consistente. L'effetto complessivo sarà modesto.

Il processo è però destinato a diventare sempre più rapido. Sia perché gli investimenti in macchine e le innovazioni diventeranno sempre più frequenti. Sia perché si troveranno condizioni sempre più favorevole a causa dell'aumento del reddito che permetterà di destinare sempre più risorse ai prodotti non agricoli.

In un sistema già in fase di industrializzazione, via via che si liberano risorse da impieghi puramente alimentari, verranno acquistati i nuovi prodotti industriali.

Con tutta probabilità saranno preferiti quei prodotti il cui costo di produzione sarà diminuito di più a seguito delle innovazioni tecniche.

E' probabile che la diminuzione di prezzo di beni industriali durevoli li renda accessibili a fasce sempre più larghe di popolazione che prima non potevano acquistarli.

Se effettivamente l'incremento di domanda si indirizza verso quei beni la cui produzione è aumentata in efficienza, lo sviluppo economico sarà ancora più rapido.

In questa fase lo Stato può contribuire in diversi modi per alimentare lo sviluppo.

Con una tassazione proporzionale o addirittura regressiva in modo incidere sui consumi e favorire la formazione di risparmio da investire.

Con le commesse pubbliche, spesso in armamenti.

Con la svalutazione della moneta per incrementare le esportazioni e comprimere le importazioni.

Coi dazi doganali, per rendere difficili le importazioni e lasciare il mercato disponibile per la produzione nazionale.

50.10.30 Lo sviluppo industriale.

Finora abbiamo considerato l'andamento della domanda indipendente da quei costi di produzione che servono a incrementare le vendite. Un sistema economico sviluppato ha un comportamento più complesso.

I costi in pubblicità, in creazione di immagine o per ottenere condizionamenti politici, o più in generale per condizionare la pubblica opinione, entrano nel costo complessivo del prodotto, spesso pesantemente, e modificano la domanda elevandone il livello generale o modificandone l'andamento.

In una società povera il problema non esisteva. I bisogni erano tanto sentiti e la produzione era tanto scarsa che non occorrevano sforzi per vendere il prodotto.

In una società in fase di industrializzazione i costi di questo tipo cominciavano ad avere un peso crescente ma sostanzialmente modesto.

Nella prima fase dello sviluppo industriale i bisogni, anche se non agricoli, rimanevano ancora quelli propri della natura umana. La pubblicità non serviva a creare nuovi bisogni o a definire nuovi prodotti di cui altrimenti il pubblico non avrebbe sentito il bisogno.

I bisogni c'erano ed erano definiti, bisognava solo convincere il pubblico a comprare i nostri prodotti invece di quelli della concorrenza.

La pubblicità aveva quindi solo un ruolo ausiliario nel favorire le vendite, e normalmente non serviva per definire il prodotto.

Il prodotto era sostanzialmente ancora omogeneo, cioè scarsamente differenziato da impresa a impresa, ed era anche omogeneo il bisogno che soddisfaceva. Il bisogno si presentava omogeneo per gran parte dei consumatori perché era così come si presentava naturalmente.

In un sistema economico sviluppato la pubblicità entra nel

processo di produzione e incide pesantemente nella creazione dell'immagine complessiva del prodotto finale.

Il processo si presenta comunque in modo graduale e non con salti netti da una fase all'altra.

E' altrettanto vero che alcuni prodotti, come i profumi, si prestano ad avere un grosso contenuto d'immagine anche quando il livello di reddito è ancora basso.

Per altri prodotti, come le patate o il carburante, anche a livelli alti di sviluppo economico, continua ad essere difficile creare un'immagine di ricercatezza ed esclusività tale da convincere i consumatori a pagare un prezzo notevolmente superiore al normale.

Solo quando il reddito medio diventa molto alto ed il costo per l'acquisto di prodotti difficilmente differenziabili diventa basso rispetto al reddito complessivo, è possibile vendere anche un prodotto omogeneo a prezzi più elevati facendo leva su argomentazioni di per sé deboli come particolari qualità organolettiche o particolari sistemi produttivi veri o più spesso presunti.

E' ugualmente vero che in un sistema economico povero non sono tutti poveri mentre in un sistema ricco non sono tutti ricchi.

Questo, chiaramente, attenua le differenze in quanto anche i ricchi dei Paesi poveri cercheranno consumi gratificanti a livello di immagine, cosa che i poveri dei Paesi ricchi non potranno permettersi di fare.

Anche se la differenza rimane sfumata da tutta questa serie di motivi, nei Paesi più ricchi la produzione ad alto contenuto d'immagine diventa la norma, non più l'eccezione legata a particolari prodotti o classi sociali.

Nella produzione di massa che caratterizza le economia sviluppate una parte sempre più consistente dei costi di produzione, talvolta la maggior parte, è sostenuta al fine di incidere sulla domanda e quindi la domanda non può più essere considerata indipendente dai costi di produzione.

Il nostro modello, necessariamente, si complica.

Ammettiamo che in un sistema economico vengano prodotti solo tre beni, o tre gruppi di beni. Un bene di consumo A, un fondo di valore non produttivo B, ed un bene destinato alla produzione (capitale) C.

Il bene di consumo è destinato ad essere distrutto con l'uso ad ogni ciclo produttivo, non esiste una quantità iniziale del bene e non esistono rimanenze finali, il bene viene semplicemente prodotto per essere consumato, cioè distrutto con l'uso per soddisfare i bisogni dei soggetti che operano nel sistema economico.

Il fondo di valore non produttivo è un bene durevole, è prodotto per durare nel tempo, una volta prodotto resta e la quantità prodotta si somma a quella prodotta nei periodi precedenti aumentando la ricchezza complessiva del sistema economico.

Pur essendo durevole, però, come tutti i beni di questo mondo non è eterno, e col tempo si deteriora o abbisogna di manutenzione. Potremo dire che in parte anche questo bene si consuma percentualmente in ogni ciclo produttivo.

Naturalmente il parziale consumo del bene riguarda tutta la quantità esistente del bene stesso, compresa quindi l'esistenza ereditata dai periodi precedenti.

Semplificando, al termine di ogni ciclo produttivo la quantità disponibile del bene sarà data dall'esistenza iniziale derivante dalla produzione del passato, meno il consumo del bene nel periodo, più la produzione del periodo.

Se, ad esempio, all'inizio di un anno avevamo una quantità pari a 100, il consumo, o deterioramento, del bene è pari 5 e nel corso dell'anno abbiamo prodotto 10, al termine avremo 105, cioè 100 -5 di consumo +10 di produzione.

Il bene C è un bene capitale, un bene, cioè, che serve per produrre altri beni. Anch'esso è prodotto per avere una certa durata ed in parte viene logorato o consumato in ogni ciclo produttivo.

Probabilmente, essendo usato intensamente per la

produzione, il suo consumo annuo è superiore rispetto al fondo di valore improduttivo. Il consumo annuo di beni capitale viene comunemente detto "ammortamento".
Anche per il bene capitale l'esistenza a fine periodo sarà data dall'esistenza iniziale, meno il consumo (ammortamento) più la produzione.

I beni, via via che sono prodotti devono essere venduti, devono, cioè, essere scambiati nel mercato. In un'economia monetaria i beni prodotti sono scambiati con moneta, chi vende riceve moneta e può utilizzarla per acquistare beni di consumo, fondi di valore o beni capitale.
La moneta può essere usata per acquistare beni di nuova produzione o beni già esistenti nel sistema.
I possessori di beni già esistenti, fondi e capitale, che hanno venduto i loro beni potranno utilizzare la moneta ottenuta per l'acquisto di prodotti nuovi o di altri prodotti già esistenti.
Nel mercato dei fondi di valore ed in quello dei beni capitale una parte dei beni disponibili è costituita da beni preesistenti, non prodotti nell'ultimo ciclo produttivo.
Può sembrare che l'acquisto di beni già esistenti sia sostanzialmente neutrale rispetto alle condizioni di equilibrio del sistema che richiedono che la produzione sia venduta.
Infatti la domanda espressa da chi ha venduto prodotti già esistenti nel sistema sostituisce quella dei produttori di beni nuovi che hanno comprato beni già esistenti.
Aumenteranno i passaggi ma al termine il nuovo reddito, derivante dalla nuova produzione, sarà speso per l'acquisto di nuovi prodotti chiudendo il circolo.
In realtà, anche se il meccanismo funziona nel migliore dei modi, la quantità globale degli scambi può aumentare a causa delle maggiori vendite di prodotti già esistenti, o può diminuire a causa del minor volume di vendite di prodotti già esistenti rispetto alle vendite degli stessi prodotti effettuate nel periodo precedente.
Se aumenta la percentuale di reddito destinato all'acquisto di

fondi di valore o di beni capitale, diminuendo quella destinata ai beni di consumo, aumenterà verosimilmente la quantità di scambi intermedi, relativi a beni già esistenti, aumentando quindi, a parità di altre circostanze, il volume complessivo delle compravendite.

Se la quantità di moneta in circolazione non può aumentare, o se comunque non aumenta, la stessa quantità di moneta verrà scambiata con una maggior quantità di beni, il valore complessivo della moneta aumenterà e, rimanendo invariata la sua quantità, aumenterà anche il suo valore unitario e quindi diminuiranno i prezzi.

In questo modo si possono creare le condizioni per una redistribuzione di tipo deflazionistico.

All'opposto, nel caso di un aumento della percentuale di reddito destinato all'acquisto di beni di consumo, l'ammontare complessivo degli scambi tenderà a diminuire, riducendosi, al limite, al livello del solo prodotto dell'ultimo ciclo economico, senza interessare le scorte di capitale e di fondi di valore. In questo modo il valore dei beni scambiati tenderà a diminuire e diminuiranno anche il valore ed unitario della moneta creando quindi le premesse per una redistribuzione inflazionistica.

La percentuale di ricchezza prodotta destinata a consumi, a capitale o a fondi di valore dipende da diversi fattori.

Tali fattori sono largamente studiati in economia e conosciuti per quel che riguarda la destinazione a consumo o a "risparmio".

La destinazione del reddito all'acquisto di fondi di valore improduttivi viene di norma assimilata a quella per l'acquisto di beni di consumo, per cui l'unica distinzione considerata rimane appunto quella tra reddito destinato al consumo e reddito non destinato al consumo, cioè risparmiato.

Quando l'eccedenza di reddito rispetto ai consumi spetta a soggetti detentori di beni produttivi riproducibili, come commercianti od industriali, sarà destinata in gran parte all'acquisto di beni capitale.

In un'economia povera o di un'economia agricola la formazione di un'eccedenza di produzione non significava necessariamente che questa eccedenza fosse destinata alla formazione di capitale e che quindi avrebbe generato sviluppo economico.

La diversa situazione non dipendeva dal fatto che le eccedenze andavano a nobili e proprietari terrieri, gente portata al lusso e allo spreco, invece di andare a capitalisti portati al risparmio e al lavoro d'impresa.

La differenza stava principalmente nel fatto che i proprietari terrieri possedevano un fattore produttivo non riproducibile, la terra, mentre i secondi possedevano un fattore riproducibile la cui quantità poteva essere aumentata aumentandone la produzione.

Il problema della formazione di eccedenze e quello del suo impiego sono due problemi separati e vanno risolti entrambi. Non basta che si formino delle eccedenze, occorre anche che le eccedenze siano destinate all'accumulazione di capitale.

Quando l'eccedenza comincia ad essere investita nell'acquisto di nuovi beni produttivi, l'accumulazione di capitale, figura n. 6 rende possibile una sempre maggiore produzione figura n. 5.

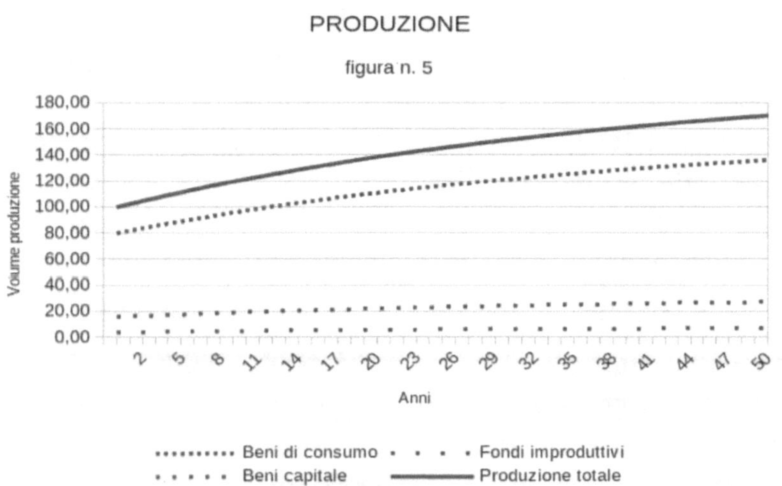

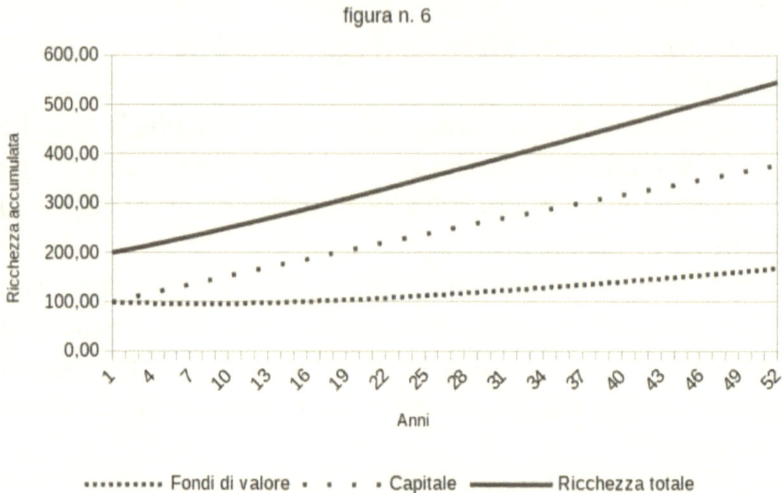

Questo è reso concretamente possibile quando una parte sempre più consistente delle eccedenze passa dai proprietari terrieri, la cui ricchezza è costituita da fondi di valore e da beni produttivi non riproducibili (terra), ad una classe sociale tipicamente proprietaria di fattori produttivi riproducibili (capitale).

I possessori del capitale (capitalisti), sono portati a reinvestire in capitale la maggior parte delle proprie eccedenze di ricchezza creando i presupposti per l'espansione economica.

Mercanti e capitalisti investono le loro eccedenze in merci e attrezzature facendo così aumentare la quantità di capitale disponibile e determinando un continuo aumento della produzione.

Tale aumento potrà poi essere destinato a ulteriori consumi, all'acquisto di fondi improduttivi o di nuovo capitale.

50.10.40 Il moltiplicatore keynesiano del reddito.

Il modello Keynesiano (John Maynard Keynes 1883 - 1946) viene più spesso utilizzato per lo studio dei periodi di crisi economica.

In realtà è un modello di carattere generale, valido sia per analizzare le fasi di espansione sia per analizzare le fasi di recessione.

Il meccanismo è sempre lo stesso. Una carenza od un eccesso nella domanda aggregata spostano il reddito d'equilibrio del sistema, ma non lo spostano di un importo pari allo squilibrio, ma di un importo multiplo.

Ipotizziamo una propensione al risparmio del 20%, cioè i residenti risparmiano mediamente il 20% del loro reddito.

Se il reddito aumenta, il risparmio aumenta del 20% di quanto è aumentato il reddito, se il reddito diminuisce, il risparmio diminuisce del 20% di quanto è diminuito il reddito.

Se abbiamo un'eccedenza di domanda, si tornerà ad una posizione di equilibrio solo quando sarà tutta assorbita da un'uguale aumento del risparmio.

Se abbiamo una carenza di domanda, si tornerà ad una posizione d'equilibrio solo quando sarà tutta assorbita da un'uguale diminuzione del risparmio.

Il meccanismo è questo. Se la domanda aumenta di 100, produzione e reddito aumenteranno di 100. Il nuovo reddito pari a 100 determinerà un nuovo aumento della domanda pari a 80 e un aumento del risparmio pari a 20.

Il nuovo aumento della domanda, pari a 80, determinerà un nuovo aumento di produzione e reddito pari a 64 (80 x 80%) e un aumento del risparmio pari a 16.

Il processo andrà avanti con incrementi di domanda, produzione e reddito sempre minori. Si fermerà quando i 100 di eccesso di domanda si saranno trasformati in risparmio.

Il risparmio rappresenta il 20% del reddito. Ad un aumento del risparmio di 100 corrisponde nel nostro esempio un aumento del reddito di 500, 5 volte maggiore dello squilibrio iniziale.

Le variazioni del reddito necessarie per compensare le variazioni della domanda e raggiungere un nuovo punto di equilibrio sono 5 volte maggiori rispetto allo squilibrio iniziale.

Questo numero, 5 nel nostro esempio, viene chiamato semplicemente "**moltiplicatore keynesiano del reddito**".

Se la propensione al risparmio fosse del 10% il moltiplicatore sarebbe 10, se fosse del 5% sarebbe 20.

Il meccanismo è effettivamente in grado di funzionare. Un aumento della domanda spinge veramente le imprese a produrre di più. L'aumento della produzione genera effettivamente un aumento del reddito dei produttori e quindi della loro domanda.

Esistono però almeno due fattori che riducono l'effetto del meccanismo.

Il primo è dato dalla sua efficienza che non è del 100%. La risposta delle imprese all'aumento della domanda e l'aumento dei consumi all'aumentare del reddito possono essere lenti e non completi.

Il secondo fattore è che per avere un adeguamento completo occorrerebbe un numero infinito di periodi. Concretamente possiamo considerare solo un numero limitato di cicli per cui il valore del moltiplicatore sarà di fatto inferiore (**moltiplicatore tronco**).

Lo Stato può aumentare la domanda aggregata aumentando la propria di domanda.

In questo modo crea una differenza positiva tra domanda aggregata e produzione per indurre lo sviluppo.

In momenti di recessione la maggiore spesa pubblica può invece impedire la recessione.

L'aumento della domanda attraverso l'aumento della spesa pubblica deve però essere effettuato in deficit di bilancio, cioè aumentando il debito pubblico. Se fosse finanziato con nuove tasse, l'effetto espansivo sarebbe in gran parte compensato dal calo della domanda di chi paga più tasse e si ritrova con un reddito disponibile minore.

Chiaramente anche una carenza di domanda aggregata ha effetti moltiplicativi.

L'accettazione del Modello Keynesiano implica che ci possano essere situazioni di squilibrio economico a livello aggregato. Siamo cioè al di fuori del campo di validità della legge di Say che prevede che ci sia sempre uguaglianza tra produzione e domande aggregate.

Anzi, è proprio l'esistenza di uno squilibrio a generare sviluppo o recessione.

L'altra implicazione è che si può passare da una posizione di equilibrio ad un'altra posizione di equilibrio.

Questo significa che ci possono essere più posizioni di equilibrio. Se ci sono più posizioni di equilibrio una sola può essere di piena occupazione.

Il lavoro non è l'unico fattore produttivo, esistono anche il capitale e le risorse naturali. Non è neppure scontato che le posizioni di equilibrio di piena occupazione dei diversi fattori produttivi coincidano.

Non è neppure scontato che alla piena occupazione dei fattori produttivi corrisponda l'equilibrio della bilancia dei pagamenti.

50.15.00 LE BOLLE ECONOMICHE

Le bolle economiche sono destinate prima o poi a scoppiare. Il problema vero è se faranno in tempo o no a scoppiare.
IL Mondo va avanti, succedono tante cose e tante cose cambiano. Se il sistema economico è grande e resiliente alcune bolle non arrivano mai a scoppiare

50.15.10 Le bolle del debito pubblico.
Il debito pubblico aumenta in quanto le spese pubbliche superano le entrate dello Stato. In passato questo era dovuto principalmente alle spese belliche in tempo di guerra e, in misura minore ma spesso non trascurabile, alle eccessive spese delle corti. A volte le due cause si sommavano.
Attualmente si sono aggiunte nuove cause. Il sostegno della domanda interna attraverso la spesa pubblica. Il sostegno delle imprese o dei settori economici in crisi. La definizione di nuovi beni da considerare pubblici da elargire gratuitamente a tutti. L'introduzione di nuovi bonus da elargire a pioggia in situazioni spesso non verificabili. La soppressione di imposte ritenute inique o, più in generale, la convinzione che la tassazione sia generalmente iniqua e che sia giusto pagare sempre meno.
A sua volta, l'aumento del debito determina un aumento degli interessi che lo Stato deve pagare. Tendenzialmente, se il debito raddoppia, anche gli interessi raddoppiano.
Al disavanzo dovuto alla differenza tra spese ed incassi, disavanzo primario, si aggiunge quello dovuto al pagamento degli interessi dando origine al disavanzo complessivo.
L'ammontare del disavanzo complessivo si somma al

debito precedente determinando il nuovo ammontare dell'indebitamento pubblico.

Dal momento in cui il disavanzo diventa strutturale, da quando, cioè, il debito aumenta di anno in anno senza nessuna possibilità concreta di riduzione, possiamo parlare di bolla del debito pubblico.

La bolla del debito si gonfia di anno in anno. Il ritmo a cui si gonfia non dipende solamente dalla dinamica dell'imposizione e delle spese pubbliche ma anche dal tasso d'interesse del mercato e dal tasso d'inflazione.

Le variazione del tasso d'interesse agiscono direttamente. Se il tasso d'interesse aumenta aumenta anche la spesa per interessi e quindi il debito pubblico aumenta più velocemente, se il tasso d'interesse diminuisce, gli interessi da pagare diminuiscono e il debito pubblico aumenta più lentamente.

L'inflazione, invece, svaluta il debito pubblico facendone diminuire il valore e sgonfiando la bolla. Concretamente potrebbe essere l'unico modo possibile di rientro del debito (sul tema J. M. Keynes "Come pagare il costo della guerra" 1940).

In caso di deflazione, il valore reale della bolla aumenterebbe.

Sostanzialmente inflazione e tasso d'interesse non sono però indipendenti tra loro. In caso d'inflazione il tasso d'interesse aumenta, i benefici derivanti dall'inflazione sono compensati dall'aumento del tasso d'interesse. Quello che conta è l'effetto congiunto di inflazione e andamento dei tassi d'interesse.

Se la bolla continua a crescere sembrerebbe destinata a scoppiare. Il problema è quanto ci metterà a scoppiare. Se ci metterà pochi anni scoppierà effettivamente. Se ci metterà molto tempo è probabile che alla fine non scoppierà perché nel frattempo saranno successe tante cose e tante cose saranno cambiate.

Più che il tasso d'incremento del debito, che pure conta, a determinare o meno lo scoppio della bolla è il livello di resilienza del sistema.

Tanto più un sistema è grande, sia in termini di Prodotto Interno Lordo, sia in termini di numero di abitanti, più è in grado di resistere a sollecitazioni e squilibri.

Contano anche i livelli di scambi internazionali, importazioni ed esportazioni.

Conta anche la complessità del sistema produttivo, la strutturazione del mercato interno, la forza del sistema bancario e di quello assicurativo.

Contano anche il peso politico e militare.

In un grande sistema economico si forma anche una grande quantità di risparmio. Tutto questo risparmio da qualche parte deve pure andare pure andare e trova spesso nel debito pubblico il suo impiego naturale.

Il debito pubblico di un grande sistema economico è poi detenuto da una grande quantità di operatori, interni e internazionali, che non hanno convenienza a svalutare il debito o a renderlo non più rimborsabile.

In un piccolo sistema economico la resilienza è minima. Se il debito pubblico aumenta fuori controllo è possibile collocarlo a tassi d'interesse sempre maggiori. I maggiori interessi faranno aumentare il debito e quindi i nuovi tassi d'interesse a cui potrà essere collocato.

Gli interessi verranno pagati con l'emissione di nuovi titoli.

Quando non si troverà più nessuno disposto a comprare i nuovi titoli e a rinnovare i vecchi in scadenza, lo Stato non si sarà più in grado di pagare i creditori (default).

I titoli in circolazione non varranno più niente ed i possessori avranno perduto il valore del loro investimento.

50.15.20 Le bolle monetarie.

Sono per lo più relative all'emissione di carta moneta convertibile da parte di singole banche o di moneta, sia convertibile sia inconvertibile, da parte dello Stato.

Una banca, privata o pubblica, che in passato avesse emesso banconote convertibili in oro oltre la quantità fisiologica rispetto all'oro in cassa, prima o poi si sarebbe venuta a trovare nell'impossibilità di pagare a vista in oro le proprie banconote ai presentatori.

Sostanzialmente tutte le banche che emettevano banconote convertibili in oro ne emettevano in quantità superiore rispetto all'oro in cassa.

Al limite, anche emettendo una quantità di banconote solamente doppia rispetto all'oro in cassa, in caso di richiesta totale di conversione, era possibile pagare solo metà dei presentatori.

In caso di percentuale di copertura sufficiente elevata la banca poteva comunque far fronte alle normali richieste di conversione.

Anche nel caso di richieste di conversione particolarmente elevate, era possibile eseguire il pagamento, direttamente o tramite altre banche.

Anche in presenza di riserve in oro minime rispetto alla quantità d'oro in cassa, le cose potevano andare avanti per molto tempo senza che succedesse niente finché la gente continuava ad aver fiducia nella banca.

Intanto la quantità di monete in circolazione continuava a salire per lo stesso motivo per cui era cresciuta in precedenza, cioè per finanziare il banchiere o i politici che coprivano l'operazione.

A far scoppiare la bolla monetaria poteva essere il diffondersi di voci allarmanti, la mancata conversione di banconote o la fuga del banchiere. Tentativi di rassicurare il pubblico potevano essere controproducenti in base al principio per cui le giustificazioni non richieste valgono come confessione.

Dal momento in cui le banche furono obbligate a tenere una percentuale di riserva obbligatoria, la bolla poteva scoppiare soprattutto se la banca riusciva ad emettere una quantità di banconote superiore a quella consentita eludendo la normativa.

Per controllare la quantità di banconote messe in circolazione, la banca doveva tenere un registro in cui scriveva serie e numero delle banconote emesse.

Ammettiamo che potesse emettere 1.000.000 di banconote numerate da A0000001 ad A1000000.

Se voleva emettere altre banconote non poteva emetterne con numerazione diversa ma doveva utilizzare la stessa numerazione. Doveva quindi mettere in circolazione banconote con numerazione doppia o anche tripla.

Se qualcuno si ritrovava in mano due banconote autentiche con lo stesso numero, la frode era scoperta.

Due casi famosi di bolla monetaria bancaria sono stati quello di John Low e quello della Banca Romana.
La banca di Low fallì a Parigi nel 1720 ed forse il primo caso conosciuto.
Lo scandalo della Banca Romana (1894) fu il primo scandalo grave dopo l'unità d'Italia.

Lo Stato può emette moneta a dismisura soprattutto per finanziare le spese belliche.
Già ai tempi della moneta metallica, era diffusa l'usanza da parte degli stati di prendere le vecchie monete, fonderle assieme a del metallo non preziose, e coniarle ottenendo una quantità maggiore di monete da spendere.
Non è, però, che si potesse andare oltre un certo limite, poi la quantità d'oro fino presente nella moneta poteva essere controllata e la moneta svalutava.
Il limite è venuto meno con l'introduzione delle banconote, prima convertibili poi inconvertibili.
Banconote se ne possono stampare senza limiti. Stampandone in continuazione svalutano e per pagare le spese di guerra bisogna stamparne sempre più. Ma intanto si continua a pagare.
Tutto finisce quando le nuove banconote valgono meno di quanto costa stamparle.
Finita la guerra, se emissione e svalutazione sono state comunque contenute, lo Stato può ritirare parte della moneta in circolazione o, più verosimilmente, accettarne la svalutazione.
Lo Stato può emettere una nuova moneta di valore multiplo della precedente, ad esempio una nuova per 100 vecchie.
Per ogni nuova moneta che mette in circolazione, toglie dal mercato 100 delle vecchie.

50.15.30 Bolle immobiliari
Molta gente ha sempre creduto che quello nel "mattone" fosse l'investimento più sicuro e, nel lungo periodo, anche il più redditizio. Ultimamente è probabile che qualcuno abbia cambiato idea.

È difficile distinguere un normale aumento del prezzo degli immobili da una bolla immobiliare, almeno finché non è scoppiata.

Il prezzo degli immobili aumenta perché aumenta la loro domanda. Bisogna vedere da cosa derivi questo aumento della domanda. Quando la causa cessa è probabile che il prezzo degli immobili non si stabilizzi ma che cominci a diminuire o, addirittura, che crolli.

Il motivo più tipico dell'aumento della domanda di immobili è quello dovuto allo sviluppo economico, all'urbanizzazione e all'aumento della popolazione. Specialmente nelle grandi città, questo determina un forte aumento delle costruzioni e un aumento di prezzo degli alloggi già esistenti e più vicini al centro.

Tra la decisione di costruire e l'ultimazione dell'immobile passano però degli anni. Inoltre a decidere le costruzioni non è una singola impresa ma più imprese contemporaneamente in modo indipendente.

È probabile che, quando la domanda si stabilizza o comincia decrescere, continuino ad essere immessi sul mercato immobili allo stesso ritmo degli anni precedenti provocando l'impossibilità di vendita di tutti gli immobili offerti ed una diminuzione del loro prezzo.

Nel periodo di grande richiesta, molti immobili non sono acquistati direttamente per uso abitativo ma sono comprati da speculatori con l'intento di rivenderli ad un prezzo maggiorato.

È probabile che quando i prezzi cominciano a diminuire, anche questi immobili vengano messi sul mercato aggravando la situazione.

Una bolla immobiliare può anche derivare dal livello del tasso corrente d'interesse o da particolari condizioni del mercato dei mutui.

Un tasso d'interesse particolarmente basso rende più economico sottoscrivere un mutuo. A parità di importo mutuato, la quota capitale diminuisce facendo diminuire l'importo complessivo delle singole rate.

In questo modo più persone sono in grado di sostenere il pagamento delle rate periodiche e quindi possono richiedere un mutuo e comprare casa. La domanda di immobili tende quindi ad aumentare.

In un secondo tempo l'aumento della domanda può determinare un aumento dei prezzi che può in parte compensare l'aumentata richiesta dovuta ai bassi tassi d'interesse.

I tassi d'interesse possono aumentare, anche a causa dell'inflazione. In questo caso la domanda di immobili può calare bruscamente anche se difficilmente a livello di scoppio di una vera e propria bolla immobiliare.

Una bolla immobiliare può formarsi se le banche concedono credito con criteri troppo espansivi anche a soggetti che presentano ampi rischi. La bolla americana del 2008 sembra che si sia formata in questo modo.

Se la banca presta a mutuo il 50/60% del valore dell'acquisto immobiliare, anche finanziare clienti poco solubili può comportare un rischio relativo.

Se il cliente non paga la banca mette in vendita la casa. Anche se ci sono spese e interessi e dalla vendita all'asta si ottiene un po' di meno, i suoi soldi la banca li recupera sempre.

Il problema è che i clienti meno solvibili il 40/50% dell'importo da anticipare non ce l'hanno. Se la banca intende finanziarli, deve finanziarli al 100% o quasi.

A questo punto il rischio c'è eccome. Anche se la banca mette in vendita l'immobile non può recuperare tutti i suoi soldi.

Le banche hanno quindi cominciato ad agire in questo modo.

Se il tasso di interesse da applicare a clienti a basso rischio (prime rate) è del 2% annuo, si può benissimo prestare soldi anche a clienti meno solvibili, basta applicare un tasso d'interesse superiore al 2% (subprime rate).

Se il rischio ulteriore nel prestare i soldi al cliente viene valutato in un 3% all'anno, il prestito invece che al 2 viene fatto al 5%. Se il maggior rischio è valutato in un 5% il prestito viene fatto al 7% e così via.

I mutui a tasso d'interesse elevato, calcolato più o meno in questo modo, sono detti detti **mutui subprime** cioè mutui concessi a condizioni e a tassi peggiori rispetto a quelli concessi a clienti primari.

In teoria le cose possono funzionare, ed hanno anche funzionato per un certo tempo.

I problemi sono nati quando gli immobili messi in vendita per l'insolvenza dei mutuatari hanno cominciato ad essere troppi e il prezzo degli immobili è crollato.

Quando il valore degli immobili è sceso al di sotto valore del mutuo da rimborsare, ha smesso di pagare il mutuo anche chi i soldi per pagare li aveva.

50.15.40 Le bolle azionarie.

Il valore di borsa di un titolo azionario è dato in minima parte dal valore dei beni che la società possiede.

Il valore è dato sostanzialmente dagli utili che la società produce o distribuisce o meglio da quelli che si ritiene che produrrà e distribuirà nel prossimo futuro.

Capitalizzando un reddito elevato si può ottenere una cifra astronomica slegata dal valore dei beni aziendali.

Il valore della singola azione è poi pari al valore capitalizzato d'azienda diviso per il numero d'azioni in circolazione.

Il valore di capitalizzazione di una società dipende quindi dall'ammontare degli utili e dal tasso di capitalizzazione.

Gli utili dichiarati possono essere in qualche modo manovrati dalla società, specialmente per quel che riguarda la loro distribuzione tra i diversi anni.

Questo anche se gli amministratori dichiarano il contrario nelle loro relazioni.

Se poi quelli considerati dal mercato non sono gli utili prodotti ma quelli distribuiti, o una media ponderata dei due tipi, la possibilità di manovra da parte dell'impresa cresce notevolmente.

Il tasso di capitalizzazione si forma invece nel mercato e dipende dal rendimento medio atteso degli investimenti.

Il valore di capitalizzazione si ottiene dividendo gli utili per il tasso di rendimento considerato normale per il sistema. Se gli utili ammontano a 1.000.000 e il tasso di capitalizzazione è dell'1%, il valore di capitalizzazione è 100.000.000. In questo modo, investendo 100.000.000 al tasso dell'1% ottengo un rendimento di 1.000.000 all'anno. Al 2% il valore di capitalizzazione è pari a 100.000.000/0,02, cioè 50.000.000. Al tasso del 5% il valore è di soli 20.000.000. Al 10% è pari a 10.000.000.

Sostanzialmente, più diminuisce il rendimento medio atteso delle imprese, più aumenta il loro valore. Questo non suona come logico.

Questo succede solo per le grandi imprese. Nessuno si sognerebbe mai di valutare per una piccola impresa 50 volte il suo utile annuale prescindendo dai beni che possiede.

Già a livello di singola azienda, ci troviamo di fronte ad una bolla che un giorno potrà scoppiare per una forte diminuzione degli utili o per l'aumento del tasso di riferimento.

In periodi di nulla o scarsa inflazione, con tassi d'interesse prossimi allo zero, il tasso di rendimento atteso diventa bassissimo e il valore di capitalizzazione delle grandi imprese altissimo.

L'effetto è poi amplificato dal fatto che l'aumento delle quotazione delle azioni genera l'aspettativa di nuovi aumenti, aumentando ulteriormente la domanda ed il prezzo delle azioni.

In caso d'inflazione sostenuta, il tasso di rendimento atteso aumenta perché deve ricomprendere sia il rendimento netto sia la rivalutazione monetaria per coprire l'inflazione. Se il tasso raddoppia il valore di capitalizzazione delle grandi imprese si dimezza, se triplica si riduce ad un terzo.

In periodi di scarsità della domanda di beni di consumo e d'investimento diretto può inserirsi un altro meccanismo in grado di gonfiare ulteriormente una bolla borsistica.

Chi non spende i propri soldi per comprare beni di consumo o per compiere investimenti o per finanziare investimenti di altri può spenderli per comprare azioni. Questo specialmente se il valore dei titoli azionari sta salendo.

Anche qui abbiamo un paradosso, le società avranno una situazione economica sempre peggiore a causa della scarsa domanda dei loro prodotti mentre il loro valore di borsa tenderà a salire.

Questo porterà a valutazioni aziendali gonfiate e avulse dalla realtà delle cose.

Il ritorno alla realtà può avvenire in modo brusco e tragico per il sistema nel caso che si arrivi ad una serie di fallimenti. È chiaro che le azioni delle società fallite di colpo valgono zero. Questo determina la fuga degli investitori anche dagli altri investimenti azionari.

Più semplicemente può succedere che, al momento di determinare gli utili d'esercizio, diverse società con una capitalizzazione enorme dichiarino utili sostanzialmente nulli e risibili se confrontate al valore di borsa della società. In questo caso appare chiara l'inconsistenza di questo valore.

50.15.50 Gli schemi Ponzi.

Lo schema è stato utilizzato per la prima volta in modo massiccio da Charles Ponzi negli anni "20 negli Stati Uniti e da lui ha preso il nome.

Si propone un investimento con un rendimento superiore alla media, ad esempio l'1% al mese pari al 12% annuo.

All'inizio si pagano gli interessi coi soldi che gli investitori hanno versato.

Una volta creata fiducia nell'investimento, si comincia a vendere quote in modo massiccio, utilizzando gli incassi per pagare gli interessi ai vecchi investitori.

Siccome ad ogni giro bisogna pagare un numero sempre maggiore di investitori, occorrerà una quantità sempre maggiore di nuovi investitori che sottoscrivano e versino.

Rappresentando graficamente il numero degli investitori con aree sempre più grandi messe una sopra all'altra, possiamo ottenere la rappresentazione di una piramide capovolta. Per questo motivo lo schema è anche detto piramidale.

Il sistema crolla quando smette di crescere e le nuove sottoscrizioni non sono più sufficienti per pagare gli interessi ai vecchi sottoscrittori.

Sostanzialmente tutte le bolle speculative possono essere assimilate ad un sistema Ponzi o, quanto meno ad un sistema piramidale. Hanno bisogno di crescere continuamente e quando smettono di crescere è probabile che scoppino.

50.20.00 LA CRISI ECONOMICA

Lo sviluppo economico non procede in modo lineare. Non è neppure irreversibile.

I problemi e gli ostacoli arrivano e spesso si accumulano.

Entro certi limiti il sistema economico è in grado di gestire i problemi e di trovare autonomamente le soluzioni.

Concretamente la soluzione è difficilmente indolore ma passa attraverso la distruzione di tutto ciò che non funziona correttamente e non può più essere gestito.

Anche nei momenti migliori, di elevato sviluppo e di buone opportunità economiche, non tutto funziona nel migliore dei modi. Ci sono imprese che falliscono e fasce di popolazione che non riescono a partecipare alla diffusa ricchezza.

Quando però i problemi diventano gravi, soprattutto quando diventano diffusi, il sistema da solo non riesce più a gestirli e il meccanismo di sviluppo si inverte.

Nella fase di sviluppo l'aumento della produzione generava un aumento del reddito che generava un aumento della domanda che generava un nuovo aumento della produzione.

L'andamento era circolare e si autoalimentava generando uno sviluppo continuo.

Con la crisi pesante, che il sistema non riesce a gestire, il crollo della domanda determina il crollo della produzione che fa crollare i redditi e quindi i consumi.

Anche in questo caso il processo è circolare e si autoalimenta portando il sistema economico verso l'implosione.

50.20.10 I cicli economici.

Uno sviluppo ottimale della produzione e dell'accumulazione di ricchezza richiederebbe un'assoluta perfezione nella scelta e nella realizzazione degli investimenti.

Richiederebbe anche che gli investimenti continuassero poi ad essere efficienti nel tempo.

In realtà questo non succede sempre ed una parte degli investimenti risulta invece inefficiente, non riesce, cioè, a dar origine a prodotti economicamente vendibili sul mercato o non vi riesce per un tempo abbastanza lungo da permettere di recuperare le somme investite.

Gli investimenti possono essere eccessivi in un certo settore. Se, ad esempio, vengono aperti tanti negozi di profumeria perché in questo momento i negozi di profumeria stanno rendendo molto, è probabile che poi la resa non sarà quella attesa quando tali aziende saranno troppe.

Il mercato può poi modificare la propria domanda tra il momento in cui gli investimenti sono decisi e quello in cui la produzione viene messa sul mercato, e, più in generale, il capitale fisico esistente può non essere pienamente o per niente adattabile alle modificazioni rese via via necessarie dall'evoluzione della domanda o dalle innovazioni tecnologiche.

Con il tempo e con lo sviluppo industriale la quantità di capitale inefficiente, che dà un basso profitto od una perdita, tende ad accumularsi.

Per chi opera in regime di mercato, la capacità di gestire del capitale inefficiente o scarsamente efficiente è modesta e si limitata alla possibilità di avere minori profitti e non anche alla possibilità di sostenere vere e proprie perdite di gestione protratte nel tempo.

Gli squilibri che via via si formano si accumulano nel tempo e possono essere gestiti dal sistema economico solo finché si mantengono entro limiti ristretti.

È vero che un'impresa non chiude o licenzia i propri dipendenti alle prime perdite. I soggetti che vedono diminuire il proprio reddito possono continuare per qualche tempo a mantenere lo stesso livello di consumi attingendo ai passati risparmi o al credito.

Quando lo squilibrio complessivo sarà diventato troppo grande e sarà durato troppo a lungo non sarà più gestibile.

Le imprese in perdita non riusciranno più a restare sul mercato neppure sacrificando i propri profitti. I soggetti il cui reddito è diminuito dovranno necessariamente diminuire i loro consumi e quindi la loro domanda.

Per quanto il tasso d'interesse possa essere calato, gli investimenti, e quindi la domanda di beni d'investimento, diminuiranno, perché quando manca la possibilità di vendere il prodotto non si investe neppure se il costo dei capitali è basso.

Una volta iniziata la fase in cui parte del capitale non è più produttiva e deve essere dismessa, la minor produzione determinerà una diminuzione della domanda che a sua volta renderà ancora più rapido il processo di estromissione del capitale inefficiente e porterà quindi ad un'inversione di tendenza del processo di sviluppo o, quanto meno, ad un rallentamento dello sviluppo stesso.

A questo punto sarà possibile per il sistema ritrovare il proprio equilibrio tra mercato e produzione solamente distruggendo il prodotto in eccesso attraverso la perdita di valore, totale o parziale, di beni d'investimento, fabbriche e impianti, o di beni di consumo già prodotti.

Finché le perdite patrimoniali rimarranno circoscritte ad un numero relativamente piccolo di imprese, e finché la diminuzione di posti di lavoro rimarrà contenuta, gli effetti sulla domanda aggregata potranno essere modesti e, dopo una fase di assestamento, lo sviluppo potrà riprendere.

Dopo una prima fase di sviluppo lineare, inizierà normalmente una fase ad andamento ciclico in cui si alterneranno fasi di sviluppo, in cui però si creano gli squilibri, a fasi di assestamento, in cui gli squilibri verranno eliminati distruggendo tutta la ricchezza che il sistema non sarà riuscito a gestire.

Lo sviluppo potrà quindi riprendere su nuove basi e il sistema riprenderà ad accumulare inefficienze.

Finché gli assestamenti saranno modesti e le fasi di sviluppo supereranno largamente quelle di recessione, sia per durata che per ampiezza, la ricchezza del sistema economico continuerà complessivamente a crescere.

La contrazione e la modifica della composizione della domanda lasceranno comunque gran parte del capitale esistente in una condizione di minore redditività, garantendo quindi una redditività maggiore ai nuovi investimenti fatti alla luce della nuova composizione qualitativa della domanda, alle nuove tecniche e alle nuove opportunità.

Se i parametri di base del sistema, composizione della domanda, redditività degli investimenti, capacità di gestire gli squilibri, rimangono sostanzialmente inalterati, è probabile che la durata dei cicli rimanga più o meno costante nel tempo, figura n. 1. In questo modo si alternano fasi di espansione a fasi di contrazione della produzione.

PRODUZIONE

figura n. 1

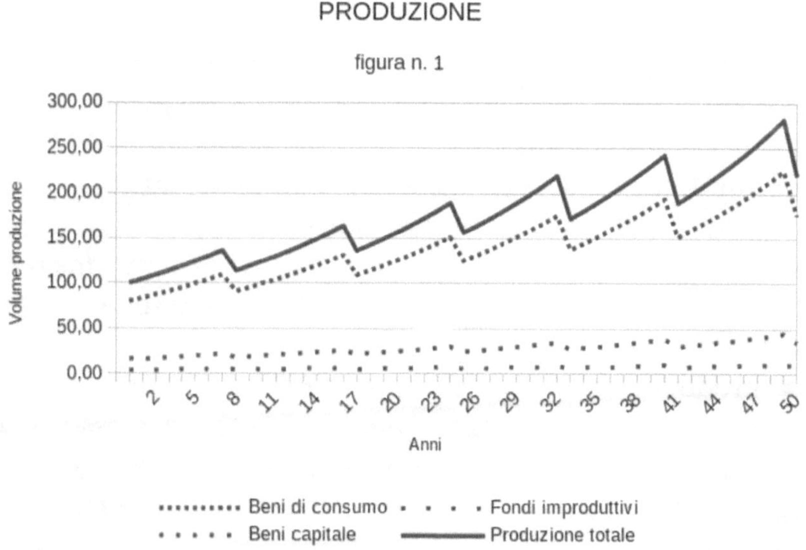

L'accumulazione della ricchezza, figura n. 2, procederà in modo sostanzialmente regolare per quel che riguarda i fondi di valore e ciclico per quel che riguarda il capitale a causa della periodica distruzione del capitale inefficiente.

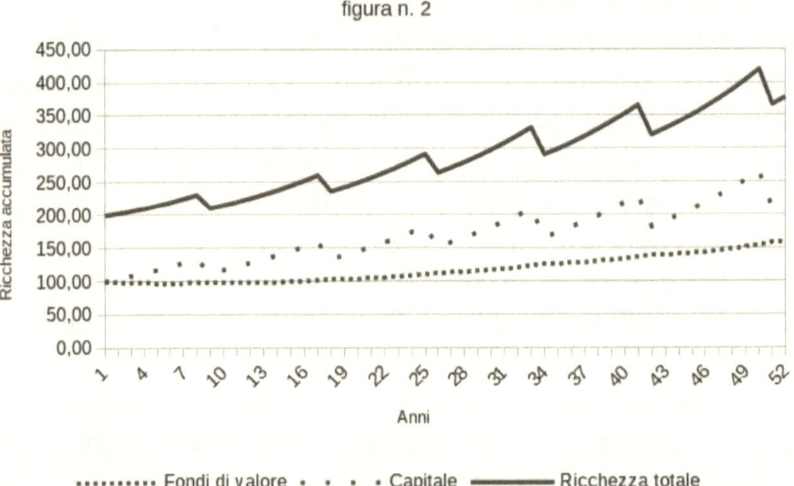

50.20.20 La produttività del lavoro.

Se le cose possono andare comunque bene sul piano dello sviluppo produttivo e dell'accumulazione della ricchezza, i problemi possono comunque sorgere sul piano dell'occupazione, figura n. 3.

L'occupazione è proporzionale al livello di produzione perché per produrre di più occorre più lavoro.

La proporzione, però, non rimane costante nel tempo ma tende ad abbassarsi continuamente a causa del progresso tecnologico ed organizzativo.

Per produrre gli stessi beni occorre quindi una quantità di lavoro sempre minore. Questo, di per se stesso, è un bene, se così non fosse saremmo ancora obbligati a lavorare dall'alba al tramonto solo per assicurarci il necessario per la sopravvivenza fisica.

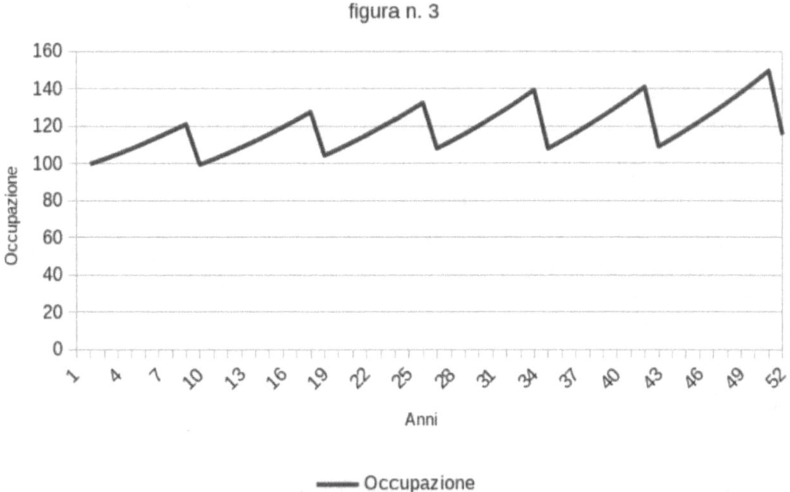

Sviluppo economico ed aumento della produttività del lavoro sono quindi due modi diversi di vedere una stessa realtà.

Il continuo aumento della divisione del lavoro, l'introduzione di sistemi organizzativi sempre più perfezionati, l'utilizzo di nuove macchine e dell'impiego di una quantità di capitale sempre maggiore fa sì che occorra una quantità di lavoro sempre minore per ottenere lo stesso prodotto.

L'aumento della produttività, cioè della produzione per ogni ora di lavoro, è l'essenza stessa dello sviluppo economico perché solo se ognuno di noi è in grado di produrre mediamente di più si può mediamente avere più beni a disposizione e aumentare quella che Smith chiamava la Ricchezza delle Nazioni.

In un sistema economico piccolo e primitivo l'aumento di produttività può essere strettamente legato alla quantità di capitale impiegato e alle possibilità di espansione del mercato.

Appena il mercato sarà poco ricettivo o l'incremento di capitale diventerà modesto, crollerà l'interesse per le innovazioni, per lo sviluppo tecnologico e per l'aumento della produttività.

In questo modo, il piccolo sistema economico rimarrà

un piccolo sistema economico che ha trovato un proprio equilibrio ad un livello di produzione e di reddito un pochino maggiori e lì si è fermato. Alcuni metodi artigianali stupiranno ancora dopo secoli per la loro ingegnosità.

In un sistema sufficientemente grande e con un mercato libero e lasciato a se stesso, la produttività potrà invece continuare a crescere indipendentemente dalle condizioni generali.

Alla singola impresa potrà comunque convenire di migliorare i propri metodi produttivi anche in situazioni di scarsa domanda. Anzi, il cattivo andamento del mercato potrà spingere a sforzi maggiori per aumentare la produttività, diminuire i costi unitari e riuscire a vendere il proprio prodotto.

L'aumento della produttività tenderà a diventare una costante del sistema. La competizione terrà elevato il tasso d'aumento della produttività del lavoro sia nei momenti di espansione che in quelli di recessione .

Se la produzione cresce più velocemente della produttività, per produrre occorrono più ore di lavoro. Se la produzione cresce quanto la produttività occorrono le stesse ore di lavoro. Se la produzione cresce meno velocemente della produttività occorrono meno ore di lavoro, anche se il prodotto è aumentato.

Se lo sviluppo segue un andamento ciclico, il sistema può aumentare o mantenere il livello di occupazione solo finché il tasso medio di sviluppo si mantiene superiore o uguale al tasso d'aumento medio della produttività.

Quando le fasi di espansione non saranno più sufficienti ad assorbire la disoccupazione che si era creata nelle fasi di recessione, il livello d'occupazione tenderà nel tempo a diminuire.

Ad un certo punto, se il tasso medio di sviluppo diventerà troppo basso rispetto al tasso d'aumento della produttività, la disoccupazione non aumenterà solo nei momenti di crisi ma anche durante quelli di ripresa perché anche allora l'aumento della produzione sarà insufficiente a compensare l'aumento continuo di produttività.

Pur continuando ad espandersi, il mercato può non mantenere un tasso di crescita superiore al tasso di aumento della produttività.

In questo caso il tasso di disoccupazione tende comunque ad aumentare determinando l'emarginazione dalla produzione di fasce sempre più ampie di popolazione.

In un primo tempo il sistema potrà gestire o mascherare la sempre maggiore disoccupazione.

È possibile aumentare l'apparato burocratico dello Stato, concedere sussidi od istituire ammortizzatori sociali complessi.

È anche possibile scaricare la disoccupazione sui giovani che, avendo la possibilità di vivere in casa coi genitori finché non dispongono di un proprio reddito, possono essere concretamente immessi nel mondo del lavoro sempre più tardi.

Finché gli emarginati dal reddito saranno pochi, gli effetti della disoccupazione sulla domanda aggregata saranno modesti.

Quando, però, la disoccupazione raggiungerà livelli non gestibili dal sistema o, semplicemente, quando si deciderà politicamente di non gestirla più, gli investimenti in nuove tecnologie più produttive faranno ancora aumentare la produttività creando ulteriore disoccupazione.

Il processo da solo non si fermerà.

Via via che produttività e disoccupazione aumenteranno, chi riuscirà a mantenere il proprio reddito senza farsi emarginare dal sistema continuerà a godere di un aumento di reddito pari all'aumento di produttività.

La differenza tra incremento di reddito dei ricchi e minor incremento della produzione sarà equivalente alla perdita di reddito degli esclusi dal sistema.

L'incremento della ricchezza continuerà quindi solo per alcuni, ma non per tutti, e sarà collegato alla sempre maggior concentrazione del reddito e non all'aumento del prodotto.

Il sistema manterrà il proprio equilibrio solamente continuando ad espellere lavoratori dalla produzione.

A livello aggregato il sistema non produrrà più sviluppo economico e ricchezza per tutti, ma solo disoccupazione, emarginazione e ricchezza per alcuni.

Un ulteriore aumento della ricchezza sarà possibile per un numero sempre minore di fortunati ed al prezzo di una sempre maggiore emarginazione.

Il sistema economico sarà arrivato definitivamente al proprio declino, il sistema politico potrà essere ancora gestito per qualche tempo con metodi sempre più autoritari.

È un'opinione diffusa che il nostro sistema economico sia intrinsecamente diverso dai precedenti e che sia destinato ad uno sviluppo senza limiti. Probabilmente anche in passato gli uomini hanno sempre avuto questa convinzione riguardo al proprio sistema economico e noi abbiamo in seguito avuto modo di constatare che si erano sempre sbagliati.

Forse, effettivamente, molti sistemi sviluppati sono ancora lontani da un punto di inversione del processo di sviluppo.

Probabilmente una differenza c'è davvero, ma non consiste in un'effettiva superiorità e irreversibilità del nostro modello di sviluppo. Dipende invece dalle maggiori conoscenze che oggi abbiamo e, conseguentemente, dai maggiori strumenti di cui disponiamo.

50.20.30 La grande crisi.

Immaginiamo che ad un certo punto si abbia un'importante inversione di tendenza per quel che riguarda la destinazione delle eccedenze di reddito figura n. 4. Abbiamo, cioè, un cospicuo aumento della parte di prodotto destinata ad essere detenuta in forma monetaria o all'acquisto di fondi improduttivi rispetto a quella destinata all'accumulazione di capitale.

PRODUZIONE

figura n. 4

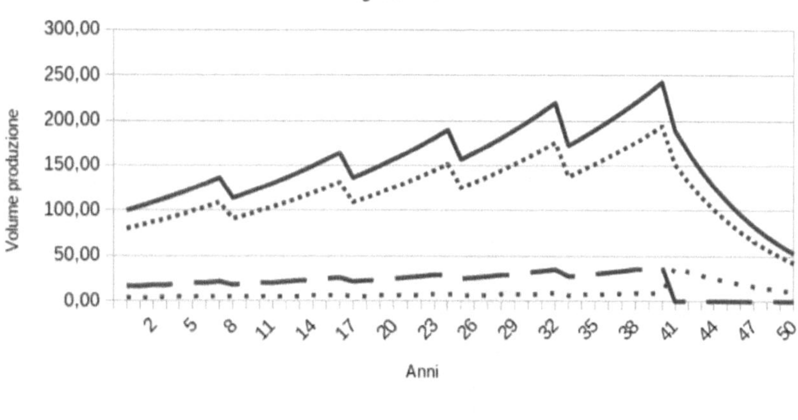

RICCHEZZA ACCUMULATA

figura n. 5

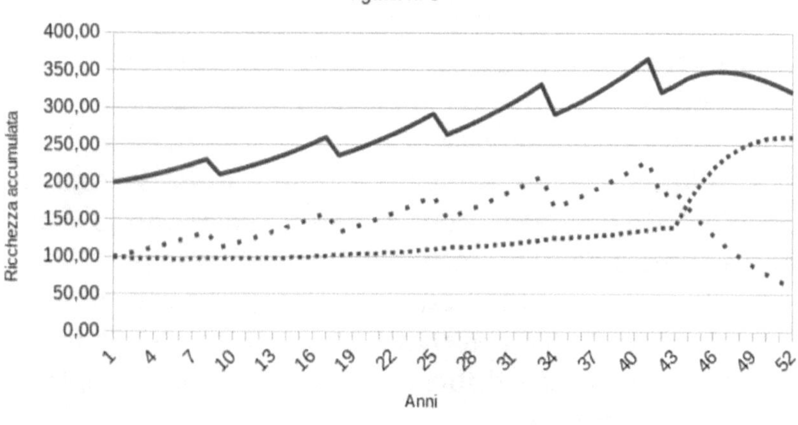

OCCUPAZIONE

figura n. 6

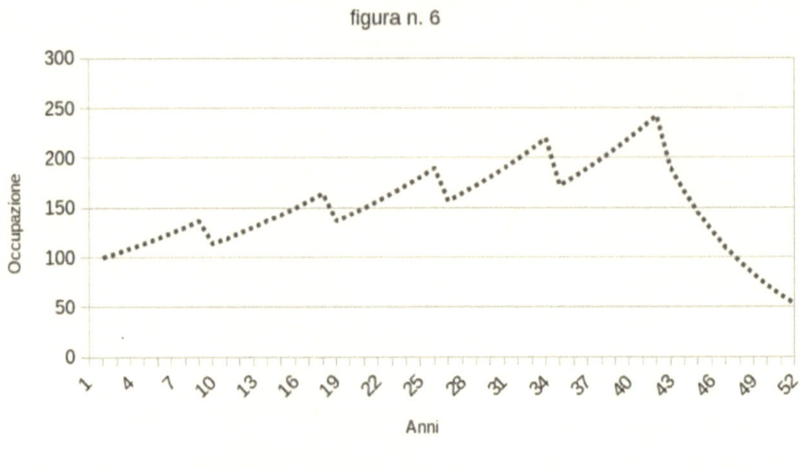

Il meccanismo individuato da Keynes è nella sostanza semplice. Buona parte degli investimenti non sono effettuati da chi dispone direttamente di eccedenze di ricchezza (risparmiatori), ma da investitori professionali (imprenditori), che prendono in prestito il risparmio pagando per il suo utilizzo un tasso d'interesse.

Il tasso d'interesse può aumentare o diminuire a seconda della possibilità di resa degli investimenti, più rendono e più le imprese sono disposte a pagare alti tassi d'interesse.

È chiaro, però, che chi presta il suo risparmio lo presta per ottenere un interesse positivo non puramente simbolico. Per avere un riferimento è difficile pensare di scendere molto al di sotto del il 2% annuo.

Con un tasso d'interesse inferiore, i risparmiatori si terrebbero il risparmio e non lo presterebbero a nessuno. In questo modo manterrebbero la disponibilità della loro moneta e non correrebbero rischi.

In realtà tale tasso minimo di interesse non è costante nel tempo, ma dipende dalle più o meno legittime aspettative di resa dei risparmiatori.

Se cala la resa degli investimenti o aumenta l'esuberanza di risparmio disponibile o se succedono entrambe le cose, il tasso d'interesse corrente sul mercato può scendere al di sotto della soglia minima.

In questo caso il meccanismo che porta al finanziamento degli investimenti si interromperà. Il risparmio rimarrà nelle mani dei risparmiatori in forma liquida, soprattutto banconote e depositi bancari in conto corrente.

Gli investimenti non saranno più finanziati e crolleranno. Il risparmio non si trasformerà più in acquisto di beni di investimento ma rimarrà liquido ed improduttivo in forma monetaria (trappola della liquidità).

Il venir meno della domanda di beni d'investimento ridurrà la domanda aggregata alla sola domanda di beni di consumo, si creerà quindi un'ulteriore carenza di domanda rispetto alla produzione.

La reazione delle imprese porterà ad una diminuzione degli investimenti e della produzione per adeguarsi alla minore domanda. Ma questo non porterà il sistema ad un nuovo punto di equilibrio. La minore produzione determinerà una riduzione del reddito dei produttori e quindi un'ulteriore diminuzione della domanda. In questo modo l'equilibrio non sarà raggiunto.

Si svilupperà un processo circolare sostanzialmente inverso a quello di sviluppo che difficilmente potrà arrestarsi da solo e porterà ad una diminuzione della produzione multipla rispetto all'insufficienza iniziale della domanda.

Se abbiamo un'eccedenza di risparmio pari al 10% del reddito e un moltiplicatore uguale a 5, per assorbire questa eccedenza occorrerà arrivare ad una diminuzione del reddito del 50% assolutamente insostenibile dal sistema economico.

La soluzione keynesiana è quella di uscire dagli automatismi del mercato e di affidare la ripresa all'intervento pubblico attraverso un aumento della domanda aggregata realizzato con l'aumento della spesa pubblica.

Prima di decidere se condividere questa analisi e queste conclusioni è meglio vedere in cosa consista la sostanziale differenza tra una "normale" crisi ciclica ed una "Grande crisi". Oltre alla differenza di ordine quantitativo, quale sia la differenza di tipo "qualitativo", legata, cioè, a intrinseche differenze nel modo di comportarsi del sistema economico.

Nella crisi ciclica, in realtà i meccanismi di funzionamento non si alterano, anzi la crisi costituisce essa stessa un meccanismo del sistema di mercato attraverso il quale viene eliminato il capitale inefficiente e ci si prepara per la nuova fase di espansione.

In particolare non si alterano i meccanismi che determinano la destinazione economica delle eccedenze che sono alla base dello sviluppo industriale.

Nella Grande crisi, invece, il meccanismo si altera e, almeno in parte, le eccedenze cessano di essere destinate agli investimenti e sono invece destinate ai fondi di valore.

In un primo momento questi fondi sono costituiti quasi esclusivamente da titoli e moneta, poi, in seguito, anche da beni di altro tipo.

In un certo senso avviene una modifica dei parametri del sistema verso una struttura sul modello agricolo, con limitata accumulazione di capitale, accumulazione della ricchezza indirizzata verso fondi di valore improduttivi e scarso aumento della produzione.

La differenza è però che non siamo più in un mondo agricolo, siamo invece in un mondo industriale in cui la produttività del lavoro continua ad aumentare.

Torniamo un momento al motivo per cui si arriva alla rottura cioè al tasso d'interesse che scende al di sotto del minimo necessario per assicurare il funzionamento del meccanismo di trasmissione del risparmio verso gli investimenti.

In periodi di inflazione dobbiamo distinguere due diversi tassi d'interesse, il tasso d'interesse nominale, cioè quello formalmente stabilito, ed il tasso d'interesse reale, cioè la differenza tra tasso d'interesse nominale e tasso d'inflazione.

Se, ad esempio, presto 100 euro al tasso nominale del 10%, dopo un anno ricevo 110 euro.

Se nel frattempo c'è stata un'inflazione del 6% il mio guadagno non è Stato di 10 euro ma solamente di 4, perché in realtà la moneta che ricevo dopo un anno vale il 6%, cioè 6 euro, in meno dell'anno precedente.

Il mio guadagno "reale", cioè espresso in maggiori beni che posso comprare, è solo di 4 euro (10-6), vale a dire del 4%.

In condizioni normali per le imprese quello che conta è il tasso d'interesse reale. La svalutazione dei loro debiti diminuisce il valore della moneta da restituire e costituisce un guadagno da dedurre dal costo del finanziamento.

Per i risparmiatori quello che conta è invece il tasso d'interesse nominale. Infatti l'alternativa a prestare il risparmio detenuto in forma monetaria non è quella di mantenerne inalterato il valore reale, ma quella di subirne comunque la svalutazione al ritmo dell'inflazione.

Tornando all'esempio precedente, la differenza tra prestare i 100 euro e non prestarli è di 10 euro, cioè del 10% pari all'interesse nominale, nel primo caso, infatti, alla fine dell'anno avrò 110 euro, nel secondo 100 e questo indipendentemente dal tasso d'inflazione. E' quindi possibile che il sistema funzioni anche con tassi reali d'interesse molto bassi, addirittura negativi, in presenza di un tasso d'inflazione adeguato.

Al contrario, in caso di deflazione il tasso reale d'interesse sarà superiore a quello nominale.

Se, ad esempio, il valore della moneta aumenta in un anno del 10% e le imprese pagano un interesse nominale del 5%, avranno un costo effettivo (tasso reale) del 15% mentre per i risparmiatori la differenza tra prestare il proprio risparmio e detenerlo in moneta che, comunque si rivaluta, è solo del 5% pari al solo tasso d'interesse nominale.

La deflazione permette quindi il funzionamento del mercato

solo con tassi reali molto alti, pari al tasso nominale d'interesse più il tasso di deflazione.

Occorre quindi una buona redditività dei capitali investiti che permetta di pagare alti tassi reali d'interesse.

Ma durante una crisi ciclica, magari più ampia delle altre, si genera inflazione, che permette di gestire il sistema, o deflazione che può comprometterne gravemente gli equilibri?

Il rischio più grosso è quello che sia il governo, in momenti di depressione, ad intraprendere una politica monetaria restrittiva tendente a scongiurare veri o presunti pericoli d'inflazione, e che in questo modo faccia scoppiare la crisi quella vera. Così J. K. Galbraith sulle cause della crisi del 29 ne "La moneta".

50.25.00 LA RESILIENZA

Il termine resilienza è diventato di moda, non solo perché suona bene, ma anche perché esprime un qualcosa di difficilmente esprimibile in altro modo. Sostanzialmente non c'è un'altra parola per descrivere il concetto.

La resilienza di un metallo è la sua capacità a resistere nel tempo a ripetute sollecitazioni.

Vista da un inesperto come me la cosa sembra quasi avere una dimensione al limite dello scientifico.

Non dipende dalla durezza o dal peso specifico. Dipende da tante cose difficili da individuare e quantificare. Non resta che prendere un campione di metallo, cominciare a tentare di piegarlo finché non si rompe.

Ma forse non è così, ciò che determina la resilienza in realtà è determinabile. Magari è solo difficilmente quantificabile.

In psicologia e sociologia la resilienza è la capacità di un soggetto o di una popolazione di resistere a difficoltà e ad eventi traumatici.

La resilienza economica è la capacità di un sistema, ma anche di un'impresa o di una famiglia, di resistere ad eventi economici sfavorevoli anche prolungati.

Tali eventi sfavorevoli possono consistere in cali della produzione, dell'occupazione o dei consumi, in inflazione o deflazione prolungate, in calamità naturali.

50.25.10 La resilienza del sistema economico.
Un modo di procedere dell'analisi economica è quello di

isolare una variabile, od un piccolo numero di variabili, e studiarla "ceteris paribus" cioè a parità di altre condizioni.

In un'analisi di questo tipo è probabile che la resilienza finisca tra le altre condizioni come una costante del sistema. Ma in realtà una costante è solo una variabile che abbiamo deciso di non prendere in considerazione.

La resilienza di un sistema economico varia poco nel breve periodo. Questo non ci deve indurre a ritenere che sia sostanzialmente costante nel tempo. Che la resilienza economica sia come la resilienza di un metallo, cioè un valore fisso che dobbiamo prendere per quello che è senza chiederci troppo da dove derivi.

La resilienza di un sistema economico varia nel tempo, lentamente ma può variare. È legata a caratteristiche strutturali e quindi varia col modificarsi della struttura del sistema.

In questo modo le variazioni oltre che lente dovrebbero avere anche un andamento continuo e lineare ed essere difficilmente reversibili.

Derivando dalla struttura del sistema, la resilienza può anche essere aumentata modificando positivamente gli elementi strutturali.

È poi da considerare che un sistema non dimostra la stessa resilienza verso eventi negativi di tipo diverso. Una cosa è la resilienza verso l'inflazione, una cosa diversa è la resilienza nei confronti della deflazione o della disoccupazione.

La resilienza dei sistemi economici viene spesso sottovalutata. In particolar modo siamo portati a sottovalutare la resilienza dei sistemi diversi dal nostro.

Negli anni 2022 e 2023 la resilienza del sistema economico russo è stata fortemente sottovalutata dai Paesi occidentali.

Il sistema economico russo ha resistito a sanzioni e tentativi di destabilizzazione dimostrando una resilienza superiore ad ogni aspettativa. Questo l'abbiamo visto tutti.

Abbiamo anche visto i tentativi russi di destabilizzare le

economie occidentali, soprattutto quella europea.

Il tentativo è passato attraverso l'aumento abnorme del costo delle fonti energetiche ed il tentativo di screditare euro e dollaro.

Anche in questo caso il sistema europeo ha dimostrato una resilienza superiore alle aspettative.

Forse di questo tentativo ci siamo resi conto di meno ma, ripensandoci è facile convincerci che è stato così.

Russia e Unione Europea sono due sistemi economici molto diversi tra loro ma comunque hanno entrambi resistito molto bene dimostrando una forte resilienza.

In comune i due sistemi hanno le ampie dimensioni.

L'Unione Europea ha un PIL enorme, inutile discuterne.

La Russia ha il PIL PPA (a parità di potere d'acquisto) ai primi posti. Ha un PIL inferiore a quello dell'Unione Europea ma comunque enorme.

- Le grandi dimensioni sono certamente un elemento di stabilità che induce resilienza.

Un grande sistema economico ha una grande struttura produttiva. Anche quando viene attaccata, una grande struttura produttiva rimane comunque in grado di resistere e reagire.

Gli effetti dell'evento traumatico non colpiscono contemporaneamente tutte le imprese. Prima vengono colpite le meno resilienti che, uscendo dalla produzione, lasciano spazi di mercato alle altre e ne aumentano la resilienza.

- La moneta nazionale di un grande sistema economico è soggetta ad una quantità enorme di scambi che ne stabilizzano il valore.

Molti milioni di persone e di imprese utilizzano la moneta nazionale. Qualunque cosa succeda, continueranno ad usarla sia come fondo di valore sia per eseguire transazioni.

Il sistema è quindi in grado di superare grossi shock monetari.

Anche una forte svalutazione della moneta blocca le importazioni e sostanzialmente rafforza il sistema.

Un forte rafforzamento della moneta potrebbe invece creare grossi problema. Le esportazioni potrebbero bloccarsi e la produzione nazionale potrebbe diventare meno competitiva anche sul mercato interno. (Tesi prevalente: un sistema economico è messo in crisi dalla svalutazione della sua moneta. La crisi può essere grave e irreversibile e portare al default del sistema.)

- Il debito pubblico di un'economia forte è molto resiliente anche quando è elevato.

I titoli del debito pubblico sono detenuti da innumerevoli soggetti nazionali e internazionali che spesso non hanno concrete alternative d'investimento. Nel caso di svalutazione dei titoli diventa difficile venderli perché si dovrebbero accettare forti perdite.

Per non evidenziare le perdite, banche e imprese tendono a tenere in portafoglio titoli del debito pubblico ed obbligazioni fino alla scadenza.

Il motivo principale che rende solido e difficilmente attaccabile il debito pubblico di un grande sistema credo che sia però un altro.

I titoli in circolazione sono tanti e detenuti da tanti soggetti nazionali e internazionali. Alcuni di questi soggetti sono grandi e potenti e detengono una quantità enorme di titoli. È chiaro che questi soggetti non hanno nessun interesse alla svalutazione dei titoli e si opporranno in ogni modo.

- L'inflazione può incidere poco sugli equilibri reali. I governi possono poi prendere le misure necessarie per contrastarla.

In un grande sistema economico è difficile che l'inflazione si trasformi in iperinflazione. La quantità di moneta presente nel sistema è enorme ma è costituita prevalentemente da fondi di valore che difficilmente saranno messi in circolazione. In questo modo la moneta continuerà ad essere detenuta e non verrà gettata nel mercato.

- I grandi sistemi economici non hanno probabilmente una particolare resilienza verso deflazione e stagflazione.

Forse la stagflazione è spesso un fenomeno caratteristico di grandi sistemi economici resilienti che anche in condizioni avverse sono riusciti a mantenere invariato il loro livello produttivo.

Il sistema economico russo è molto grande. Non è tra i primi ma comunque ha un PIL- PPA al quarto o quinto posto mondiale. In assoluto ha un livello enorme di produzione, di reddito e di consumi. Ha risorse energetiche e di materie prime enormi, complessivamente le maggiori riserve mondiali.

Ha grandi riserve valutarie ed un debito pubblico modesto.

Da non sottovalutare, ha anche le più grandi riserve mondiali di acqua potabile.

Ha ereditato la parte più consistente dei territori dell'ex Unione Sovietica, concretamente anche la parte più ricca.

Contrariamente rispetto ai tempi dell'Unione Sovietica, ha oggi una tecnologia avanzata e rapporti commerciali con tutto il Mondo. Ha anche una struttura produttiva più razionale.

Un sistema economico simile possiede certamente una resilienza enorme ed è in grado di assorbire forti eventi traumatici, sia di origine interna che esterna.

Il sistema economico europeo è tre o quattro volte più grande di quello russo, sia per popolazione che per PIL.

Ha una tecnologia superiore in molti settori e maggiori rapporti commerciali col resto del Mondo.

Ha poi una moneta considerata solida accettata nelle transazioni internazionali.

I suoi punti critici sono la carenza di fonti energetiche e di materie prime ed il forte indebitamento pubblico.

Tra il 2022 e il 2023 l'Europa ha superato lo shock dovuto all'aumento del prezzo di petrolio e gas naturale dopo aver superato lo shock dovuto al coronavirus.

L'aumento di prezzo dei prodotti petroliferi è stato enorme, a livelli assolutamente incompatibili col normale funzionamento del sistema.

A posteriori credo di aver capito quali fossero le regole del gioco. Capire a posteriori è facile, molti più bravi di me l'avranno capito sin dall'inizio.

Il prezzo del petrolio o del metano è dato dal costo di produzione del giacimento marginale, cioè del giacimento con costi d'estrazione maggiori che è necessario tenere in funzione per garantire la quantità richiesta dal mercato.
I prezzi del petrolio e del gas naturale possono essere fatti salire attraverso contingentamenti o blocchi della produzione o delle esportazioni.
L'aumento di prezzo rende però conveniente la produzione di giacimenti con costi di estrazione più alti. Ad esempio shale oil americano.
L'entrata sul mercato di questi giacimenti incrementa la produzione globale, riportando i prezzi a livello normale.
Sostanzialmente lo scontro avviene in questi termini.
Una parte deve alzare il prezzo delle fonti energetiche il più possibile e il più a lungo possibile.
L'altra parte deve resistere il più a lungo possibile. Se riesce a resistere fino a quando il prezzo non si è normalizzato, la crisi è superata.

L'altra criticità del sistema economico europeo è quella del debito pubblico.
Il debito pubblico dei Paesi europei è mediamente molto alto. Tanto alto da renderne impossibile il rimborso.
Un chiarimento. Praticamente il debito pubblico di quasi tutti gli Stati non è rimborsabile. Quando il debito supera poche decine di punti percentuali del PIL non esiste più la possibilità di rimborso. Nelle economia d'oggi è probabile che non esistesse neanche prima.
Il debito pubblico europeo è di fatto è un debito perpetuo che deve garantire in perpetuo una rendita ai suoi possessori.
Il debito europeo non è però costituito da rendita irredimibile, cioè senza obbligo di rimborso del capitale.
Il debito è costituito da normali titoli a scadenza che a scadenza vanno rinegoziati al tasso d'interesse corrente al momento della rinegoziazione.
È concretamente impossibile pagare gli interessi sul debito

attraverso un avanzo primario di bilancio. Per pagare spese pubbliche ed interessi sul debito, occorrerà ogni anno aumentare il debito vendendo una quantità sempre maggiore di titoli.

È probabile che un piccolo sistema economico non regga a lungo perché risulta difficile convincere gli investitori nazionali ed esteri ad acquistare nuovi titoli.

L'acquisto da parte della Banca centrale dovrebbe essere finanziato emettendo moneta e creerebbe inflazione peggiorando la situazione complessiva.

In questo modo diventano sempre più alti i rischi di default, cioè di dichiarazione dell'impossibilità di rimborsare i titoli del debito pubblico.

Si ha il default del debito pubblico quando lo Stato non è più in grado di pagare gli interessi sul debito e trovare gli acquirenti per acquistare i titoli necessari a rimpiazzare quelli in scadenza.

L'economia europea è grande e dispone al suo interno di una quantità enorme di risparmio che cerca una collocazione.

Concretamente la resilienza del debito pubblico dei paesi europei si è dimostrata altissima.

Una volta esaurita la capacità di emissione di debito pubblico da parte dei singoli Stati, c'è poi sempre la possibilità di emettere buoni europei.

Il sistema economico statunitense unisce ai fattori positivi europei: dimensioni, mercato, collegamenti internazionali e tecnologia a quelli russi: superficie territoriale, fonti energetiche e materie prime.

La sua resilienza è da ritenere enorme. Probabilmente chi teme un default del debito pubblico americano, e anche chi ci spera, dovrà aspettare a lungo. Molto più a lungo di quanto sia normale e sia lecito attendere. Anche più a lungo di quanto può essere oggetto di previsioni economiche attendibili.

Ho condotto l'analisi dei sistemi economici precedenti a livello dell'evidente e dell'ovvio sulla base delle informazioni che sono alla portata di tutti e che sono quindi anche alla mia portata.

Del sistema economico cinese non pretendo di effettuare neanche una simile analisi per valutarne la resilienza.

Quello che mi sento di dire è che la Cina sembra avere ancora bisogno di mercati internazionali di sbocco per i propri prodotti.

Per la Cina, l'ideale sarebbe esportare solo quanto le serve per acquistare fonti energetiche, materie prime e tutto ciò che non è possibile o conveniente produrre al proprio interno. La produzione restante dovrebbe essere destinata ai consumi e agli investimenti nazionali.

Per arrivare a questa situazione occorre tempo, probabilmente molto tempo. Per ora la Cina ha ancora bisogno del mercato europeo e di quello statunitense.

50.25.20 Resilienza delle famiglie.

Alla fin fine è la resilienza di famiglie e imprese che sta alla base della resilienza del sistema economico.

In un sistema agricolo non sviluppato non esiste normalmente un rapporto determinato tra produzione e numero di addetti alla produzione.

Sullo stesso terreno può lavorare un numero più o meno grande di contadini.

Quando lavora un numero di contadini inferiore a quello ottimale, la produzione pro capite ed il tenore di vita aumentano. Le migliorate condizioni di vita determinano un aumento della popolazione e del numero dei lavoratori.

Quando invece il numero di lavoratori è superiore a quello ottimale, la produzione pro capite ed il tenore di vita diminuiscono. Le peggiorate condizioni di vita determinano una diminuzione della popolazione e del numero dei lavoratori.

Il sistema agricolo si adatta a questi cambiamenti dimostrando una resilienza enorme che gli ha permesso di sopravvivere per migliaia d'anni.

Una società industriale presenta una resilienza inferiore.

I posti di lavoro sono direttamente legati alla produzione. Se la produzione diminuisce, un certo numero di lavoratori perde il lavoro e rimane senza una fonte di reddito.

Il calo di produzione, reddito e posti di lavoro può generare un circuito recessivo che si autoalimenta fino ad avere effetti distruttivi sul sistema.

In un sistema economico sviluppato la resilienza delle famiglie è legata soprattutto alla sicurezza del posto di lavoro o alla stabilità dell'eventuale reddito d'impresa.

La sicurezza è data poi dal corretto funzionamento del sistema economico, dalla proprietà della casa d'abitazione, dall'esistenza di adeguati ammortizzatori sociali, da un sistema sanitario gratuito ed efficiente, da una scuola pubblica di qualità, dall'esistenza di servizi di base diffusi e fruibili.

Mi sto accorgendo che senza volerlo ho fatto un elenco degli obiettivi programmatici della nostra Costituzione.

Non è un caso. La Costituzione italiana delinea un tipo di società resiliente oltre che giusta.

La Costituzione Italiana è ispirata principalmente dalla tradizione cattolica sostanzialmente corporativa, ma comunque sostiene principi giusti e resilienti.

Sostanzialmente attraverso la giustizia sociale si genera resilienza.

La garanzia di una vita libera e dignitosa rende le famiglie e i singoli capaci di affrontare le avversità. Se abbiamo la garanzia del nostro reddito, dell'assistenza in caso di malattia e se abbiamo la sicurezza di poter far studiare i nostri figli, possiamo affrontare la vita con prospettive migliori.

Esiste anche la tesi opposta. È la selezione che rende la società resiliente. Eliminando ed emarginando i soggetti più deboli, quella che resta è una società più forte e quindi anche più resiliente.

È una teoria che può anche essere razionalmente sostenuta ma che non mi piace.

50.25.30 Resilienza delle imprese.

Per le imprese la capacità di resilienza deriva principalmente dal contesto economico in cui operano. Principalmente dalle condizioni di mercato.

Il punto principale è la possibilità di continuare a produrre e vendere realizzando un valore aggiunto da ripartire tra i soggetti che hanno partecipato alla produzione.

È importante anche il contesto istituzionale in cui opera l'impresa.

Operare nell'Unione Europea è difficile. Ti riempiono di obblighi inutili e costosi e devi competere con chi quegli obblighi non li ha.

A parità di altre circostanze, un'impresa che opera al di fuori dell'Unione è certamente più resiliente di una che opera al suo interno.

Il sistema fiscale incide sulla resilienza delle imprese. Naturalmente quelle che pagano meno tasse sono più resilienti di quelle che ne pagano di più.

La pressione fiscale elevata può diventare un grosso problema quando si deve superare un momento di crisi, sia di crisi economica di carattere generale, sia di crisi particolare della singola impresa.

Durante la crisi l'impresa si indebita, in parte accendendo mutui e in parte allungando i pagamenti di ciò che acquista.

Passata la crisi i debiti vanno pagati con gli utili. Ma se gli utili sono soggetti a forte tassazione, pagare i debiti con gli utili netti è problematico.

Particolarmente grave è la situazione delle piccole imprese italiane che hanno subito la crisi conseguente all'epidemia di Covid 19.

Negli anni 2020 e 2021 si sono indebitate per poter sopravvivere. Magari si sono in parte indebitate a tassi agevolati ma si sono comunque indebitate.

Ora, con una pressione fiscale e contributiva del 50/60%, è difficile pagare i debiti e vivere con quel che resta.

Quantomeno lo Stato dovrebbe rendere deducibili dal reddito anche le quote capitale dei mutui negoziati in quegli anni.

Un espediente per non pagare tasse e rendere l'impresa più resiliente è quello di fissare la sede sociale all'estero in Stati considerati paradisi fiscali. Ce ne sono tanti, non necessariamente al di fuori dell'Unione Europea.

Stabilire la sede all'estero ha un costo elevato costituito dal compenso per i consulenti che si occupano di gestire la cosa e un aumento significativo dei costi amministrativi.

Questa possibilità è quindi esclusa per le piccole imprese.

C'è poi sempre il rischio che *giustamente* il Fisco riesca a dimostrare che l'attività economica viene concretamente esercitata sul territorio nazionale e la collocazione estera ha il solo fine di evadere le tasse.

50.25.40 Resilienza e bolle economiche.

Quando famiglie, imprese e Stati resistono agli eventi che dovrebbero metterli in crisi creano bolle economiche. Più resistono dimostrando resilienza e più le bolle si ingrossano.

Si creano così bolle del debito pubblico, bolle monetarie, bolle del credito al consumo o dell'esposizione sulle carte di credito, bolle della sovraesposizione bancaria, bolle azionarie e obbligazionarie, bolle dei derivati dei derivati dei derivati.

Prendiamo ad esempio il debito pubblico.

Partiamo da un debito pari al 60% del PIL. Da notare che il debito pubblico dovrebbe essere rapportato al PIN, prodotto interno netto, che rappresenta il reddito complessivo. Il PIL è il reddito al lordo degli ammortamenti, cioè al lordo del consumo degli impianti, che è un costo di produzione a tutti gli effetti.

Un debito pubblico pari al 60% del PIL viene normalmente considerato più che sostenibile. Non sostenibile nel senso che potrebbe essere rimborsato, questo non è già più possibile.

Sostenibile nel senso che è possibile collocare nuovi titoli per rimborsare quelli a scadenza e per pagare gli interessi.

Nel mondo attuale è difficile pareggiare il bilancio pubblico anche se ce lo fissiamo come obiettivo o come obbligo legale.

Normalmente tra disavanzo primario, cioè al netto degli interessi, e interessi sul debito un 2 o 3% di nuovo debito all'anno si mette sempre assieme.

Questo quando va bene, perché poi c'è l'anno della pandemia, quello del terremoto, quello dell'aumento del prezzo del petrolio e quello dell'aumento del tasso d'interesse compreso quello sul debito pubblico.

In questo modo, in 10/15 anni il debito pubblico supera il 100% del PIL.

Via via che il debito pubblico aumenta, aumentano anche gli interessi che lo Stato deve pagare. Il debito aumenta quindi sempre più velocemente.

Se il sistema economico è poco resiliente salta. Quando i titoli del debito pubblico arrivano a scadenza, non si riesce più a venderne di nuovi. Così manca la moneta necessaria per rimborsare i titoli scaduti e per pagare gli interessi.

L'inadempienza viene formalizzata col default (fallimento) del sistema.

Se il sistema economico è resiliente non cade in default. Il debito pubblico continua a salire e sale anche il rapporto tra debito pubblico e PIL.

Tentativi di contenere il deficit rischiano di essere controproducenti. Una politica economica restrittiva comprime il PIL. Il rapporto debito pubblico / PIL così aumenta ancora, non perché aumenta il valore del numeratore della frazione, ma perché diminuisce il denominatore.

Il debito pubblico sale al 110% del PIL, al 120%, al 130% e così via. Non esiste teoricamente un limite superiore.

Però di fatto un limite esiste sempre. Tutte le bolle prima o poi scoppiano. Manca l'esperienza per sapere quando questo accadrà, ma un grosso sistema economico molto resiliente sopporterà livelli di debito pubblico altissimi.

In realtà è probabile che non si arriverà mai al default. In tanti anni può succedere di tutto, una guerra, un'iperinflazione che svaluta il debito, nuove scoperte tecnologiche o l'esplorazione di Marte.

Prima di arrivare al default lo Stato può poi congelare il debito o convertirlo in chissà cosa.

Uno Stato molto grande, con un grande territorio, un grande sistema produttivo, un grande mercato interno, ricco di fonti energetiche e di materie prime ha poi un'altra opzione. Può ridurre drasticamente ogni rapporto commerciale col resto del Mondo e vivere un un sistema sostanzialmente chiuso.

Gli Stati Uniti potrebbero anche farlo. Hanno tutto e alla fine potrebbero anche fare a meno di tutti. Forse lì qualcuno ci sta anche già pensando.

Invece noi europei non possiamo farlo.

50.30.00 LA GUERRA

E' difficile analizzare la guerra come se fosse un evento qualsiasi che attraversa un sistema economico. La guerra è sempre una cosa brutta e scomoda.
Se vogliamo avere un quadro storico di cosa lascia la guerra in sistemi economici sviluppati non bisogna guardare al secondo dopoguerra del piano Marshal e della ripresa rapida ma pilotata. Bisogna invece guardare il primo dopoguerra della disoccupazione e del sorgere dei regimi totalitari.

Nei Paesi poveri la guerra ha provocato e provoca la distruzione di quasi tutto quello che si è accumulato in decenni, talvolta secoli, e rinvia senza una data certa l'inizio della fase di sviluppo e prosperità.

Lo scoppio della guerra determina chiaramente un incremento della produzione di beni capitale, figura n. 1, e dell'occupazione. Questo prescindendo da ogni considerazione di carattere morale circa l'utilizzo sia del capitale sia della manodopera.

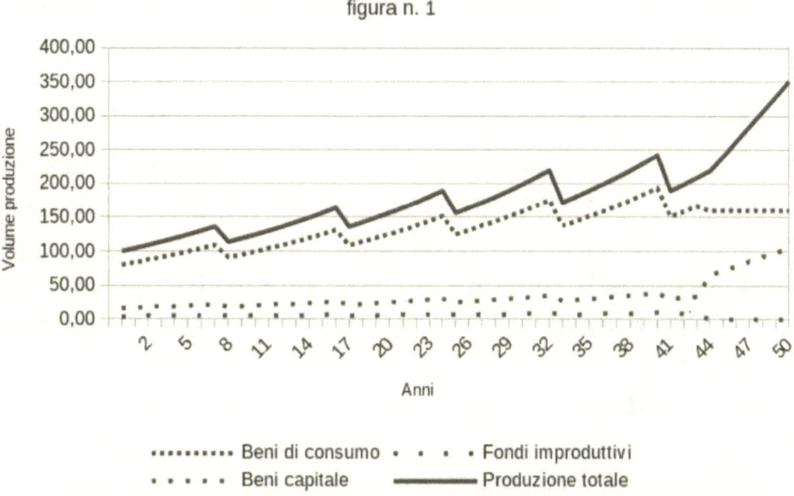

E' cosa risaputa che durante la guerra la disoccupazione scompare.

L'accumulazione di capitale è consistente, anche se non quanto farebbe pensare il ritmo della produzione. Questo perché il deperimento dei beni è generalmente molto veloce.

Se l'economia attraversava un momento di cresi da sovraproduzione, la crisi scompare lasciando il posto ad una fase di notevole sviluppo produttivo anche se tale sviluppo si associa normalmente alla scarsità dei beni più necessari.

E' Stato affermato (Galbraith) che la Grande crisi del "29 sia stata effettivamente superata solo con lo scoppio della seconda guerra mondiale.

I problemi relativi allo sviluppo economico nascono però improvvisamente quando la guerra finisce.

In primo luogo gran parte del capitale prodotto ed accumulato in funzione della guerra non serve più assolutamente a niente.

Il crollo dello stock di capitale determina il crollo dell'occupazione.

Il secondo problema è solo in apparenza meno grave del primo, soprattutto per le prospettive di sviluppo del sistema economico.

La guerra determina generalmente una forte concentrazione del reddito nelle mani di chi ha saputo trarne lauti guadagni.

La concentrazione del reddito può modificare profondamente la composizione della domanda a scapito dei consumi e a favore dei fondi di valore.

Se invece vengono avvantaggiati gli investimenti in capitale il sistema può risultarne anche avvantaggiato. Questo può succedere se chi si è arricchito appartiene a gruppi o classi economiche portate all'investimento in capitale e se lo Stato compie un'opportuna opera di incoraggiamento degli investimenti.

Se invece la domanda tende a rivolgersi in modo consistente verso fondi improduttivi, le possibilità di ripresa e di futuro sviluppo possono risultare compromesse.

99.10.00 INDICE

99.20.00 INDICE ANALITICO